Special Thanks to

세상이 아무리 바쁘게 돌아가더라도
책까지 아무렇게나 빨리 만들 수는 없습니다.

길벗은 독자 여러분이
가장 쉽게, 가장 빨리 배울 수 있는 책을
한 권 한 권 정성을 다해 만들겠습니다.

독자의 1초를 아껴주는 정성을
만나보세요.

홈페이지의 '독자광장'에서 책을 함께 만들 수 있습니다.

㈜ 도서출판 길벗 www.gilbut.co.kr
길벗이지톡 www.eztok.co.kr
길벗스쿨 www.gilbutschool.co.kr

KB072521

UI/UX 디자이너, 서비스 기획자를 위한 실무 입문서

UI/UX

Developer

Designer

실전 피그마

Designer

Practice

Figma

김범용(스무) 지음

UI/UX 디자이너,
서비스 기획자를 위한 실무 입문서
실전 피그마
for UI/UX Designers, Service Planners
Practice Figma

초판 발행 · 2023년 11월 20일
초판 2쇄 발행 · 2024년 8월 10일

지은이 · 김범용(스무)
발행인 · 이종원
발행처 · (주)도서출판 길벗
출판사 등록일 · 1990년 12월 24일
주소 · 서울시 마포구 월드컵로 10길 56(서교동)
대표전화 · 02)332-0931 | **팩스** · 02)323-0586
홈페이지 · www.gilbut.co.kr | **이메일** · gilbut@gilbut.co.kr

기획 및 책임 편집 · 최근혜(kookoo1223@gilbut.co.kr)
디자인 · 장기춘 | **제작** · 이준호, 손일순, 이진혁
영업 마케팅 · 전선하, 차명환, 박민영 | **유통혁신** · 한준희 | **영업관리** · 김명자 | **독자지원** · 윤정아

편집 진행 · 앤미디어 | **전산 편집** · 앤미디어 | **CTP 출력 및 인쇄** · 교보피앤비 | **제본** · 경문제책

ISBN 979-11-407-0686-0 03000
(길벗 도서번호 007175)

정가 26,000원

독자의 1초까지 아껴주는 정성 길벗출판사
(주)도서출판 길벗 · IT교육서, IT단행본, 경제경영서, 어학&실용서, 인문교양서, 자녀교육서 ▶ www.gilbut.co.kr
길벗스쿨 · 국어학습, 수학학습, 어린이교양, 주니어 어학학습, 학습단행본 ▶ www.gilbutschool.co.kr

페이스북 · www.facebook.com/gilbutzigy
네이버 포스트 · post.naver.com/gilbutzigy

실습 예제부터 실전 활용까지!
실무 프로젝트로 배우는 피그마

피그마는 "모든 사람이 디자인에 접근할 수 있도록 만들겠다"라는 비전 아래, 전 세계 사용자들과 끊임없이 소통하며 혁신적인 업데이트를 지속해 왔습니다. 더 많은 장소에서 더 많은 사람이 하나의 피그마 파일에서 동시에 작업하는 일이 당연하다고 느껴지게 되었죠. 전 세계 기업의 작업 방식을 변화시켜 온 피그마를 만나보세요!

최고의 디지털 디자인 도구, 피그마

피그마(Figma)는 현대 IT 관련 분야에서 가장 영향력 있는 디지털 디자인 도구로 자리매김하고 있습니다. 디자이너는 물론, 기획자와 개발자, 프로젝트 매니저 등 디지털 제품을 함께 만들어 나가며 창의적인 작업을 하는 이들에게 피그마의 존재는 더 이상 무시할 수 없을 정도로 중요한 역할을 하고 있죠.

이 책에서는 여러분이 반드시 알아두어야 하는 피그마의 기초적인 내용들은 물론, 피그마가 최고의 디자인 도구로 부상할 수 있었던 오토 레이아웃과 컴포넌트, 배리언츠 같은 피그마의 핵심 기능들을 학습하고, 이를 제대로 활용할 수 있도록 다양한 실무적인 예시를 제공합니다.

피그마를 처음 사용해 보는 입문자는 물론, 실무에서 피그마를 사용하고 있지만 더욱 제대로 활용하고 싶은 분들까지. 보다 쉽고 재미있는 예제를 통해 여러분의 피그마 실력을 향상시켜 보세요.

작업을 진행하면서 발생할 수 있는 여러 의문점을 최대한 해결할 수 있도록 다양한 팁과 필자만의 노하우를 가득 담았습니다.

피그마 교육 경험을 통해 완성된 최적의 커리큘럼을 토대로 입문자 및 주니어 디자이너분들이 피그마라는 넓은 바다에서 올바른 길을 찾아갈 수 있게 도움을 드리려고 합니다.

누구나 처음 시작할 때는 어려움을 느낄 수밖에 없습니다. 하지만 올바른 도구와 좋은 길잡이가 있다면 길을 잃지 않고 목표를 향해 똑바로 나아갈 수 있죠.

이 책이 여러분의 디자인 여정에서 밝게 빛나는 지표가 되길 진심으로 바랍니다.

THANKS TO

이 책이 나올 수 있도록 기획 및 제작에 도움을 주신 길벗과 앤미디어의 모든 담당자분. 그리고 곁에서 꾸준히 응원해 주신 동료분들과 이 책을 기다려 주신 많은 수강생분께 감사의 인사를 드립니다.

실력 업! CAPA UP!
체계적인 구성을 따라 쉽고 빠르게 공부하세요.

피그마 기능을 쉽게 배우기 위해 필수 피그마 기본 이론과 실습 예제들을 담았습니다. 직접 따라하면서 피그마를 배워 보세요. 배운 기능을 응용하여 실습 예제를 따라하면서 피그마 실력을 업그레이드 하세요.

☞ 필수 이론 & 실습 예제 ● ● ●

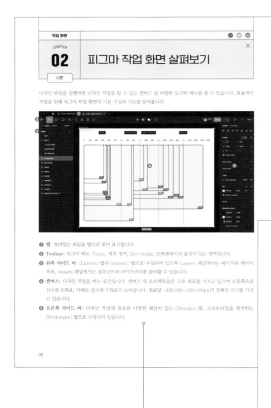

피그마 개념
피그마의 개념을 이해할 수 있습니다.

이론
피그마를 다루기 위해 꼭 알아야 할 필수 기능을 다양한 예시와 함께 설명합니다.

TIP
이해하기 쉽도록 예제 관련 기본 팁을 제공합니다. 개념에 대한 부연 설명, 관련 정보, 주의할 점은 무엇인지 등을 설명해 놓았습니다.

실습
피그마의 기본 기능을 간단한 실습을 통해서 활용해
봅니다. 눈으로만 읽지 말고 꼭 직접 따라해 보세요.

활용 예제
학습 내용을 직접 따라할 수 있도록 감각적인 활용
예제로 구성했습니다.

Why?
피그마의 활용 폭을 넓히기 위해 예제에서 사용한
기능을 '왜?' 사용했는지를 친절하게 설명합니다.

실전 예제
실무에서 꼭 필요한 스킬을 실전 프로젝트를 통해
익히세요.

실습 파일을 적극 활용하세요!

이 책에 사용된 실습 파일은 길벗출판사 홈페이지 자료실에서 다운로드할 수 있습니다. 길벗출판사 홈페이지에 접속한 후 검색 창에 『실전 피그마』를 입력하여 해당 도서 페이지로 이동하세요. 해당 도서 페이지 아래쪽의 [자료실]을 클릭해 실습 파일을 다운로드하세요. 홈페이지 화면의 오른쪽에 보이는 퀵 메뉴를 이용하면 도서 문의를 빠르게 할 수 있습니다.

❶ '실전 피그마 – 예제 완성 파일.fig' 파일을 선택한 다음 피그마 프로젝트 안으로 드래그하면 fig 파일을 불러올 수 있습니다.

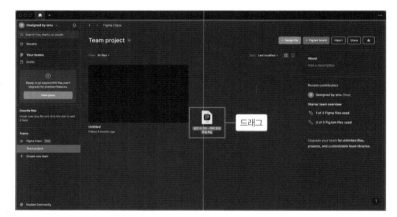

❷ 프로젝트 오른쪽 상단의 〈Import〉 버튼을 클릭한 다음 fig 파일을 불러올 수 있습니다.

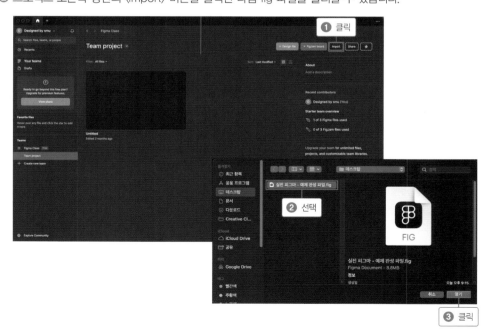

목차

7

PART 6　디자인이 살아 움직이는 프로토타입 만들기　● ● ●

PART 8 실전 프로젝트 다루기   • • •

피그마 설치하기

피그마는 클라우드 기반의 디자인 및 협업 툴로, 웹 브라우저에서 설치 없이 사용할 수 있으며 유·무료 요금제를 제공하여 기본적인 디자인 작업 및 협업할 수 있습니다.

설치 01 | 피그마 요금 정책

피그마는 Starter(스타터), Professional(프로페셔널), Organization(조직), Enterprise(기업)와 같은 네 가지 요금 정책과 대학생 및 교육자를 위한 Education(교육) 플랜(Plan)을 제공합니다. 각 플랜은 팀에서 편집 권한을 가진 에디터 수에 따라 요금이 부과되므로, 팀 관리자는 멤버 관리에 신경을 써서 추가 요금이 부과되지 않도록 유의해야 합니다. 예를 들어, Professional Plan을 사용 중인 팀에서 4명의 에디터를 월간 결제로 사용하는 경우 $15 \times 4 = 60\$$의 요금이 부과됩니다.

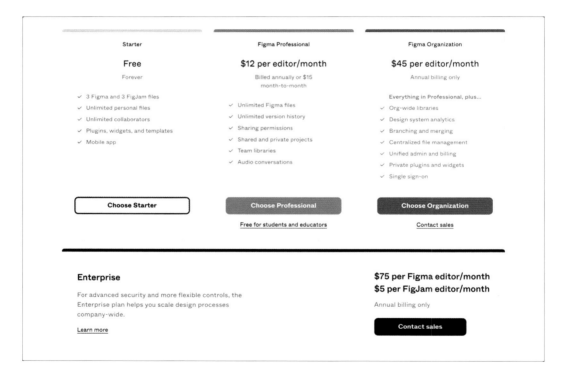

❶ Education Plan(교육 플랜)

Education Plan(교육 플랜)은 학생 및 교육자를 위한 플랜입니다. 피그마 홈페이지에서 인증 과정을 거치면 프로페셔널 플랜 수준에서 지원하는 기능을 무료로 사용할 수 있습니다.

TIP

연간 결제는 1년치 요금을 한 번에 결제하는 방식으로, 환경에 맞는 결제 방식을 선택하시기 바랍니다.

❷ Starter Plan(스타터 플랜)

Starter Plan(스타터 플랜)은 무료 요금제로 누구나 사용할 수 있습니다. 피그마의 강력한 기능들을 대부분 사용할 수 있지만 다음과 같은 제한사항이 있습니다.

- 최대 1개의 프로젝트
- 최대 3개의 디자인 / 피그잼 파일
- 파일당 3개의 페이지
- 최대 30일의 버전 히스토리 제공
- 팀 라이브러리, 비디오 삽입, 음성 채팅 등 일부 기능 사용 불가

❸ Professional Plan(프로페셔널 플랜)

Professional Plan(프로페셔널 플랜)은 초기 스타트업과 같은 단일 팀에 적합한 요금제입니다. 피그마 파일은 에디터당 15$(연간 결제 시 12$), 피그잼 파일은 에디터당 5$(연간 결제 시 3$)의 요금이 부과됩니다. 프로페셔널 플랜은 기본 기능에 더해 다음과 같은 기능을 제공합니다.

- 무제한 프로젝트, 파일
- 무제한 버전 히스토리
- 팀 라이브러리
- 비디오 삽입
- 음성 채팅 기능

❹ Organization Plan(조직 플랜)

Organization Plan(조직 플랜)은 다수의 팀이 존재하는 규모가 큰 조직에 적합한 요금제입니다. 피그마 파일은 에디터당 월 45$(12개월×45$＝540$), 피그잼 파일은 에디터당 월 5$(12개월×5$＝60$)의 요금이 부과되며, 연간 결제 방식만 지원하고 있습니다. 조직 플랜은 협업 관점에서 더욱 향상된 기능을 제공합니다.

- 무제한 팀 – 전사적 팀 라이브러리
- 디자인 시스템 분석 툴
- 분기 및 병합(Branching and merging) 기능
- 개인화된 플러그인, 위젯

❺ Enterprise Plan(기업 플랜)

Enterprise Plan(기업 플랜)은 규모가 굉장히 큰 글로벌 기업을 위한 요금제입니다. 피그마 파일은 에디터당 월 75$(12개월×75$＝900$), 피그잼 파일은 에디터당 월 5$(12개월×5$＝60$) 요금이 부과되며, 조직 플랜과 마찬가지로 연간 결제 방식만 지원하고 있습니다. 다양한 고급 보안 옵션을 제공하고 디자인 프로세스를 전사적으로 확장할 수 있도록 지원합니다.

피그마를 사용하기 위해서 먼저 피그마 계정을 생성해 보겠습니다. 피그마 계정은 구글 아이디를 이용하거나 일반 이메일 주소를 활용해 만들 수 있습니다.

01 ❶ 피그마 홈페이지(figma.com)에 접속한 다음 ❷ 〈Get started〉 버튼을 클릭해서 계정을 생성합니다.

TIP ◁
구글 계정 또는 이메일을 이용해 가입을 진행할 수 있습니다.

02 이름과 직군을 입력한 다음 이메일로 발송된 계정 확인 메일에서 인증 절차를 마치면 계정이 생성됩니다.

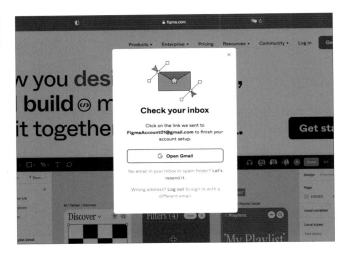

03 계정 생성을 완료했다면 피그마에서 사용할 팀을 만들어 보세요. 팀 이름은 언제든지 변경할 수 있습니다.

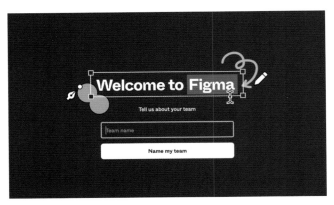

피그마 앱 버전 다운로드하기 ● ● ●

피그마는 클라우드 기반 프로그램이기 때문에 크롬이나 사파리와 같은 웹 브라우저에서 작업할 수 있습니다. 다른 소프트웨어처럼 사용하고 있는 맥, 윈도우에 앱 버전을 설치하여 사용할 수도 있습니다.

01 피그마 홈페이지(figma.com)에 접속하고 메뉴에서 (Products) → Downloads를 실행합니다.

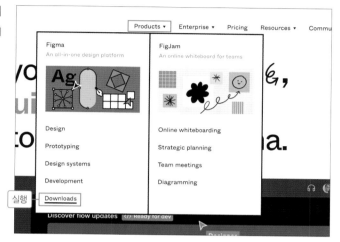

02 왼쪽의 Desktop app 항목에서 사용 중인 운영체제에 맞는 링크를 클릭하여 설치 파일을 다운로드하고 앱을 설치합니다.

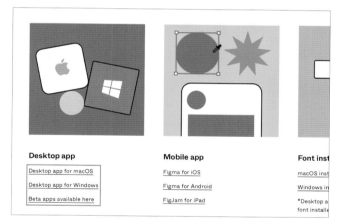

03 • **맥:** 다운로드한 'Figma.dmg' 파일을 실행한 다음 피그마 애플리케이션을 Applications 폴더로 드래그해 이동합니다.
• **윈도우:** 다운로드한 'FigmaSetup. exe' 파일을 실행하여 앱을 설치합니다.

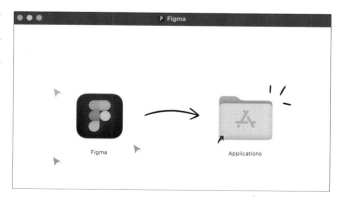

UI / UX

Designer

PART 1 ——————————

Designer

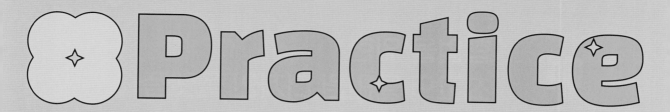

원포인트 레슨!
피그마 미리 보기

Designer

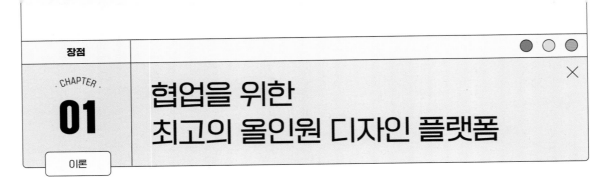

협업을 위한 최고의 올인원 디자인 플랫폼

피그마는 클라우드 기반 디자인 플랫폼으로 UI 디자인, 웹 디자인, 모바일 애플리케이션 디자인 등 다양한 인터페이스 설계에 활용됩니다. 또한, 프로토타이핑, 디자인 시스템 등 다양한 분야에서도 사용되고 있습니다. 글로벌 툴 리서치 〈UX Tools Survey〉에서는 2021년 이후 다양한 카테고리에서 1위를 차지하여 IT 업계에서 인기를 얻고 있습니다. 국내에서는 스타트업을 비롯한 많은 기업에서 피그마의 점유율이 상승하고 있으며, UI/UX 디자이너 혹은 제품(프로덕트) 디자이너를 꿈꾸는 사람이라면 반드시 익혀야 하는 툴이 되었습니다.

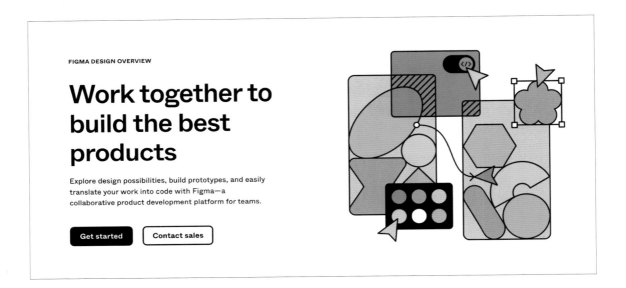

❶ 뛰어난 호환성과 접근성

피그마는 웹 기반 툴이기 때문에 맥, 윈도우 같은 운영체제의 제한을 받지 않습니다. 인터넷만 연결되어 있다면 집, 사무실, 카페 등 주변 환경에 구애받지 않고 언제 어디서나 동일한 작업을 이어서 할 수 있습니다.

❷ 실시간 협업 기능

피그마에서는 여러 명의 공동 작업자가 하나의 파일에서 실시간으로 함께 작업할 수 있습니다. 각 작업자는 별도의 파일을 사용하지 않고, 파일을 합치는 과정이 필요하지 않기 때문에 이상적인 팀 협업 환경을 구축할 수 있습니다.

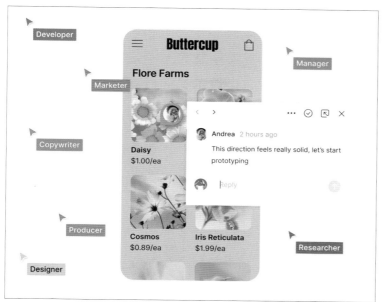

여러 명의 공동 작업자들과의 실시간 협업

❸ 벡터 기반 디자인 ・・・

피그마는 벡터 그래픽 기반의 디자인 툴로, 도형을 편리하고 자유롭게 편집할 수 있으며, 다양한 해상도에 대응하는 디자인 작업을 할 수 있습니다.

편리하고 직관적인 벡터 네트워크

❹ 강력한 편의 기능 　　　　　　　　 • • •

피그마는 오토 레이아웃과 같은 레이아웃
자동 변경 기능이나, 수백 개의 공통 요소
를 한 번에 통제할 수 있는 컴포넌트와 같
은 강력하고 다양한 편의 기능을 제공하
여 디자인 작업을 효율적으로 만들어 줍
니다.

피그마의 핵심 기능, 오토 레이아웃

❺ 디자인 시스템 　　　　　　　　　 • • •

강력한 팀 라이브러리 기능을 통해 프로
젝트 전체에서 일관된 디자인 시스템을
유지할 수 있습니다.

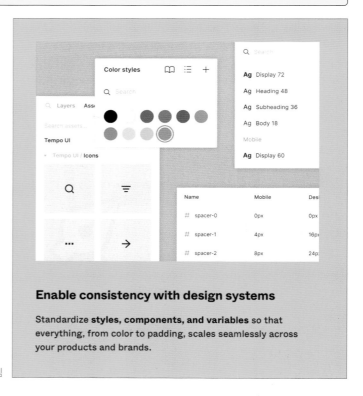

손쉽게 구축하는 디자인 시스템

❻ 다양한 플러그인 생태계 ···

피그마 자체의 플러그인 생태계가 활성화되어 있어 피그마의 기능을 확장하고 디자인 작업의 효율성을 증대시킵니다.

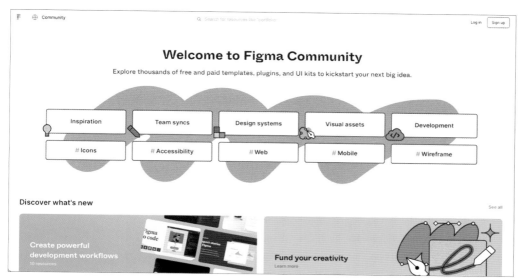

유용한 파일과 플러그인이 가득한 피그마 커뮤니티

❼ 자동 히스토리 저장 ···

피그마는 디자인 파일의 모든 변경 사항과 수정 내역이 자동으로 저장되어 더 이상 파일을 수동으로 저장할 필요가 없습니다. 또한, 히스토리 백업을 통해 이전 버전의 디자인으로 쉽게 되돌아갈 수 있습니다.

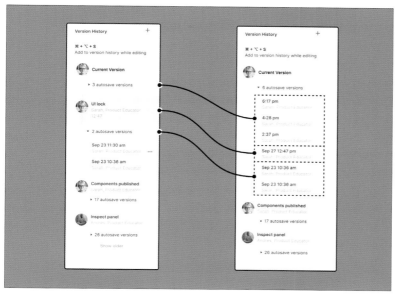

클라우드에 자동으로 저장되는 작업 내역

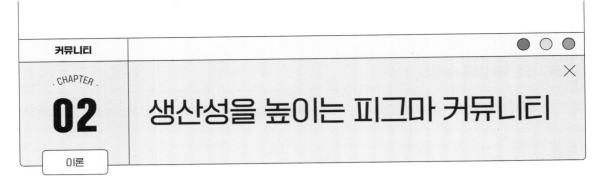

CHAPTER
02
이론

생산성을 높이는 피그마 커뮤니티

피그마 커뮤니티에서는 다양한 디자인 파일과 아이콘, 그리고 각종 플러그인 및 위젯을 활용해 디자인 작업을 쉽게 만듭니다. 이를 통해 수많은 사용자 및 기업이 공유한 디자인 파일을 살펴보면서 자체 프로젝트에 대한 인사이트를 얻을 수 있으며, 오랜 기간 누적된 다양하고 강력한 플러그인들을 활용해 디자인 작업의 생산성을 크게 향상시킬 수 있습니다.

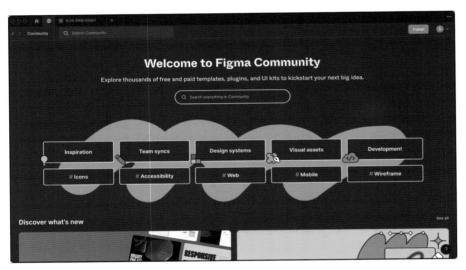

피그마 커뮤니티 홈 화면

피그마 커뮤니티 검색 결과

피그마 커뮤니티에 공개된 파일은 기본으로 CC BY 4.0 규약을 따르고 있습니다. 이는 저작자 표시를 하는 조건으로 파일 공유와 영리 목적의 사용을 허가받을 수 있음을 의미합니다. 그러나 저작권자가 라이선스 표시 외에 저작물 사용에 대해 제한을 두는 경우도 있어 디자인 파일을 상업적으로 사용할 경우에는 파일 내부 및 릴리즈 노트에서 관련 내용을 반드시 확인한 후 사용해야 합니다.

커뮤니티 파일에 대한 라이선스 가이드

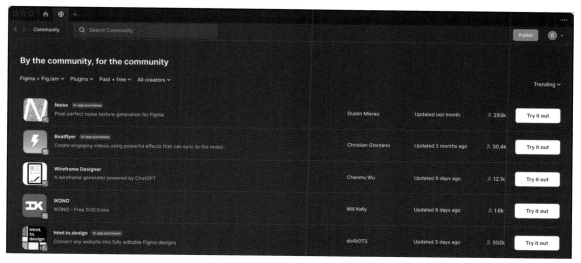

다양한 부가 기능을 제공하는 플러그인

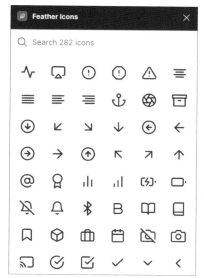

아이콘 플러그인: Feather icons

더미 텍스트 플러그인: Lorem ipsum

고품질 무료 이미지 플러그인: Unsplash

. CHAPTER .

03

이론

비트맵과 벡터 방식의 이해

비트맵 그래픽과 벡터 그래픽은 디지털 이미지를 표현하는 기본 방식입니다. 이 두 가지 방식은 다음과 같이 기본 구조와 특성에 몇 가지 차이점을 가지고 있습니다.

❶ 비트맵(Bitmap) 방식

비트맵 방식은 매우 작은 정사각형 단위인 픽셀로 구성된 이미지 형식입니다. 각 픽셀은 이미지의 색상 정보를 나타내며, 비트맵 이미지의 해상도는 너비와 높이의 픽셀 수로 결정됩니다. 해상도가 낮은 이미지일수록 확대했을 때 이미지가 깨져 보이는 계단 현상이 쉽게 나타나며 JPEG, PNG, GIF 등의 확장자를 가집니다. 비트맵 이미지는 피그마의 캔버스에 이미지를 끌어다 놓거나 파일 가져오기 기능을 사용하여 피그마로 가져올 수 있으며, 상품 이미지나 배경 등을 표현할 때 사용됩니다.

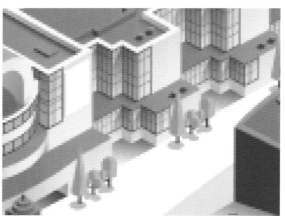

비트맵 이미지를 확대하면 계단 현상이 발생합니다.

❷ 벡터(Vector) 방식

벡터 방식은 수학 공식으로 이루어진 디지털 이미지로 점, 선, 곡선, 모양 등을 나타냅니다. 비트맵 방식과는 달리 해상도에 영향을 받지 않으며, 이미지 크기를 자유롭게 조절할 수 있어 품질의 손실 없이 이미지를 확대 또는 축소할 수 있습니다. 주로 로고, 아이콘, 라인 아트, 일러스트레이션, 패턴 등 높은 정밀도와 확장성이 필요한 이미지에 사용됩니다.

벡터 이미지는 이미지 크기를 변경해도 깨지지 않습니다.

❸ 피그마의 그래픽 표현 방식　　　　　　　　　　　　　　　　　　　　• • •

피그마는 고화질의 모바일 디스플레이 환경에서 사용되는 디지털 상품을 디자인하기 위해 기본으로 벡터 방식을 통해 그래픽을 표현합니다. 따라서 피그마 안에 도형을 그리거나 텍스트를 입력하면 그 크기가 아무리 작더라도 깨져 보이지 않습니다.

하지만 일반 모니터에서 출력되는 환경에도 대응하기 위해 필요에 따라 Pixel preview 옵션을 사용하면 비트맵 방식으로도 그래픽을 표현할 수 있습니다.

TIP

Pixel preview는 Ctrl + Shift + P 를 눌러 켜거나 끌 수 있습니다.

안녕하세요. 안녕하세요.
반갑습니다. 반갑습니다.

기본 벡터 렌더링　　　　　　　　　　　　　　　　　　　Pixel preview 옵션을 활성화한 모습

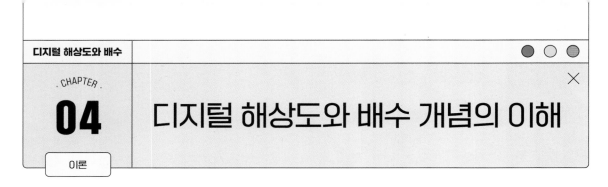

. CHAPTER .
04

이론

디지털 해상도와 배수 개념의 이해

화면 해상도와 배수는 다양한 화면과 디스플레이 밀도에서 사용자 인터페이스(UI) 디자인이 어떻게 표시되는지에 영향을 미칩니다. 서로 다른 화면 크기를 가진 디지털 제품을 위한 UI 디자인을 진행할 때 이러한 개념을 반드시 알아두어야 합니다.

❶ 해상도(Resolution)

해상도는 화면에 표시되는 픽셀 수를 말하며 일반적으로 너비와 높이를 픽셀 단위로 나타냅니다. 화면의 픽셀 수가 많을수록 해상도가 높아지고 이미지가 더 섬세하면서도 선명하게 나타납니다.

수많은 디바이스가 존재하며, 각기 다른 해상도를 가지고 있습니다.

❷ 픽셀 밀도(Pixel Density)

픽셀 밀도는 PPI(1인치당 픽셀 수) 또는 DPI(1인치당 도트 수)로 측정되며, 이는 화면에 표시되는 영역 안에 포함된 픽셀의 수를 의미합니다. 화면 크기가 같더라도 픽셀의 밀도가 높을수록 이미지가 더 선명하게 표현됩니다.

1배수, 2배수, 3배수 디스플레이

❸ 배수(Scale Factor) ● ● ●

디스플레이 기술 발전으로 인해 같은 면적 안에 더 많은 픽셀을 담을 수 있게 되었고, 이에 따라 고밀도 디스플레이가 등장했습니다. 이러한 디스플레이에서는 픽셀 밀도가 증가하면서 배율도 2x, 3x와 같이 증가합니다.

UI 디자인을 할 때 다양한 픽셀 밀도를 가진 기기에서 올바르게 디자인이 표시되도록 다양한 배율로 에셋을 내보내는 것이 중요합니다. 예를 들어, 아이콘 이미지가 JPG나 PNG일 때 1배수로 디자인된 아이콘을 그대로 내보내고 적용하면 고밀도 디스플레이에서는 이미지가 흐리게 보일 수 있습니다.

이러한 문제를 해결하기 위해 JPG, PNG 파일을 내보낼 때는 해당 에셋이 사용되는 환경에 맞게 2배수, 3배수와 같은 배율의 에셋을 함께 내보내거나, SVG와 같은 벡터 기반 확장자를 사용하는 것이 좋습니다. 이렇게 함으로써 다양한 디스플레이에서 이미지가 선명하게 표현될 수 있습니다.

@1x   @2x   @3x   SVG

TIP ◁

SVG(Scalable Vector Graphics)는 수학적 공식을 통해 이미지를 표현하기 때문에 다양한 픽셀 밀도에서 이미지를 선명하게 표현할 수 있습니다.

❹ 물리적 해상도와 논리적 해상도 ● ● ●

모바일 기기의 해상도에는 물리적 해상도(Physical Resolution)와 논리적 해상도(Logical Resolution)의 두 가지 개념이 있습니다.

물리적 해상도는 스마트폰이나 태블릿과 같은 모바일 기기의 디스플레이가 실제로 가지고 있는 픽셀 수를 말합니다. 이 값이 높을수록 더욱 선명하고 높은 화질을 제공합니다.

논리적 해상도는 디자인 작업에서 사용하는 기준 픽셀을 의미하며, 물리적 해상도를 배율(Scale Factor)로 나눈 값입니다. 예를 들어, 아이폰 14의 물리적 해상도가 1170×2532인 경우, 픽셀 밀도가 3배라면 논리적 해상도는 물리적 해상도를 3으로 나눈 390×844가 됩니다. 이러한 방식으로 논리적 해상도를 구할 수 있습니다.

아이폰 14의 물리적 해상도(1170×2532)   아이폰 14의 논리적 해상도(390×844)

피그마에서 디자인할 때 논리적 해상도(1배수)를 기준으로 하는 이유는 다음과 같습니다.

❶ **일관성**: 1배수 환경에서 디자인을 시작하면 폰트나 아이콘 같은 디자인 요소를 표준화하여 일관성을 유지하기 쉽습니다.

❷ **확장성**: 작업을 2배수, 혹은 3배수 환경에서 진행하며 더 낮은 픽셀 밀도에 대응하는 것보다, 1에 다른 배수를 곱하여 더 큰 픽셀 밀도에 대응하는 것이 더 쉽기 때문에 아이콘 같은 디지털 에셋을 관리하기 더욱 편리합니다.

❸ **파일 최적화**: 1배수 환경에서 작업하면 파일 크기나 용량을 최소화할 수 있기 때문에 리소스를 절약할 수 있습니다.

. CHAPTER .

05

실습

로컬 폰트 사용하기

피그마는 구글 웹 폰트를 기본으로 지원하며, 사용 중인 컴퓨터에 설치된 폰트도 사용할 수 있습니다. 피그마 앱 버전에서는 로컬 폰트를 자동으로 인식하지만, 웹 브라우저에서 피그마를 사용할 경우 폰트 인스톨러를 설치해야 합니다.

01 ❶ 피그마 홈페이지(figma.com)에 접속하고 ❷ 메뉴에서 (Products) → Downloads를 실행합니다.

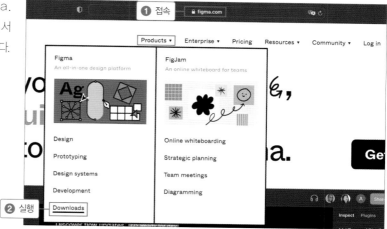

02 오른쪽 Font installers 항목에서 사용 중인 운영체제에 맞는 링크를 클릭해 설치 파일을 다운로드한 다음 설치합니다.

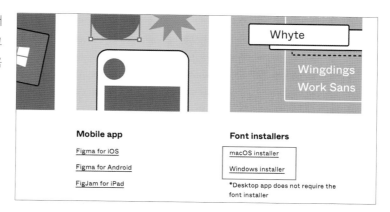

03 피그마를 재실행하거나 페이지를 새로고침하면 로컬 폰트를 사용할 수 있습니다.

아쉽게도 피그마의 폰트 목록은 한글을 지원하지 않기 때문에 영문으로 탐색해야 합니다. ●

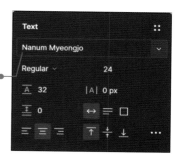

TIP ◁┐

새로운 폰트를 설치한 경우 (파일) 탭에서 마우스 오른쪽 버튼을 클릭한 다음 **Reload tab**을 실행하면 피그마를 재실행하지 않아도 새로운 폰트를 인식할 수 있습니다.

UI / UX

Designer

PART 2 ——————

Designer

✿ Practice

피그마 시작하기

Figma

Designer

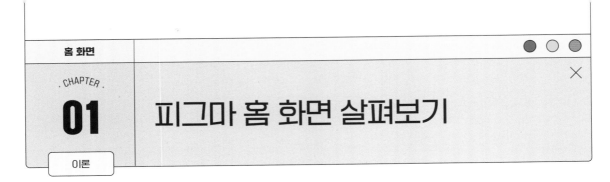

. CHAPTER .

01

이론

피그마 홈 화면 살펴보기

피그마를 실행하면 가장 먼저 나타나는 홈 화면에서는 내가 속해있는 팀이나 프로젝트를 확인할 수 있고, 새로운 디자인 파일을 생성하거나 불러올 수 있습니다.

❶ **계정**: 현재 로그인한 계정 정보를 확인할 수 있습니다. 테마를 변경하거나 계정을 설정할 수 있습니다.

❷ **검색창**: 작업했던 파일들을 검색해서 찾아볼 수 있습니다.

❸ **Recents**: 최근에 열어본 파일들이 최신순으로 표시됩니다.

❹ **Drafts**: 파일과 페이지를 제한없이 사용할 수 있는 개인 작업 공간입니다.

ⓐ Drafts: 하나 이상의 프로페셔널 플랜 팀에 속한 경우 파일 편집 권한을 가지는 에디터를 제한없이 초대할 수 있습니다. 스타터 플랜에만 속해 있다면 새로운 에디터를 초대할 수 없습니다.

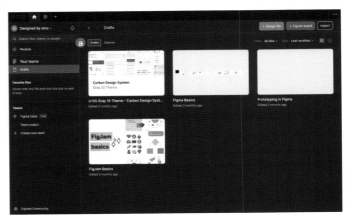

ⓑ Deleted: 삭제한 파일을 확인할 수 있습니다. 마우스 오른쪽 버튼을 클릭한 다음 Restore를 실행해 파일을 복구할 수 있습니다. 마우스 오른쪽 버튼을 클릭한 다음 Delete forever를 실행하여 파일을 완전히 삭제할 수 있습니다.

❺ Favorite files: 다양한 팀과 프로젝트에 속해 있는 경우 작업 파일에 빠르게 접근하기 위해 파일에 나타나는 ★ 아이콘을 활성화하여 즐겨찾기를 추가할 수 있습니다.

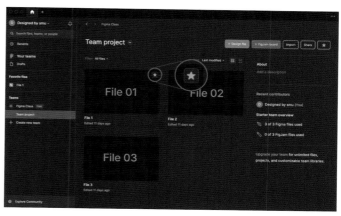

❻ Teams: 협업을 위한 구성원들로 이루어진 팀에서는 목적에 맞는 프로젝트를 생성하거나 삭제할 수 있으며, 멤버의 권한을 관리할 수 있습니다.

TIP ◁

피그마의 요금 정책은 팀 단위로 이루어집니다. 멤버 권한에 따라 접근 가능한 프로젝트를 구분하여 생성할 수 있습니다.

❼ Project: 프로젝트는 Teams(팀)의 하위 폴더로 디자인 파일이나 피그잼 파일을 생성해 작업을 진행할 수 있습니다.

❽ File: 피그마 파일에는 웹 페이지나 앱을 비롯한 디지털 제품을 설계하고, 프로토타입을 제작할 수 있는 강력한 협업 도구인 디자인 파일과 아이디에이션 및 기획 단계에서 다양한 목적으로 사용할 수 있는 온라인 화이트보드 툴 바인 피그잼 파일을 제공하고 있습니다.

스타터 플랜은 프로젝트와 파일의 최대 생성 제한을 받습니다. 최대 1개의 프로젝트와 3개의 파일(피그잼 파일 별도)을 생성할 수 있습니다.

❾ Explore community: 다양한 디자인 리소스 파일과 강력한 플러그인, 위젯이 있는 피그마 커뮤니티를 탐색할 수 있습니다.

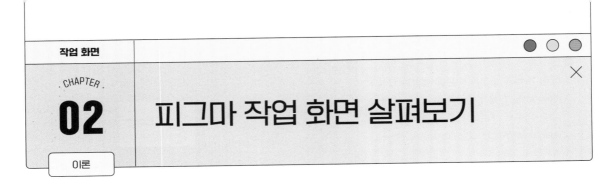

피그마 작업 화면 살펴보기

디자인 파일을 실행하면 디자인 작업을 할 수 있는 캔버스 및 다양한 도구와 메뉴를 볼 수 있습니다. 효율적인 작업을 위해 피그마 작업 화면의 기본 구성과 기능을 알아봅니다.

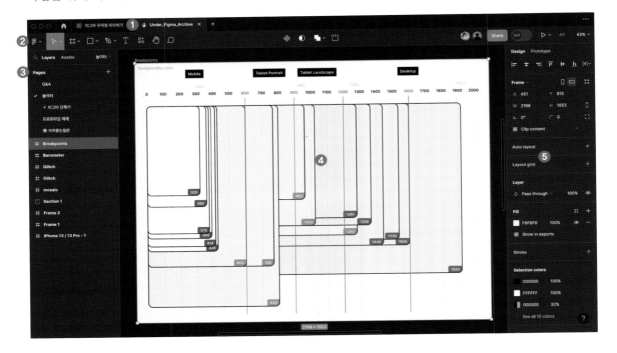

① **탭**: 열려있는 파일을 탭으로 묶어 표시합니다.

② **Toolbar**: 피그마 메뉴, Tools, 제목 영역, Dev mode, 프레젠테이션 옵션이 있는 영역입니다.

③ **왼쪽 사이드 바**: 〔Layers〕 탭과 〔Assets〕 탭으로 구성되어 있으며 Layers 패널에서는 페이지와 레이어 목록, Assets 패널에서는 컴포넌트와 라이브러리를 관리할 수 있습니다.

④ **캔버스**: 디자인 작업을 하는 공간입니다. 캔버스 위 오브젝트들은 고유 좌표를 가지고 있으며 오른쪽으로 갈수록 X좌표, 아래로 갈수록 Y좌표가 늘어납니다. 좌표당 −130,000～130,000px의 정해진 크기를 가지고 있습니다.

⑤ **오른쪽 사이드 바**: 디자인 작업에 필요한 다양한 패널이 있는 〔Design〕 탭, 프로토타입을 제작하는 〔Prototype〕 탭으로 구성되어 있습니다.

툴 바 알아보기

툴 바(Tool bar)는 디자인 파일에서 상단에 위치하는 도구 모음입니다.

❶ 피그마 메뉴 ･ ･ ･

피그마의 모든 기능을 확인할 수 있습니다.

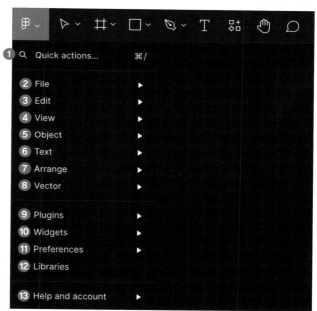

❶ **Quick actions**: 피그마의 기능이나 플러그인 등을 빠르게 검색해서 실행할 수 있습니다.

❷ **File**: 새로운 파일 생성이나 로컬 파일, 히스토리 저장에 관한 메뉴입니다.

❸ **Edit**: 디자인 편집에 필요한 옵션이 있는 메뉴입니다.

❹ **View**: 시각적인 가이드 옵션에 대한 설정을 변경할 수 있는 메뉴입니다.

❺ **Object**: 오브젝트에 관한 다양한 옵션이 있는 메뉴입니다.

❻ **Text**: 텍스트에 관한 옵션이 있는 메뉴입니다.

❼ **Arrange**: 정렬에 관한 옵션이 있는 메뉴입니다.

❽ **Vector**: 벡터 그래픽에 관한 옵션이 있는 메뉴입니다.

⑨ Plugins: 플러그인에 관한 메뉴입니다.

⑩ Widgets: 위젯에 관한 메뉴입니다.

⑪ Preferences: 피그마의 기본 설정을 변경할 수 있습니다.

⑫ Libraries: 라이브러리 메뉴입니다.

⑬ Help and account: 도움말이나 계정에 대한 옵션이 있는 메뉴입니다.

❷ Tools 메뉴

UI 디자인에 필요한 각종 도구들이 모여있는 메뉴입니다.

❶ Move: 선택한 오브젝트를 드래그하여 이동할 때 사용합니다.

❷ Scale: 선택한 오브젝트를 비율대로 늘리거나 줄일 때 사용합니다.

❸ Frame: 디자인 요소를 담는 컨테이너로, 피그마에서 가장 중요한 도구이며 중첩할 수 있습니다.

❹ Section: 프레임의 상위 그룹 개념으로, 프레임을 그룹화할 때 사용합니다.

❺ Slice: 화면에 보이는 이미지를 따로 그룹화하지 않고 내보낼 때 사용합니다.

❻ Rectangle: 사각형을 그리는 도구입니다.

❼ Line: 선을 그리는 도구입니다.

❽ Arrow: 끝부분이 화살표로 된 선을 그리는 도구입니다.

❾ Ellipse: 원을 그리는 도구입니다.

❿ Polygon: 삼각형 이상의 다각형을 그리는 도구입니다.

⓫ Star: 별 모양을 그리는 도구입니다.

⓬ Place image/video: 여러 개의 이미지 및 영상을 한 번에 불러올 때 사용합니다.

⓭ Pen: 패스 선을 그릴 때 사용합니다.

⓮ Pencil: 패스 선을 드래그해 그릴 수 있습니다.

⓯ Text: 텍스트를 입력할 때 사용합니다.

⑯ Resources — Components: 라이브러리 및 로 컬 컴포넌트를 검색하여 사용할 수 있습니다.

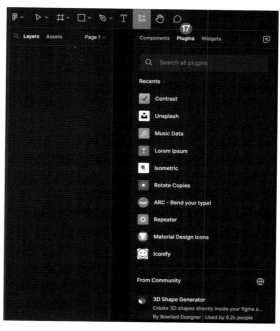

⑰ Resources — Plugins: 피그마 커뮤니티에 있는 플러그인을 검색하여 사용할 수 있습니다.

⑱ Resources — Widgets: 피그마 커뮤니티에 있 는 위젯을 검색하여 사용할 수 있습니다.

⑲ Hand tool: 캔버스를 드래그해 탐색할 수 있습 니다.

⑳ Add comment: 작업자 간의 커뮤니케이션을 위 한 코멘트를 입력할 수 있습니다.

피그마 사전

❸ Contextual menu

툴 바 가운데에 위치한 메뉴로 선택된 오브젝트에 따라 유기적으로 변경됩니다.

❶ Title: 아무것도 선택하지 않을 때 나타나는 항목으로, 파일명과 파일의 현재 위치를 보여줍니다.

❷ Edit object: 도형을 선택했을 때 나타나는 옵션으로, 도형의 패스를 수정할 때 사용합니다.

❸ Components: 일반 오브젝트를 선택할 때 나타나는 옵션으로, 컴포넌트를 만들 때 사용합니다.

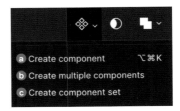

- ⓐ Create component: 선택한 오브젝트를 하나의 컴포넌트로 만듭니다.
- ⓑ Create multiple components: 선택한 오브젝트를 각각 하나의 컴포넌트로 만듭니다.
- ⓒ Create component set: 선택한 오브젝트를 각각 하나의 컴포넌트로 만든 다음 배리
  언츠로 만듭니다.

❹ Use as mask: 일반 오브젝트를 선택할 때 나타나는 옵션으로, 마스크를 설정할 때 사용합니다.

❺ Crop image: 이미지를 선택할 때 나타나는 옵션으로, 이미지를 크롭하거나 위치, 크기를 변경할 때 사용
합니다.

❻ Boolean groups: 2개 이상의 오브젝트를 선택할 때 나타나는 옵션으로, 여러 개의 도형을 합치거나 제외
하는 등의 불 연산(Boolean operation)을 사용할 수 있습니다. 불리언 그룹에 사용된 도형들은 레이어가
하나로 합쳐지며 그룹화됩니다. 연산에 사용된 도형들은 그룹 내부에 그대로 남아있기 때문에 언제든지 수
정할 수 있습니다.

- ⓐ Union selection: 선택한 도형들을 하나의 도형으로 결합합니다. 서로 겹치는 경로의
  세그먼트를 무시하고 전체 외곽선에 스트로크가 적용됩니다.
- ⓑ Substract selection: 선택한 도형 중 가장 아래에 있는 도형을 제외한 나머지 도형
  들의 영역을 제거합니다.
- ⓒ Intersect selection: 선택한 도형들이 공통으로 겹치는 영역만 남기고 모두 제거합
  니다.
- ⓓ Exclude selectioin: 선택한 도형들이 공통으로 겹치는 영역만 제거합니다.

❼ Create link: 텍스트를 선택할 때 나타나는 옵션으로, 텍스트에 URL을 삽입할 수 있습니다.

❹ Presentation options

❶ **Start conversation**: 프로페셔널 플랜 이상에서 음성 채팅을 사용합니다.

❷ **Avatar**: 현재 파일에 접속 중인 사용자를 보여줍니다. 프로필을 클릭하면 사용자의 화면을 따라 갈 수 있습니다.

❸ **Share**: 파일에 새로운 작업자를 초대하거나 다른 작업자
의 편집 권한을 변경할 수 있습니다.

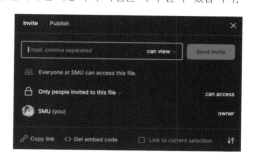

❹ **Dev mode**: 개발자들이 개발에 필요한 데이터를 확인할 수 있는 화면으로 전환합니다.

❺ **Present**: 프로토타입을 확인할 수 있는 프레젠테이션 모드를 실행합니다.

❻ **Zoom/View option**: 보기 형태에 관한 옵션을 설정합니다.

ⓐ Zoom in/out: 캔버스를 확대 또는 축소합니다.

ⓑ Zoom to fit: 캔버스의 모든 오브젝트가 보이도록 영역을 조절합니다.

ⓒ Zoom to 50/100/200%: 캔버스 크기를 비율에 맞게 변경합니다.

ⓓ Pixel preview: 피그마의 보기 방식을 변경합니다.

　• Disabled: 기본 설정인 벡터 방식을 유지합니다. 도형이나 텍스트가
　　깨져 보이지 않습니다.

　• 1x: 윈도우 환경에 맞춰 1배수로 픽셀을 표시합니다.

　• 2x: 맥 환경에 맞춰 2배수로 픽셀을 표시합니다.

ⓔ Pixel grid: 캔버스를 확대하면 보이는 픽셀 옵션을 변경합니다.

ⓕ Snap to pixel grid: 편집할 때 항상 픽셀 단위로 편집합니다. 비활성화
하면 소수점 단위로 편집할 수 있습니다.

ⓖ Layout grids: 레이아웃 그리드가 보이는 옵션을 변경합니다.

ⓗ Rulers: 자 도구가 보이는 옵션을 변경합니다.

ⓘ Outlines: 캔버스에 있는 모든 오브젝트를 외곽선 형태로 보여줍니다.

ⓙ Multiplay cursors: 같은 파일에 접속해 있는 다른 작업자의 마우스 커
서를 숨깁니다.

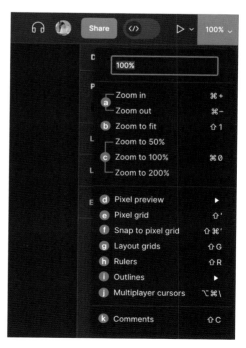

ⓚ Comments: 코멘트가 보이는 옵션을 변경합니다.

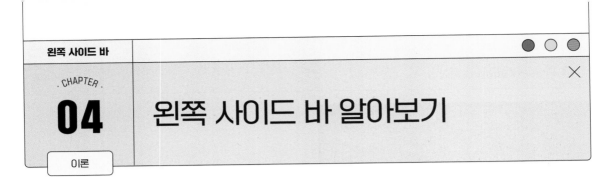

. CHAPTER .

04 왼쪽 사이드 바 알아보기

이론

왼쪽 사이드 바는 (Layers) 탭과 (Assets) 탭으로 구성되어 있습니다.

❶ 단축키로 탭 전환하기

단축키를 이용해 탭을 전환할 수 있습니다.

- (Layers) 탭: Alt + 1
- (Assets) 탭: Alt + 2

왼쪽 사이드 바와 캔버스 경계를 드래그하여 영역을 조절할 수 있으며 Ctrl + Shift + \ 를 눌러 왼쪽 사이드 바를 숨길 수 있습니다.

❷ (Layers) 탭

(Layers) 탭은 스크롤할 수 있는 Page(페이지) 패널과 Layer(레이어) 패널로 구성되어 있으며, 경계를 드래 그하여 영역을 조절할 수 있습니다.

❶ Pages list: '+' 아이콘을 클릭하여 새로운 페이지를 만듭니다. 페이지는 작업 영역을 분할하여 디자인 요소를 관리할 수 있는 역할을 합니다. 각각의 페이지는 별도의 URL을 가지고 있으며, 원하는 페이지를 바로 공유할 수 있습니다. 스타터 플랜에서는 페이지를 최대 3개까지 사용할 수 있습니다. 프로페셔널 플랜 이상과 드래프트에서는 페이지를 무제한으로 사용할 수 있습니다.

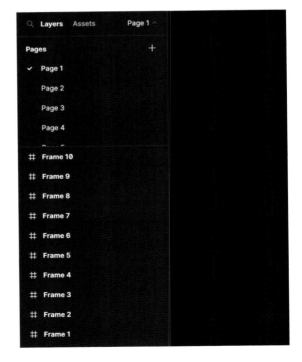

❷ Layer list: 레이어 목록에는 캔버스에서 사용한 모든 요소가 표시됩니다. 섹션, 프레임, 그룹, 컴포넌트, 이미지, GIF, 비디오는 각각의 고유한 아이콘을 가지고 있으며, 패스로 이루어진 도형은 형태대로 아이콘이 만들어집니다. 아이콘을 더블클릭하면 해당 오브젝트로 이동할 수 있습니다.

❸ 〔Assets〕 탭

〔Assets〕 탭에서는 현재 파일에서 이용할 수 있는 컴포넌트를 확인하고 라이브러리를 관리할 수 있습니다.

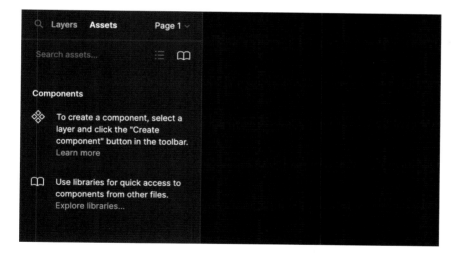

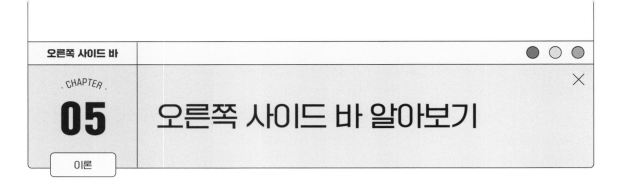

· CHAPTER ·
05
이론

오른쪽 사이드 바 알아보기

오른쪽 사이드 바는 디자인 작업에 필요한 (Design), (Prototype), (Inspect) 탭으로 구성되어 있습니다.

❶ 단축키로 탭 전환하기 • • •

단축키를 통해 탭을 전환할 수 있습니다.

• (Design) 탭: Alt + 8
• (Prototype) 탭: Alt + 9

TIP

Ctrl + \ 를 눌러 피그마 UI를 숨길 수 있습니다.

❷ [Design] 탭

오브젝트의 속성을 변경할 수 있는 다양한 패널들로 구성되어 있으며, 선택한 오브젝트의 성격에 따라 패널의 옵션이 달라집니다.

아무것도 선택하지 않았을 때

❶ Background(Design) 패널: 캔버스의 배경색을 변경할 수 있습니다.

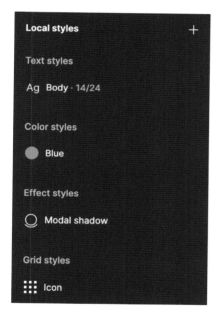

❸ Local styles 패널: 현재 파일에서 사용 중인 로컬 스타일을 관리할 수 있습니다.

TIP ⟨⟩
스타일을 드래그하여 순서를 바꿀 수 있습니다.

❷ Local variables 패널: 변수를 추가하고 관리할 수 있습니다.

일반 오브젝트를 선택했을 때

❶ Align 패널: 선택한 오브젝트를 정렬합니다.

❷ Transform 패널(오브젝트): 오브젝트의 위치, 크기, 각도, 모서리 둥글기를 변경할 수 있습니다. 선택한 오브젝트에 따라 표시되는 옵션이 달라집니다.

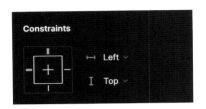

❸ **Constraints 패널**: 프레임 내부에 있는 오브젝트에 제약조건을 설정합니다.

❹ **Layer 패널**: 레이어의 블렌드 모드와 투명도를 조절합니다.

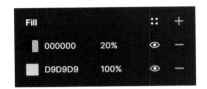

❺ **Fill 패널**: 채우기 색, 그레이디언트, 이미지에 대한 옵션을 변경할 수 있습니다.

❻ **Stroke 패널**: 선의 두께나 방향, 끝 모양 등 다양한 옵션을 변경할 수 있습니다.

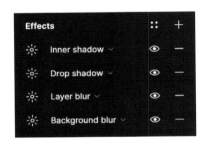

❼ **Effects 패널**: 그림자와 블러에 대한 4가지 효과를 제공합니다.

❽ **Export 패널**: 선택한 오브젝트를 다양한 크기와 형식으로 내보낼 수 있습니다.

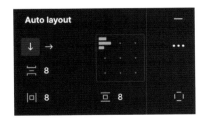

❾ **Auto layout 패널**: 오토 레이아웃의 방향과 간격, 패딩, 정렬 등 다양한 속성을 변경할 수 있습니다.

❿ **Layout grid 패널**: 프레임에 레이아웃 그리드를 추가할 수 있습니다.

❸ (Prototype) 탭

❶ **Device 패널**: 프레젠테이션 모드에서 나타나는 디바이스의 목업을 선택할 수 있습니다.

❹ **Interactions 패널**: 프레임과 프레임이 연결되는 다양한 인터랙션 옵션을 편집할 수 있습니다.

❷ **Background(Prototype) 패널**: 프레젠테이션 모드의 배경색을 변경할 수 있습니다.

❸ **Flow starting point 패널**: 선택한 프레임에 새로운 Flow starting point를 추가합니다.

TIP ⟨⊹
모바일 디바이스에서는 커서가 원형으로 나타납니다.

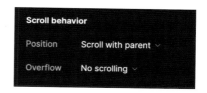

❺ **Scroll behavior 패널**: 프레임 안에 있는 오브젝트의 포지션 옵션과 스크롤 옵션을 변경합니다.

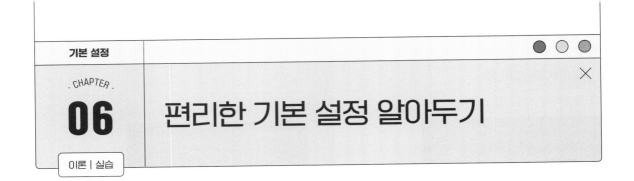

. CHAPTER .

06 편리한 기본 설정 알아두기

이론 | 실습

❶ 테마 전환하기 ・・・

피그마는 사용자 선호도에 따라 라이트 모드/다크 모드로 전환하여 사용할 수 있습니다.

'Main menu' 아이콘을 클릭한 다음 Preferences → Theme를 실행하고 원하는 테마를 선택합니다.

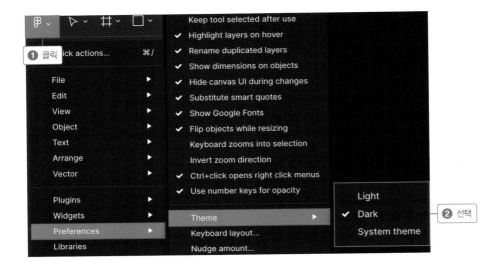

Ctrl+/를 눌러 퀵 액션을 실행한 다음 'dark' 또는 'light'를 검색하고 Enter를 눌러 테마를 전환합니다.

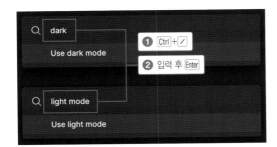

❷ 오브젝트 이동 단위 8배수로 변경하기 ● ● ●

피그마에서는 특수키와 방향키를 이용해 오브젝트의 위치를 이동하고, 크기를 변경할 수 있습니다.

- **방향키**: 도형을 1px만큼 이동
- Shift+**방향키**: 도형을 10px만큼 이동
- Ctrl+**방향키**: 도형의 크기를 1px만큼 변경
- Shift+Ctrl+**방향키**: 도형의 크기를 10px만큼 변경

01 'Main menu' 아이콘을 클릭한 다음 Preferences → Nudge amount를 실행합니다.

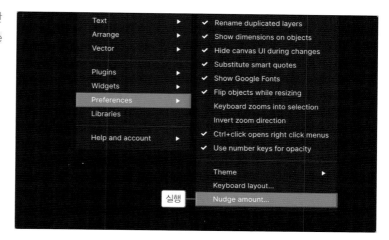

02 [Nudge amount] 대화상자에 서 Big nudge를 '8'로 설정하여 Shift를 눌렀을 때 변경되는 기본 값을 변경할 수 있습니다.

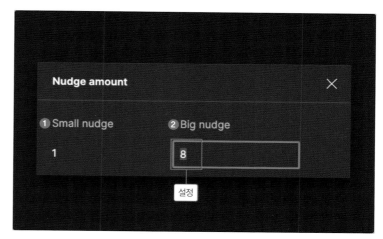

❶ **Small nudge**: 방향키를 눌렀을 때 이동하는 기본 값입니다.
❷ **Big nudge**: Shift를 함께 눌렀을 때 이동하는 기본 값입니다.

PART 3

Designer

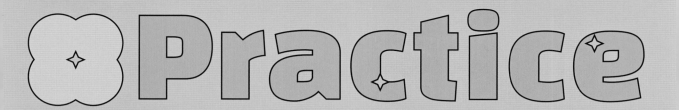

피그마 기본 도구 활용하기

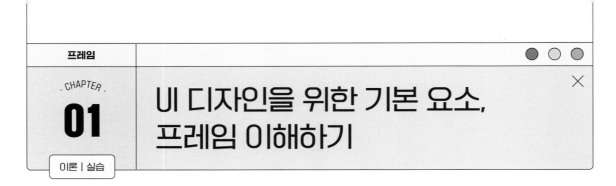

CHAPTER

01

이론 | 실습

UI 디자인을 위한 기본 요소, 프레임 이해하기

프레임(Frame)은 아트보드 역할을 하며, 피그마에서 가장 많이 사용되는 도구 중 하나입니다. 피그마의 핵심 기능인 오토 레이아웃이나 컴포넌트는 모두 프레임 기반으로 동작합니다. 따라서 피그마를 잘 활용하기 위해서는 프레임의 특징을 반드시 숙지해야 합니다.

❶ 디바이스 프레임   • • •

프레임을 생성할 때 피그마는 디자인 패널에서 데스크톱, 태블릿 PC, 휴대폰과 같은 다양한 장치에 대해 미리 설정된 크기를 제공합니다.

Frame					Frame					Frame		
▾ Phone					▸ Phone					▸ Phone		
iPhone 14	390×844				▾ Tablet					▸ Tablet		
iPhone 14 Pro	393×852				Surface Pro 8	1440×960				▾ Desktop		
iPhone 14 Plus	428×926				iPad mini 8.3	744×1133				MacBook Air	1280×832	
iPhone 14 Pro Max	430×932				iPad Pro 11"	834×1194				MacBook Pro 14"	1512×982	
iPhone 13 Pro Max	428×926				iPad Pro 12.9"	1024×1366				MacBook Pro 16"	1728×1117	
iPhone 13 / 13 Pro	390×844				▸ Desktop					Desktop	1440×1024	
iPhone 13 mini	375×812				▸ Presentation					Wireframe	1440×1024	
iPhone SE	320×568				▸ Watch					TV	1280×720	
iPhone 8 Plus	414×736				▸ Paper					▸ Presentation		
iPhone 8	375×667				▸ Social media					▸ Watch		
Android Small	360×640				▸ Figma Community					▸ Paper		
Android Large	360×800				▸ Archive					▸ Social media		

❷ 프레임 중첩

피그마는 다른 디자인 펜 도구와 달리 단일 아트보드만 허용하지 않고, 프레임을 중첩해 사용할 수 있습니다. 이를 통해 UI의 구조적인 설계를 더욱 쉽게 할 수 있습니다.

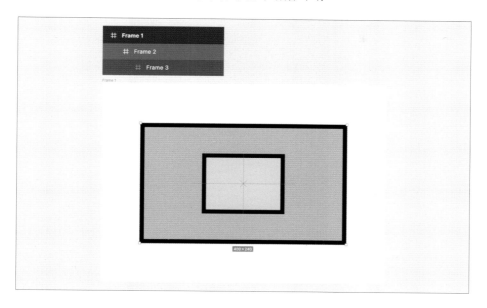

❸ 클립 콘텐츠(Clip content)

프레임은 스크롤할 수 있는 영역이나 이미지가 포함된 카드 요소에서 가시적인 영역을 조절할 수 있도록 자신의 크기를 넘어서는 콘텐츠를 클리핑(숨김) 처리할 수 있습니다.

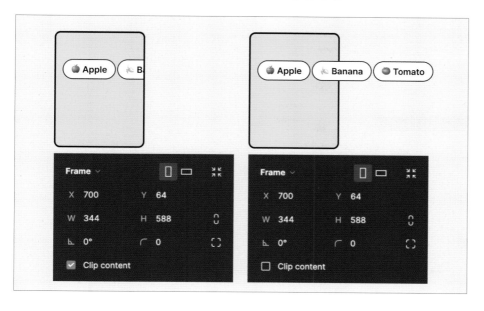

❹ 제약 조건(Constraints) • • •

프레임 내부 요소들에 대한 제약을 설정하면 프레임 크기가 변경될 때 내부 요소의 위치나 크기도 함께 유동적으로 조절할 수 있어 유연한 레이아웃을 만들 수 있습니다.

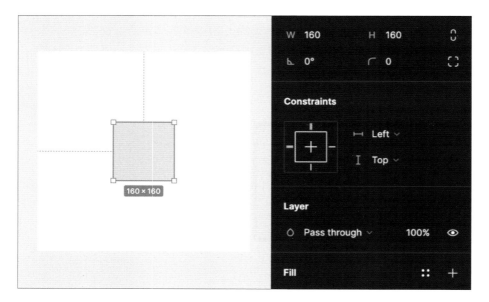

❺ 프로토타이핑 • • •

피그마에서 프로토타입을 만들기 위한 가장 기본적인 단위는 프레임입니다. 그룹이나 도형과 같은 단위에서는 인터랙션을 설정할 수 없기 때문에 프레임을 사용해야 합니다.

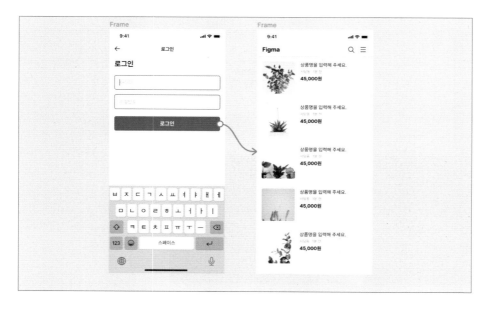

기초 모바일 레이아웃 구성하기

(01) 피그마 홈 화면 오른쪽 상단에서 〈+ Design file〉 버튼을 클릭합니다. **①** 프레임 단축키 F를 누르고 오른쪽 사이드 바에서 Design 패널의 **②** 'iPhone 14 (390×844)'를 선택하여 기본 모바일 디바이스 프레임을 생성합니다.

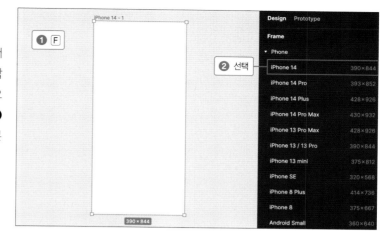

(02) **①** 다시 한 번 F를 누르고 **②** 캔버스 여백을 클릭하여 100×100 크기의 프레임을 생성합니다. **③** Frame 패널의 W(너비)를 '390', H(높이)를 '64'로 설정합니다.

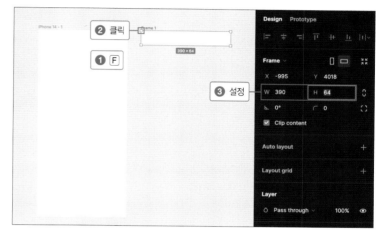

(03) **①** 프레임을 구분하기 위해 Fill 패널에 '4737FF'를 입력해 색상을 변경합니다. **②** Ctrl+R을 누르고 **③** 프레임 이름을 'Top'으로 바꿉니다.

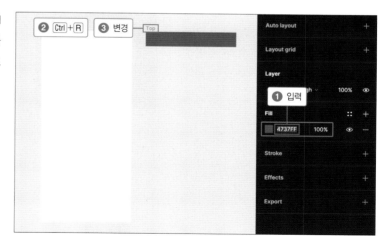

04 ❶ 'Top' 프레임을 선택한 상태에서 Alt 를 누른 채 아래로 드래그하여 프레임을 복제합니다. ❷ 복제된 프레임 크기를 358×240으로 변경합니다. ❸ Ctrl + R 을 누르고 이름을 'Center'로 변경합니다.

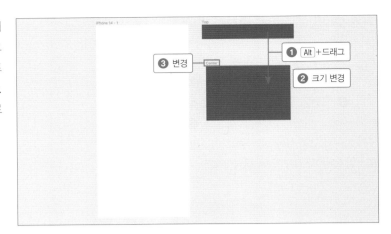

05 같은 방법으로 80×80 크기의 프레임을 만들고 Transform 패널에서 Radius를 '40'으로 설정해 원형 프레임을 만듭니다. 이름을 'FAB'로 바꿉니다. 마지막으로 390×80 크기의 'Bottom' 프레임을 생성합니다.

TIP ⬅

FAB(Floating Action Button)는 UI에서 고정된 위치에 항상 떠 있는 버튼으로, 보통 새로운 항목을 생성하기 위한 역할을 합니다.

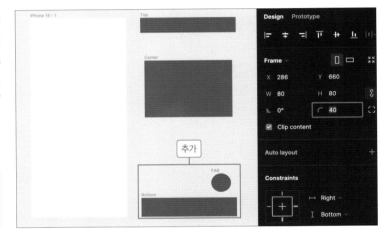

06 각 프레임을 드래그하여 'iPhone 14 − 1' 프레임으로 이동하고 그림과 같이 'Top'은 위쪽, 'Bottom'은 아래쪽, 'Center'는 가운데, 'FAB'는 오른쪽 하단에 배치합니다.

TIP ⬅

피그마에서는 이런 방식으로 프레임 안에 프레임을 넣어 구조적인 UI를 설계해 나갑니다.

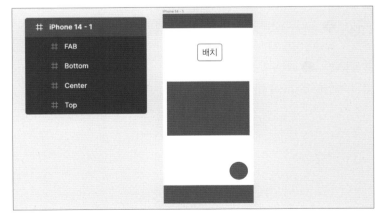

07 ❶ 'Top' 프레임을 선택하고 오른
쪽 Constraints 패널에서 ❷ 좌
우 설정을 'Left and right', 상하 설정을
'Top'으로 지정합니다.

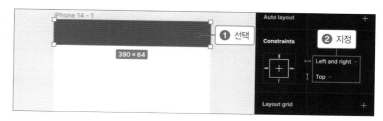

08 나머지 요소들의 Constraints도
다음과 같이 지정합니다.

TIP ⬅
Constraints 패널은 상위 프레임 안에 있는
하위 요소의 위치 및 크기에 대한 제약조건을
설정하는 옵션입니다.

'Center' 프레임: Center, Center
'FAB' 프레임: Right, Bottom
'Bottom' 프레임: Left and right, Bottom

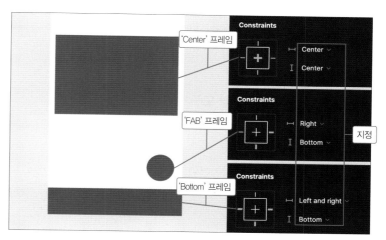

09 최상위 'iPhone 14 – 1' 프레임을
선택하고 크기를 자유롭게 변경하
면 앞서 설정한 Constraints에 따라 내부
요소들의 크기와 위치가 변경되는 것을
확인할 수 있습니다.

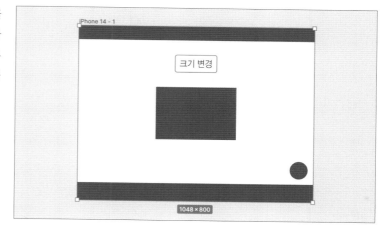

TIP ⬅
전체 프레임을 드래그할 때 Ctrl을 누른 채 드래그하면 Constraints 설
정을 무시하고 프레임 자체의 크기를 조절할 수 있습니다.

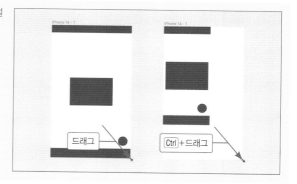

. CHAPTER .

02 자유자재로 기본 도형 만들기

이론 | 실습

모든 디자인 요소의 기본 형태가 되는 사각형이나 원형, 다각형 등이 있는 Shape tools의 활용 방법 및 고급 옵션에 대해 알아보겠습니다.

❶ Rectangle – 사각형 도구 ● ● ●

도형 만들기

툴 바의 Shape tools에서 'Rectangle'을 선택하거나 단축키 ®을 눌러 사각형을 그릴 수 있습니다.

❶ 단축키 ®을 누르고 ❷ 캔버스에서 원하는 곳을 클릭하면 100×100 크기의 사각형이 자동으로 만들어집니다.

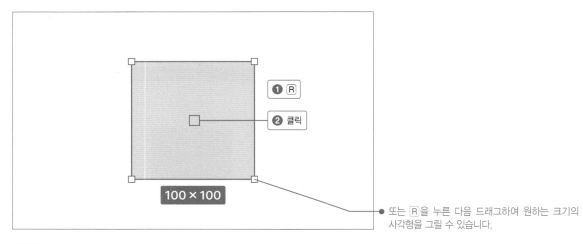

❶ ®

❷ 클릭

100 × 100

● 또는 ®을 누른 다음 드래그하여 원하는 크기의 사각형을 그릴 수 있습니다.

TIP ◁

특수키를 조합하면 도형의 생성 방식을 변경할 수 있습니다. 이 방법은 모든 오브젝트를 생성할 때 동일하게 적용됩니다.

❶ Shift+드래그: 도형을 1:1 비율로 유지하며 생성합니다.
❷ Alt+드래그: 도형의 가운데를 중심으로 크기를 변경합니다.
❸ 드래그 중 Spacebar: 도형을 그리면서 이동할 수 있습니다.

크기 변경하기

01 기본으로 도형의 모서리를 클릭하고 드래그하여 크기를 변경할 수 있습니다. 또는 도형을 선택한 상태에서 `Ctrl`+방향키를 눌러 크기를 조절할 수도 있습니다.

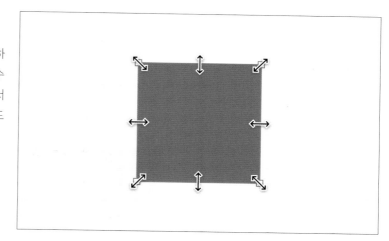

02 Transform 패널의 W(Width)는 도형의 가로 길이, H(height)는 도형의 세로 길이로, 수치를 직접 입력하여 변경할 수도 있습니다.

입력창에서 사칙연산을 활용할 수 있습니다. ●

TIP ⇦
(Design) 탭에 있는 모든 입력창에서 `Alt`를 누른 채 좌우로 드래그하는 방식으로 수치를 변경할 수도 있습니다. 이때 `Shift`도 함께 누르면 Big nudge만큼 숫자가 변경됩니다.

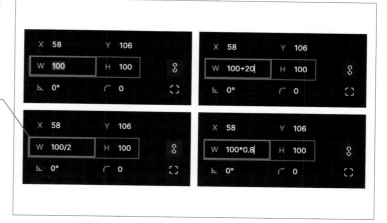

회전하기

01 도형의 모서리 바깥쪽을 드래그해 회전시킬 수 있습니다. 이때 `Shift`를 같이 누르면 15° 단위로 회전할 수 있습니다.

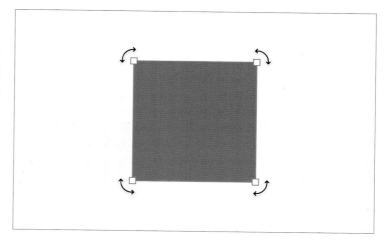

(02) Transform 패널의 Rotation에서 오브젝트의 각도를 수치로 확인할 수 있습니다. 0~180°까지만 표기되는 특징이 있으며, 180° 이상의 수치를 입력하면 자동으로 변환됩니다.

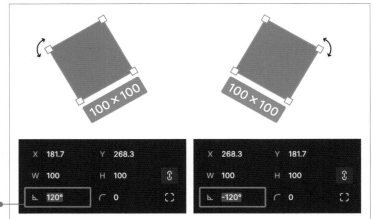

시계 방향으로 회전하면 − 방향으로 증가하며, 반 시계 방향으로 회전하면 + 방향으로 증가합니다.

코너 둥글기

(01) 도형의 안쪽에서 Radius 조절점을 드래그하여 코너의 둥글기를 변경할 수 있습니다.

Why? 👈
동그란 Radius 조절점이 보이지 않으면 캔버스를 더 확대해 보세요.

❶ Shift+드래그: Big nudge만큼 크기 변경
❷ Alt+드래그: 선택한 부분의 둥글기만 변경

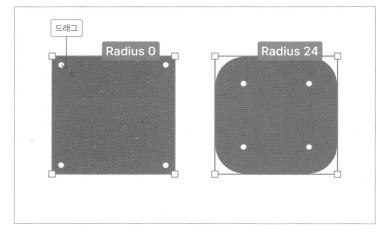

(02) Transform 패널의 Corner radius를 설정해도 코너 둥글기를 변경할 수 있습니다.

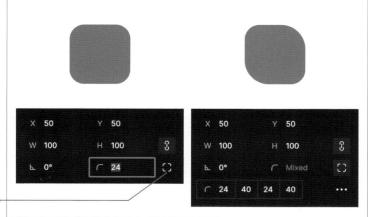

'Independent corners' 아이콘을 클릭하면 Corner radius를 각각 설정할 수 있습니다.

❷ Line – 선 도구

툴 바의 Shape tools에서 'Line'을
선택하거나 단축키 L을 눌러 직선을
그릴 수 있습니다.

Stroke 패널에서 시작과 끝 모양을
변경해 다양한 형태의 화살표를 그릴
수 있으며, Shift + L을 눌러 화살표가
달린 직선을 그릴 수도 있습니다.

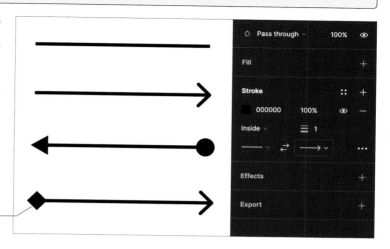

화살표 머리의 크기는 선 두께에 비례하며 따로
변경할 수는 없습니다.

Why? 👈

선 도구로 그린 직선의 두께가 1px처럼 보이지만, 실제로 피그마가 인식하는 범위는 다릅니다. 선의 위아래로 오브젝트를 배치한 뒤 간격을 살펴
보면, 선 위쪽의 오브젝트 간격은 2px, 선 아래쪽 오브젝트와의 간격은 1px로 더 크게 표기됩니다. 이는 피그마가 인식하는 범위가 Stroke의 두
께가 아닌, 선 아래를 지나는 높이가 없는 패스이기 때문입니다. 따라서 선 도구는 디자인에 직접 사용하기보다는 사용자 플로우나 지시선 등을
그릴 때 사용하는 것이 좋습니다.

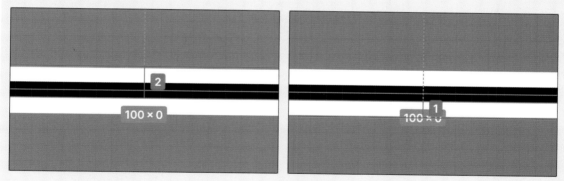

UI 디자인에서 선을 표현할 때는 높이 1px 선을 사용해야 상하 간격을 균일하게 가져갈 수 있습니다.

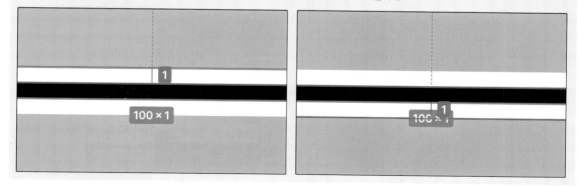

❸ Ellipse – 원 도구

• • •

툴 바의 Shape tools에서 'Ellipse'를 선택하거나 단축키 Ｏ를 눌러 원을 그릴 수 있습니다.

❶ Ｏ를 누른 다음 ❷ 캔버스에서 원하는 곳을 클릭하면 100×100 크기의 원형이 자동으로 생성됩니다.

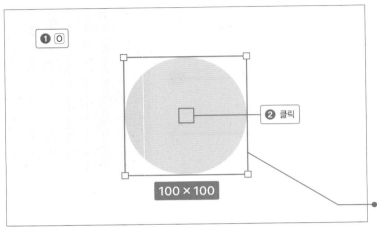

또는 Ｏ를 누른 다음 드래그하여 원하는 크기의 원을 그릴 수 있습니다.

Arc – 호

01 원 안쪽에 커서를 가져가 오른쪽 가운데에 생기는 Arc 조절점을 드래그하면 원을 호(Arc) 형태로 변경할 수 있습니다.

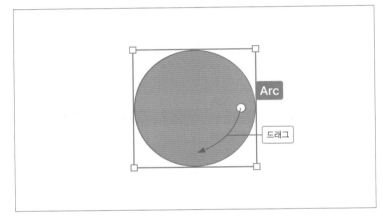

02 맨 처음에 드래그되는 조절점은 Sweep으로, 호가 채워진 정도를 변경할 수 있습니다. Transform 패널에서 직접 수치를 입력해 변경할 수도 있습니다.

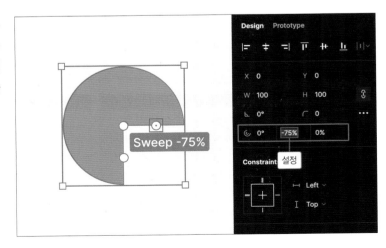

62

03 Sweep의 반대편 조절점은 Start 로, 호가 그려지는 시작 지점을 변경할 수 있습니다.

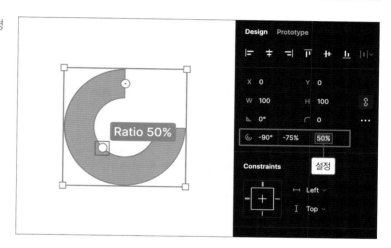

TIP ⟨⇒

Start(시작) 지점의 변경으로 인해 호가 회전하는 것과 Rotation 기능으로 호 자체를 회전하는 것의 차이점을 확실히 이해하고 넘어가세요.

04 가운데 조절점은 Ratio로, 호의 형태를 변경할 수 있습니다.

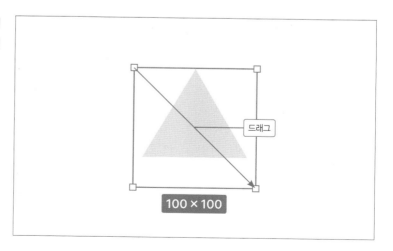

❹ Polygon – 다각형 도구 ● ● ●

01 툴 바의 Shape tools에서 'Polygon'을 선택하고 드래그해 다각형을 그릴 수 있습니다.

TIP ⟨⇒

Polygon은 별도의 단축키가 없으며 기본은 삼각형입니다. 짝수 단위의 다각형을 표현하기 위해 바운딩 박스 아래쪽에 기본 여백이 있습니다.

02 다각형 모서리에 나타나는 Count 조절점을 드래그하면 다각형 각이 늘어나거나 줄어들며, 최대 60개까지 설정할 수 있습니다.

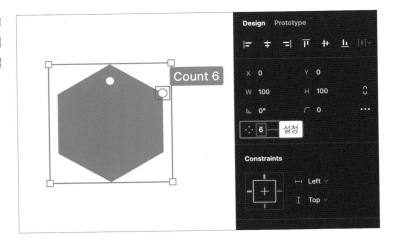

03 다각형 안쪽의 Radius 조절점을 드래그하면 Corner radius를 변경할 수 있습니다.

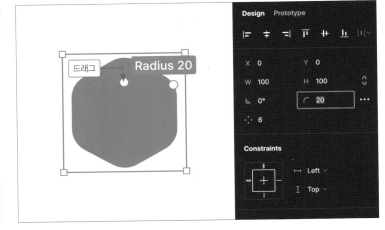

TIP 👉
다각형은 개별적으로 둥글기를 설정할 수 없습니다.

04 여백을 제외하고 다각형에 실제 외곽선을 적용하려면 Flatten의 단축키인 Ctrl+E를 눌러 도형 외곽선을 추출합니다.

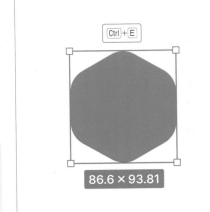

Why? 👉
다각형에 Flatten을 적용하면 바운딩 박스가 사라지면서 도형의 외곽선대로 영역이 새로 지정되기 때문에 소수점이 발생하며, 더 이상 Count를 변경할 수 없습니다.

❺ Star – 별 모양 도구 ● ● ●

01 툴 바의 Shape tools에서 'Star'를 선택하고 드래그해 별 모양을 그릴 수 있습니다.

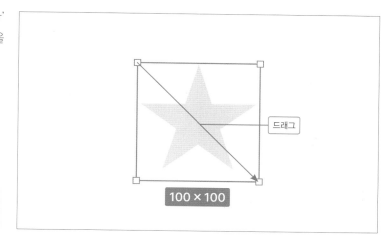

TIP ◁┋

Star 역시 별도의 단축키가 없으며 바운딩 박스 아래쪽에 기본 여백이 있습니다.

02 별의 바깥쪽 꼭지점에 나타나는 Count 조절점을 드래그하면 별의 각이 늘어나며 최대 60개까지 설정할 수 있습니다.

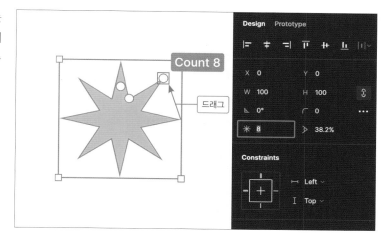

03 중간 지점에 있는 Ratio 조절점을 드래그하면 별 형태를 변경할 수 있습니다.

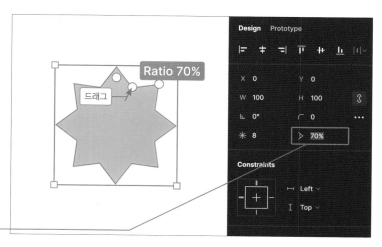

수치가 커질수록 원에 가까운 형태가 됩니다.

04 안쪽에 있는 Radius 조절점을 드래그해 별의 Corner radius를 변경할 수 있습니다.

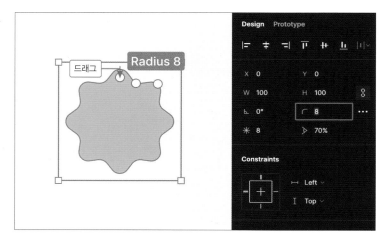

05 별 도구를 활용하면 창의적인 형태의 도형을 손쉽게 만들 수 있습니다.

06 편집이 완료된 도형은 마우스 오른쪽 버튼을 클릭한 다음 Flatten을 실행해 벡터 정보를 플래튼시켜 사용할 수 있습니다.

TIP

Flatten을 사용하면 별 도구의 바운딩 박스에 남아 있던 여백이 사라지면서 단일 오브젝트로 만들 수 있습니다. Radius, Ratio, Count 등 도형 도구의 편집 기능은 더이상 사용할 수 없습니다.

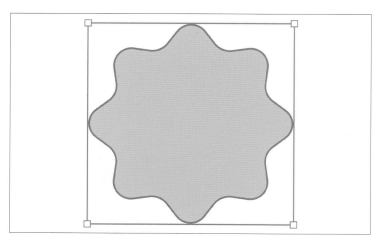

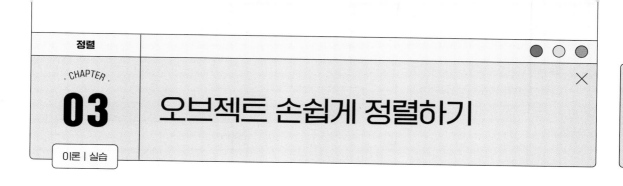

오브젝트 손쉽게 정렬하기

❶ 오브젝트 정렬(Alignment)하기 ・・・

Align 패널에서 정렬 아이콘을 클릭하거나 단축키를 눌러 선택한 오브젝트들을 쉽고 빠르게 정렬할 수 있습니다. 두 개 이상의 오브젝트를 정렬하면 서로를 기준으로 정렬되며, 프레임에 포함된 오브젝트의 경우 프레임을 기준으로 정렬됩니다.

❶ Align left(Alt+A): 왼쪽으로 정렬합니다.

❷ Align horizontal centers(Alt+H): 수평 방향으로 가운데 정렬합니다.

❸ Align right(Alt+D): 오른쪽으로 정렬합니다.

❹ Align top(Alt+W): 위쪽으로 정렬합니다.

❺ Align vertical centers(Alt+V): 수직 방향으로 가운데 정렬합니다.

❻ Align bottom(Alt+S): 아래쪽으로 정렬합니다.

프레임 안에서 정렬하기

(01) 프레임 안에 있는 단일 오브젝트를 선택하고 Alt+W/A/S/D를 누르거나 정렬 아이콘을 클릭해 오브젝트를 각각 프레임의 위쪽, 왼쪽, 아래쪽, 오른쪽으로 정렬할 수 있습니다.

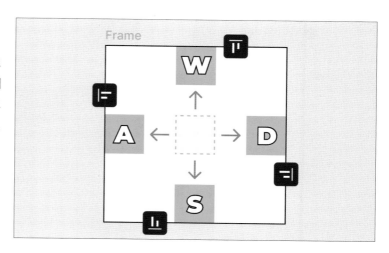

02 ❶ Alt + V 를 누르면 오브젝트를 세로 방향의 가운데로 정렬하고, ❷ Alt + H 를 누르면 가로 방향의 가운데로 정렬합니다.

TIP ⇦
오브젝트 정렬은 디자인 과정에서 자주 사용하기 때문에 정렬 단축키를 외워두고 사용하는 것을 추천합니다.

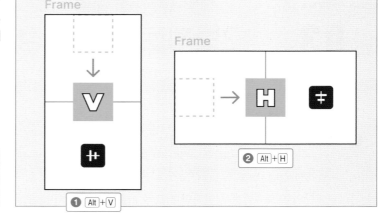

두 개 이상의 오브젝트 정렬하기

01 ❶ 2개의 사각형을 만들고 ❷ 크기를 각각 2×10, 10×2로 설정합니다.

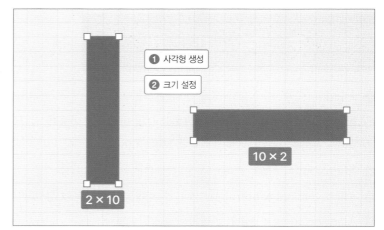

02 ❶ 2개의 사각형을 모두 선택한 다음 ❷ Alt + H , ❸ Alt + V 를 누르면 오브젝트를 십자가 모양으로 정렬할 수 있습니다.

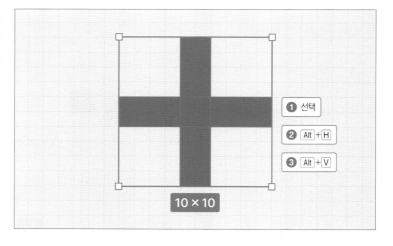

Why? 🤚

피그마는 기본으로 정수 단위를 사용하기 때문에 소수점이 생기지 않아 홀수 크기의 도형을 가운데 정렬하면 다음과 같이 정렬이 틀어지는 경우가 생깁니다.

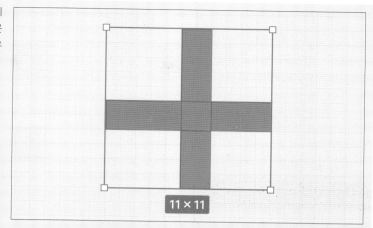

이때 View 옵션에서 'Snap to pixel grid'를 비활성화하면 홀수 크기의 오브젝트라도 정확하게 가운데 정렬할 수 있습니다.

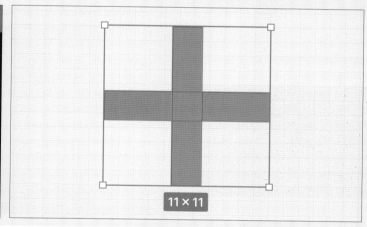

프레임 안에서 그룹 정렬하기

01 프레임 안에 여러 개의 오브젝트가 있는 경우 마치 하나의 그룹처럼 프레임을 기준으로 정렬할 수 있습니다. 먼저 여러 개의 오브젝트를 선택합니다.

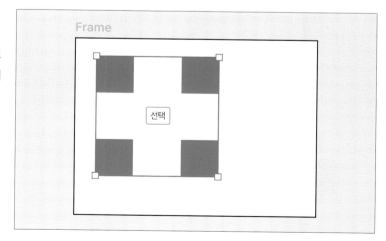

02 ❶ Shift를 누른 채로 Align 패널에 마우스 커서를 가져가면 아이콘이 변경됩니다. ❷, ❸ 이때 아이콘을 클릭하여 선택한 오브젝트 전체를 동시에 프레임을 기준으로 정렬할 수 있습니다.

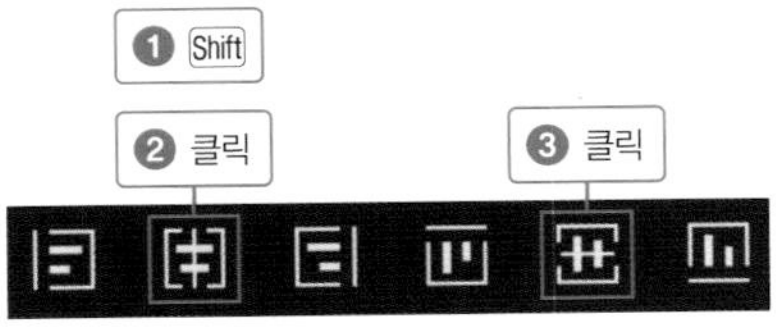

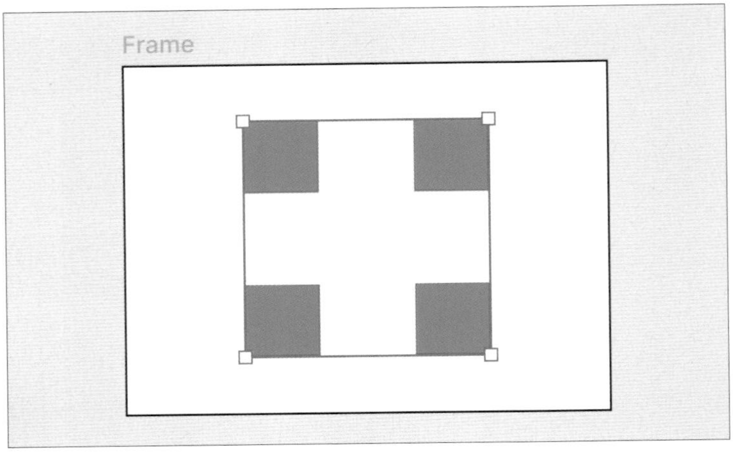

❷ 오브젝트 분배(Distribution)하기

Align 패널의 맨 오른쪽 확장 아이콘을 클릭하면 표시되는 메뉴를 실행해 분배 기능을 사용하면 다수의 오브젝트 사이 간격을 동일하게 만들 수 있습니다.

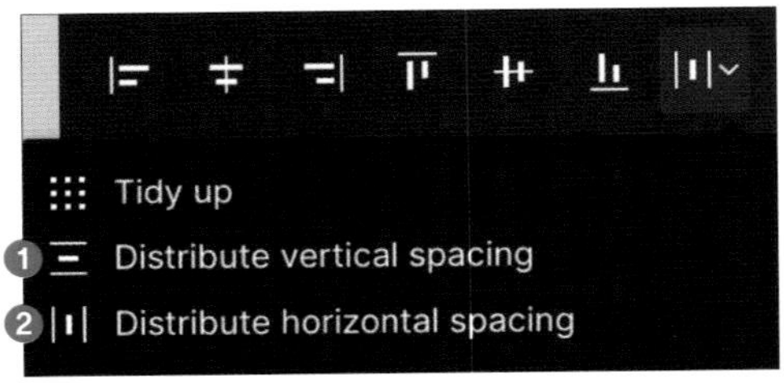

❶ Distribute vertical spacing: 오브젝트들의 수직 간격을 동일하게 만듭니다.
(윈도우: Alt+Shift+V / 맥: Control+Option+V)

❷ Distribute horizontal spacing: 오브젝트들의 수평 간격을 동일하게 만듭니다.
(윈도우: Alt+Shift+H / 맥: Control+Option+H)

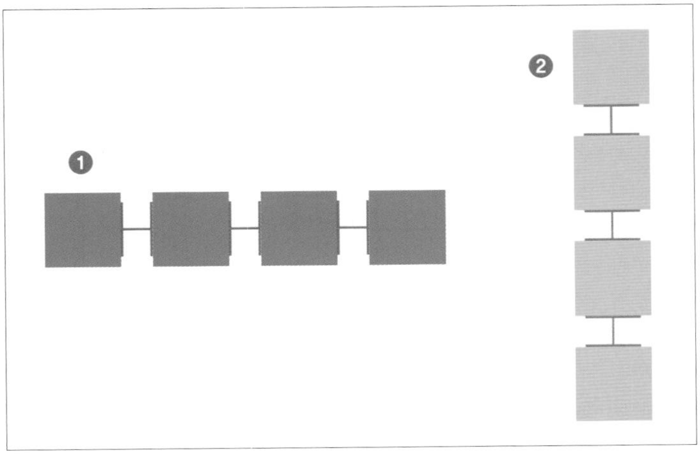

오브젝트 간격 동일하게 만들기

01 ❶ 가로 간격이 무작위로 설정된 오브젝트들을 그린 다음 전체 선택합니다. ❷ 오른쪽 하단에 나타난 '분배' 아이콘(▥)을 클릭하면 단축키를 누르지 않고도 빠르게 오브젝트 간격을 동일하게 설정할 수 있습니다.

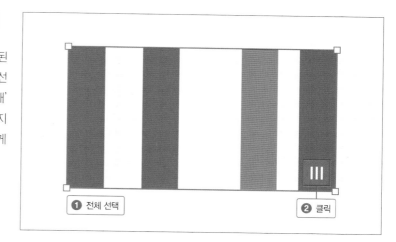

02 분배가 완료되면 모든 오브젝트 사이의 간격이 같아지며 분홍색 마커를 볼 수 있습니다.

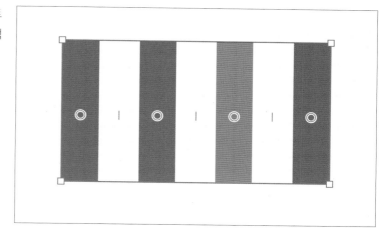

03 오브젝트 안쪽의 동그란 마커를 드래그하면 오브젝트 간의 위치를 변경할 수 있습니다.

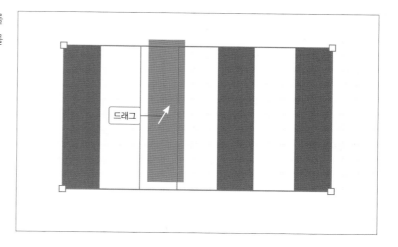

04 오브젝트 사이의 막대 마커를 드래그하면 오브젝트 사이의 간격을 빠르게 변경할 수 있습니다.

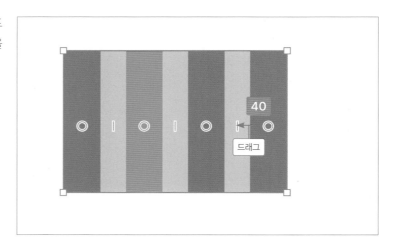

❸ 오브젝트 일정하게 정리(Tidy up)하기 • • •

01 Tidy up을 사용하면 무작위로 배치된 오브젝트들의 가로/세로 간격을 모두 일정하게 정리할 수 있습니다. 분배와 마찬가지로 ❶ 모든 오브젝트를 선택하고 ❷ 바운딩 박스 오른쪽 하단에 나타난 '정리' 아이콘(⊞)을 클릭합니다.

윈도우: Ctrl + Alt + Shift + T
맥: Control + Option + T

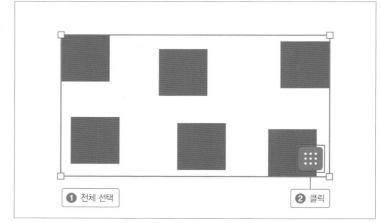

❶ 전체 선택　　❷ 클릭

02 오브젝트가 정렬되면 분홍색 마커를 이용해 간격이나 위치를 수정할 수 있습니다. Transform 패널에서도 간격을 수정할 수 있습니다.

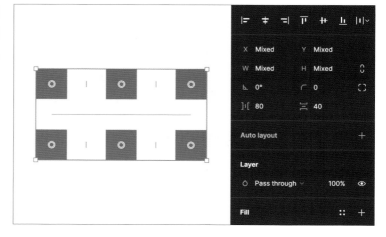

. CHAPTER .

04

실습

원형 그래프 만들기

기본 기능

01 ❶ 프레임 단축키 `F`를 누르고 ❷ 캔버스를 클릭하여 프레임을 생성합니다. ❸ Design 패널에서 W를 '160', H를 '220'으로 설정합니다. ❹ `Ctrl`+`R`을 누르고 ❺ 프레임 이름을 'Walk'로 변경합니다. ❻ Fill 패널에서 프레임 색상을 '2775EA'로 변경합니다.

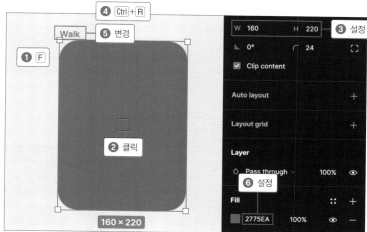

02 ❶ 텍스트 단축키 `T`를 누르고 ❷ 프레임을 클릭한 다음 'Walk'를 입력합니다. ❸ 왼쪽 상단에서부터 24만큼 여백을 둔 채 배치하고 ❹ 텍스트를 다음과 같이 설정합니다.

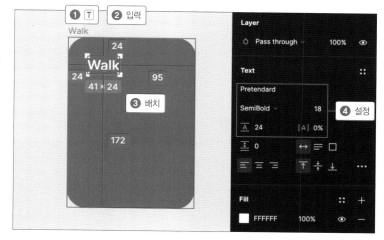

폰트: Pretendard
폰트 스타일: Semibold
글자 크기: 18
행간: 24

TIP ◁

오브젝트를 선택하고 `Alt`를 누르면 선택된 오브젝트와 커서가 위치한 오브젝트 사이의 간격을 확인할 수 있습니다.

03 ❶ 원형 단축키 ⓞ를 누르고 ❷ 프레임 안쪽을 클릭해 100×100 크기의 원형을 만듭니다. ❸ 원을 움직여 프레임 중앙에 정렬하고 아래쪽으로부터 48px만큼 떨어트립니다. ❹ Fill 패널에서 색상을 'FFFFFF'로 변경합니다.

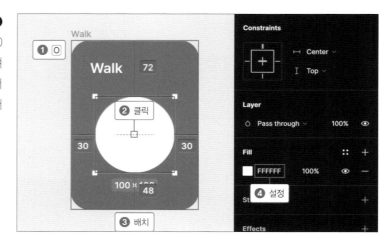

04 원을 선택한 채 ❶ Shift + X 를 눌러 면과 선을 전환합니다. ❷ Stroke 패널에서 선 설정을 'Center', 선 두께를 '12'로 변경합니다.

05 원을 선택한 상태에서 ❶ Layer 패널의 불투명도를 '20%'로 낮춰 원을 불투명하게 만듭니다. ❷ Ctrl + R 을 누르고 이름을 'Background'로 변경합니다.

TIP

숫자 키패드를 이용해 Layer 패널의 불투명도를 조절할 수 있습니다. ②를 누르면 '20%', ②와 ⑤를 빠르게 누르면 '25%'로 설정합니다. ⓞ을 한 번 누르면 '100%', ⓞ을 두 번 누르면 '0%'로 설정합니다.

06 ① 도형 복제 단축키인 Ctrl+D를 눌러 원형을 복제합니다. ② 숫자 키패드 O을 눌러 복제된 원형의 불투명도를 다시 '100%'로 만듭니다. ③ Ctrl+R을 누르고 이름을 'Graph'로 변경합니다. ④ 원형 오른쪽 가운데에 커서를 가져가 동그란 Arc 조절점을 아래쪽으로 드래그합니다.

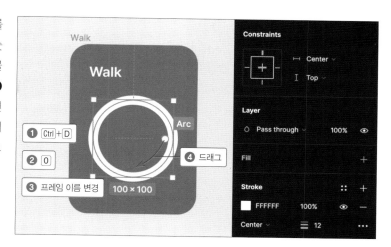

07 원이 Arc(호)로 바뀌면서 3개의 조절점이 추가로 생깁니다. Transform 패널에도 같은 옵션이 생성됩니다.

① Start: 호가 시작되는 위치를 변경합니다.
② Sweep: 원이 채워진 정도를 변경합니다.
③ Ratio: 호의 형태를 변경합니다.

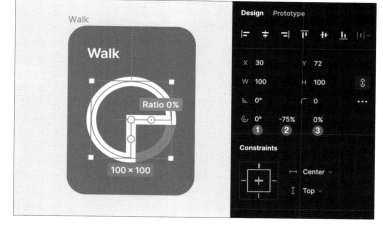

08 Ratio를 끝까지 당겨 100%로 만듭니다.

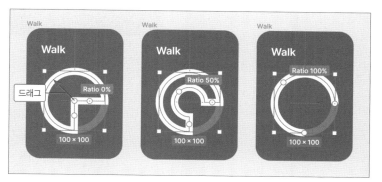

09 Arc 옵션을 더 직관적인 형태로 사용하기 위해 Start를 '−90°'로 설정해서 호의 시작점을 12시 방향으로 지정하고 Sweep을 '62%'로 변경합니다.

10 ❶ Stroke 패널의 오른쪽 하단에 있는 'Advanced stroke' 아이콘 (…)을 클릭합니다. ❷ End points를 클릭한 다음 ❸ 'Round'를 선택하여 호의 양 끝을 둥글게 만듭니다.

11 ❶ T를 눌러 텍스트 도구를 선택하고 ❷ '6,200'을 입력합니다. ❸ 텍스트를 다음과 같이 설정합니다. ❹ 그 래프 가운데에 텍스트를 배치합니다.

폰트: Pretendard
폰트 스타일: Semibold
글자 크기: 18
행간: 24

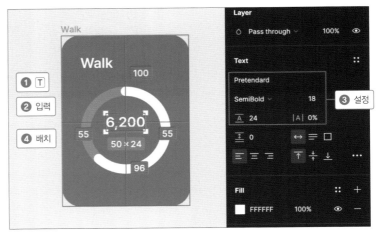

(12) ❶ 다시 한 번 [T]를 누르고 ❷ '걸음'을 입력한 다음 ❸ 텍스트를 다음과 같이 설정합니다. ❹ 숫자 키패드 [5]를 눌러 불투명도를 '50%'로 변경하고 ❺ '6,200' 아래쪽에 배치합니다.

폰트: Pretendard
폰트 스타일: Semibold
글자 크기: 16
행간: 20

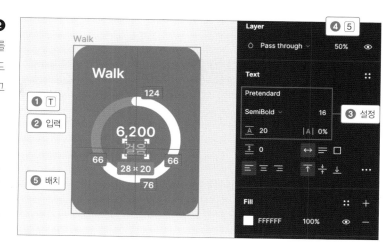

(13) ❶ 그래프 배경과 그래프, 텍스트를 드래그하여 모두 선택한 다음 ❷ [Ctrl]+[Alt]+[G]를 눌러 프레임으로 묶습니다.

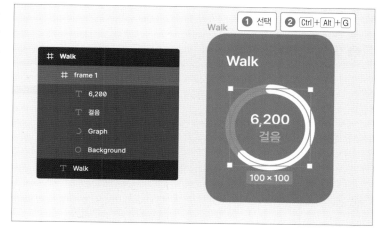

(14) Arc의 Sweep은 백분율로 표기되기 때문에 Transform 패널에서 Sweep의 수치를 설정하면 그래프 형태를 간단하게 변경할 수 있습니다.

• **완성파일**: 03\대시보드 인포그래픽

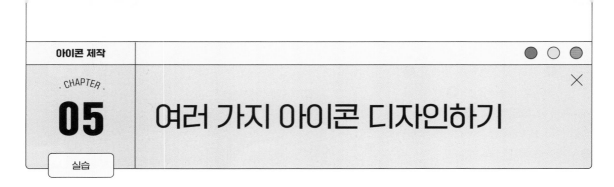

여러 가지 아이콘 디자인하기

Font Awesome과 같은 폰트 형태의 아이콘 또는 피그마 플러그인 등을 활용하여 아이콘을 만들 수 있습니다. 그러나 담당하는 상품의 톤앤매너에 맞는 아이콘을 사용하기 위해서는 직접 아이콘을 만들어야 합니다.

이를 위해 프레임의 레이아웃 그리드 기능을 활용하여 아이콘 가이드를 만들고, 도형, 벡터 편집 모드, 불리언 연산을 활용해서 기본 라인 형태의 아이콘을 만드는 방법을 알아보겠습니다. 이렇게 하면 통일감 있는 아이콘 세트를 만들 수 있습니다.

❶ 아이콘 가이드 만들기 ···

01 먼저 아이콘 컨테이너를 만들기 위해 ❶ 프레임 생성 단축키 F를 누르고 ❷ 24×24 크기의 프레임을 생성합니다.

TIP
확대했을 때 캔버스에 나타나는 픽셀 격자는 Shift + '를 눌러 활성화 또는 비활성화할 수 있습니다.

02 (Design) 탭의 ❶ Layout grid 패널에서 '+' 아이콘을 클릭하여 그리드를 생성합니다. ❷ 격자 모양의 'Layout grid settings' 아이콘(▦)을 클릭한 다음 ❸ 왼쪽 상단의 Grid를 'Columns'로 지정합니다.

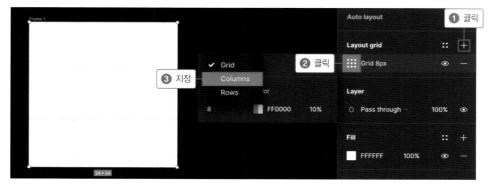

03 Columns의 Count를 '2'로 설정하여 그림과 같이 좌우 그리드를 만듭니다.

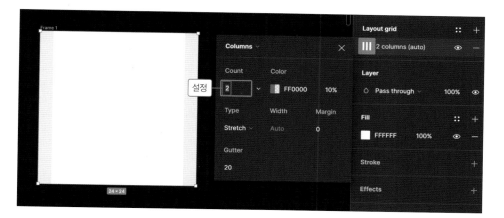

04 ❶ 같은 방법으로 그리드를 하나 더 추가한 다음 ❷ 이번에는 Grid를 'Rows'로 지정하고 ❸ 동일하게 Count를 '2'로 설정하여 상하 그리드를 만듭니다.

05 ❶ 마지막으로 그리드를 추가하고 ❷ Grid의 Size를 '4', Color를 '0000FF'로 변경하여 중간 격자를 만듭니다.

06 Layour grid 패널의 ❶ 'Style' 아이콘(⊞)을 클릭하고 ❷ Grid Styles의 '+' 아이콘을 클릭하여 그리드 스타일을 추가합니다. ❸ [Create new grid style] 대화상자에서 Name에 스타일 이름을 'icon grid – 24'로 입력한 다음 ❹ 〈Create style〉 버튼을 클릭하여 아이콘 스타일을 만듭니다.

07 전체 프레임 크기가 24×24, 라이브 영역 크기가 20×20인 아이콘 그리드가 완성되었습니다.

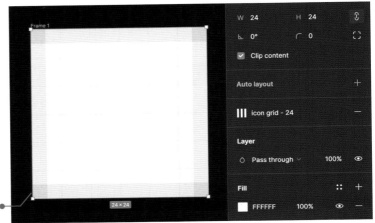

한 번 등록된 스타일은 다른 프레임에서도 반복해 사용할 수 있습니다.

Why? 👆

모든 아이콘 콘텐츠는 시각적인 일관성을 유지하기 위해 20×20 크기의 라이브 영역 안에 그리는 것이 좋습니다. 일부 아이콘에서는 시각적인 가중치를 더해야 할 경우 아이콘 크기가 패딩 영역까지 확장될 수 있지만, 전체 프레임을 벗어나는 것은 피해야 합니다.

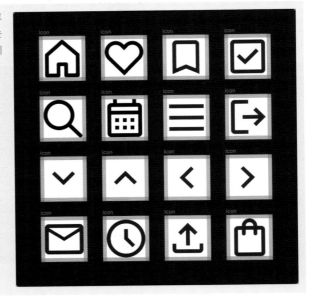

❷ 검색 아이콘 만들기

● ● ●

01 ❶ F를 누르고 24×24 크기의
프레임을 만듭니다. ❷ Layout
grid 패널에서 'Style' 아이콘(⣿)을 클릭
하고 ❸ 이전에 만든 'icon grid – 24'를
선택하여 그리드 스타일을 불러옵니다.
❹ Ctrl+R을 누르고 ❺ 프레임 이름을
'icon/search'로 변경합니다.

Why? 🫴

피그마는 오브젝트를 구분 짓는 데 레이어의
이름을 활용합니다. 특히 컴포넌트 단위에서
레이어 이름에 '/'를 사용하면 〈그룹 명 / 그룹
명 / 오브젝트 명〉으로 각 요소를 단계별로 그
룹화하여 관리할 수 있습니다.

02 ❶ 원형 단축키 O를 누르고 ❷
프레임 안쪽에 14×14 크기 원형
을 그립니다. ❸ 왼쪽 상단에서 3px만큼
떨어진 곳에 원을 배치합니다. ❹ Fill의
색상을 '000000'으로 변경합니다.

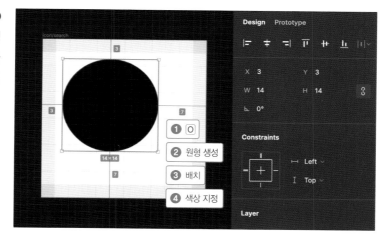

03 ❶ 원형을 선택한 상태에서 단축
키 Shift+X를 눌러 면과 선을 전
환합니다. ❷ Stroke의 설정을 'Center',
선 두께를 '2'로 설정합니다.

04 ❶ 원형을 선택한 상태에서 Enter를 누르면 현재 선택한 오브젝트의 패스와 기준점이 표시되는 벡터 편집 모드로 전환됩니다. 이 상태에서 ❷ 패스 단축키인 P를 눌러 펜 도구( )를 선택합니다. ❸ 오른쪽 하단에서 3px만큼 떨어진 곳을 클릭하고 ❹ Shift를 누른 채 커서를 왼쪽 상단으로 이동시켜 원형 패스에 닿으면 클릭하여 패스를 연결합니다.

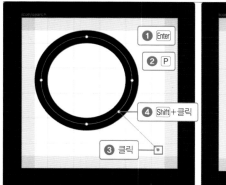 

TIP ◁
Shift를 누르고 패스를 이동시키면 45° 만큼 각도를 고정하여 이동할 수 있습니다.

● 편집 모드에서 손잡이를 그리지 않으면 패스가 하나로 연결되지 않습니다.

05 패스를 선택한 상태에서 Storke 패널 오른쪽 하단의 ❶ 'Advanced stroke settings' 아이콘(…)을 클릭한 다음 ❷ End point를 'Round'로 지정하여 돋보기의 손잡이 끝부분을 동그랗게 만듭니다.

06 계속해서 ❶ 패스가 선택된 채 마우스 오른쪽 버튼을 클릭한 다음 ❷ Outline stroke(Ctrl+Shift+O)를 실행해 외곽선을 추출합니다.

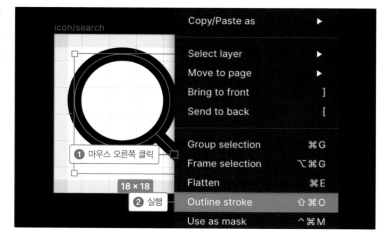

82

07 오브젝트가 선에서 면으로 바뀌면 Design 패널에서 Constraints를 'Scale', 'Scale'로 지정합니다.

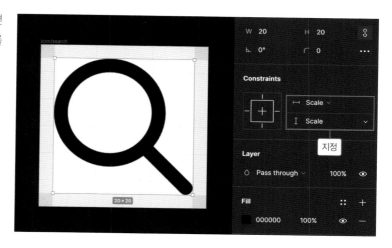

TIP

완성된 아이콘의 외곽선을 추출한 후 Constraints를 'Scale'로 지정하면 하나의 아이콘 에셋으로 다양한 크기에서 사용할 수 있습니다. 아이콘의 외곽선을 추출해 면 상태로 만들면 프레임 크기가 증가함에 따라 아이콘 두께도 일정한 비율로 증가해 다양한 크기에서 일관성을 유지할 수 있습니다. 그러나 아이콘 외곽선을 추출하지 않으면 왼쪽 그림과 같이 프레임 크기가 커질수록 두께가 일정하게 유지되어 아이콘이 점점 얇아 보일 수 있습니다.

선 상태의 아이콘

Outline stroke를 적용해 선을 면 상태로 변경한 아이콘

❸ 홈 아이콘 만들기 ● ● ●

01 ❶ F를 누르고 24×24 크기의 프레임을 만듭니다. ❷ Layout grid 패널에서 'Style' 아이콘을 클릭한 다음 'icon grid – 24'를 적용합니다. ❸ Ctrl+R을 누르고 ❹ 프레임 이름을 'icon/home'으로 변경합니다.

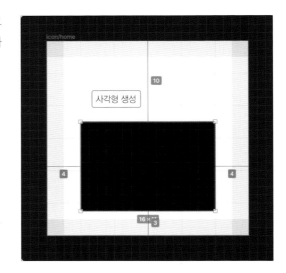

(02) ⓡ을 누른 다음 16×11 크기의 사각형을 프레임 안에 그
려 넣습니다. 아래쪽으로부터 3px만큼 떨어트려 배치하
고 색상을 '000000'으로 변경합니다.

(03) ❶ Enter를 눌러 편집 모드를 실행한 다음 ❷ 그림과 같이
사각형 위쪽 패스 가운데 부분에 생기는 동그란 조절점을
클릭하면 자동으로 기준점이 추가됩니다.

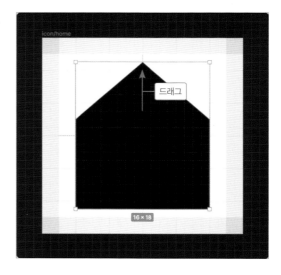

(04) 추가된 기준점을 드래그하거나 방향키를 눌러 위쪽으로
7px만큼 이동시켜 집 모양을 만듭니다.

05 ① Esc 를 눌러 편집 모드를 해제합니다. 문을 만들기 위해 ② R 을 누르고 4×6 크기의 사각형을 만든 후 그림과 같이 집 모양의 가운데 하단에 배치합니다.
③ Shift 를 누른 채 문과 집 모양 오브젝트를 모두 선택합니다. ④ 툴 바에서 'Boolean groups' 아이콘(■)을 클릭한 다음 ⑤ 'Subtract selection'을 선택하면 레이어 위쪽에 있던 문 영역 만큼을 제외합니다.

 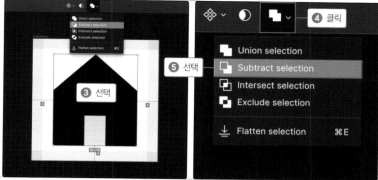

TIP ⇦

Boolean(불리언) 기능을 사용하여 도형을 편집하면 Layer 패널에 원본 도형이 그룹화되어 남아 있습니다. 따라서 'Union selection', 'Subtract selection', 'Intersect selection', 'Exclude selection'을 적용한 후에도 레이어에서 원본 도형을 선택하여 위치나 크기 등을 자유롭게 수정할 수 있습니다.

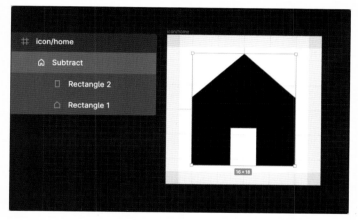

06 선(Line) 형태의 아이콘으로 만들기 위해 ① Shift + X 를 눌러 Fill과 Stroke를 전환하고 ② Stroke 패널의 선 두께를 '2'로 설정합니다. ③ 'Advanced stroke settings' 아이콘(⋯)을 클릭하고 ④ Join에서 'Round' 아이콘(⤵)을 클릭해 아이콘 모서리를 둥글게 만듭니다.

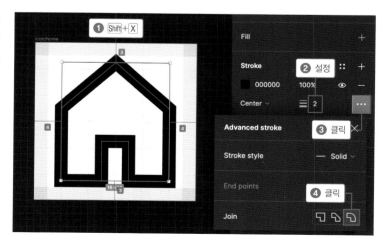

07 ① Ctrl + Shift + O를 눌러 외곽선을 추출하고 ② Constraints를 'Scale'로 지정해 Home 아이콘을 완성합니다.

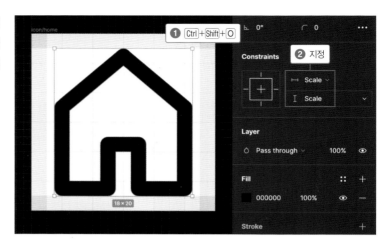

④ 하트 아이콘 만들기 ● ● ●

01 ① F를 누르고 24×24 크기의 프레임을 만듭니다. ② Layout grid 패널에서 'Style' 아이콘을 클릭한 다음 'icon grid – 24'를 적용합니다. ③ Ctrl + R을 누르고 ④ 프레임 이름을 'icon/heart'로 변경합니다.

02 ① 프레임에 10×16 크기의 사각형을 그립니다. ② Ctrl + D를 눌러 복제합니다. ③ 그림과 같이 Shift를 누른 채 드래그하여 시계 방향으로 90° 회전합니다. ④ 두 개의 사각형을 모두 선택합니다.

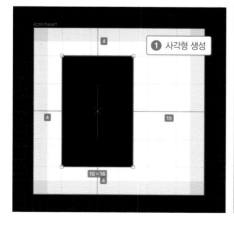
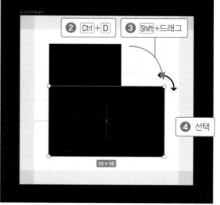

03 ❶ 툴 바에서 'Boolean groups' 아이콘(■) 옆 확장 아이콘을 클릭한 다음 ❷ 'Union selection'을 선택해 합칩니다.

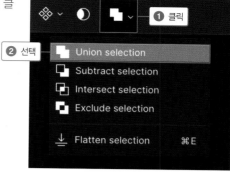

04 복제된 도형의 모서리 바깥쪽으로 커서를 이동하여 회전할 수 있습니다. 도형이 합쳐지면 ❶ 다시 한 번 그림과 같이 도형을 반시계 방향으로 45° 회전합니다. ❷ 툴 바에서 'Boolean groups' 아이콘(■) 옆 확장 아이콘을 클릭하고 ❸ 'Flatten selection(Ctrl+E)'을 선택합니다.

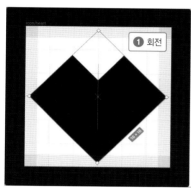

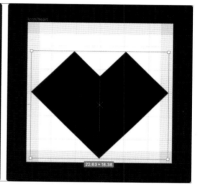

TIP ☜

Flatten 기능은 여러 개의 벡터 레이어를 하나의 단일 벡터 레이어로 통합하는 역할을 합니다. 이 과정에서 벡터 요소의 위치, 크기, 각도 등을 하나의 패스로 통합시켜 초기화합니다. 하지만 Boolean 기능이 적용된 상태에서 Flatten을 실행하면 그룹화된 레이어가 하나로 통합되기 때문에 사용에 주의해야 합니다.

Why? ☜

'Union selection' 선택 이후에 Flatten을 적용하는 이유

도형에 Flatten 기능을 적용하면 모든 도형의 패스가 하나로 합쳐집니다. 그러나 그림과 같이 불필요한 패스가 남을 수 있기 때문에 바로 Flatten 기능을 사용하여 도형을 합치는 것은 좋지 않습니다. 이를 방지하기 위해서는 'Union selection' 등을 활용해 모양을 다듬은 다음 Flatten을 적용하는 것이 좋습니다. 이렇게 하면 불필요한 패스를 남기지 않고 깔끔한 도형을 만들 수 있습니다.

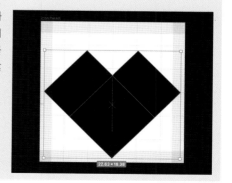

05 하트 모양을 만들기 위해 ① Enter 를 눌러 편집 모드로 이동합니다. ② Shift 를 누른 채 클릭하여 이미지에 표시된 4개의 파란색 기준점을 모두 선택합니다. 기준점이 모두 선택된 상태에서 ③ Radius를 '10' 이상으로 설정하여 양 끝을 둥글게 만들어 하트 모양을 완성합니다.

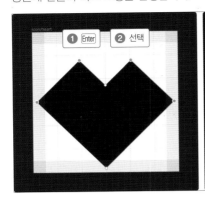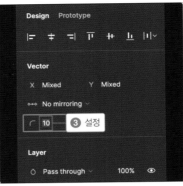

06 ① 다시 Ctrl + E 를 눌러 도형을 병합해서 오브젝트 영역을 다듬고 ② 크기를 18×16으로 변경합니다. ③ Shift + X 를 눌러 면과 선을 전환한 다음 ④ Stroke 패널에서 선 두께를 '2'로 설정합니다. ⑤ 'Advanced stroke settings' 아이콘(…)을 클릭하고 Join에서 'Round' 아이콘(⬜)을 클릭하여 모서리를 둥글게 만듭니다.

07 마지막으로 ① Ctrl + Shift + O 를 눌러 외곽선을 추출하고 ② 아이콘의 Constraints를 'Scale'로 지정하여 Heart 아이콘을 완성합니다.

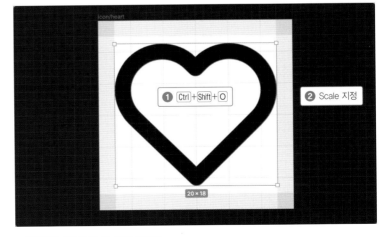

• **완성파일**: 03\검색, 홈, 하트 아이콘

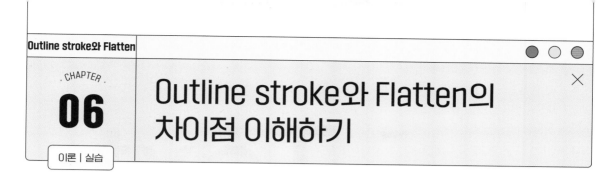

CHAPTER 06
Outline stroke와 Flatten의 차이점 이해하기

이론 | 실습

Outline stroke와 Flatten은 종종 비슷하다고 착각하는 기능 중 하나입니다. 이는 텍스트와 같은 특정 오브젝트에서 같은 결과를 보여주기 때문입니다. 그러나 이 두 기능은 수행하는 역할이 명백히 다르며, 특히 아이콘을 그릴 때 많이 활용하는 기능이므로 각 기능이 어떤 특징을 가지고 있는지 정확히 아는 것이 중요합니다. 실습을 통해서 Outline stroke와 Flatten의 특징에 대해 자세히 알아보겠습니다.

❶ Outline stroke – 외곽선 추출하기 ● ● ●

Outline stroke는 선을 면으로 변환하는 역할을 하며 오브젝트의 외곽선을 추출해 패스를 새롭게 설정하는 기능입니다. 오브젝트를 선택한 채 마우스 오른쪽 버튼을 클릭한 다음 Outline stroke를 실행하거나 단축키 Ctrl+Shift+O를 눌러 적용할 수 있습니다. 주로 선으로 그려진 아이콘을 면으로 변경하거나 텍스트의 형태대로 오브젝트를 만들 때 사용합니다.

아웃라인 스트로크는 다음의 기능을 수행합니다.

- Stroke 정보를 Fill로 전환(선을 면으로 변환)합니다.
- Corner radius가 설정된 경우 둥근 정도를 패스와 커브로 변경합니다.

(01) 텍스트를 만들기 위해 ❶ T를 누르고 ❷ 캔버스를 클릭한 다음 텍스트를 입력합니다. ❸ 텍스트가 선택된 상태에서 마우스 오른쪽 버튼을 클릭한 다음 ❹ Outline stroke를 실행하거나 Ctrl+Shift+O를 누릅니다.

02 텍스트를 추출한 이후에 Enter 를 눌러 편집 모드로 실행하면 글자 모양대로 패스가 생성된 것을 확인할 수 있습니다. 이렇게 Outline stroke는 단순한 선을 면으로 만드는 역할만을 수행합니다.

❷ Flatten – 레이어 병합하기

Flatten은 여러 개의 레이어를 하나의 레이어로 통합시키며, 동시에 벡터 정보를 초기화하는 역할을 합니다. 이 기능은 다수의 레이어를 단일 레이어로 통합하는 특성을 이용하여 Union selection이나 Substract selection 등 불리언 연산을 활용한 아이콘 레이어를 정리할 때 사용하거나, 서로 다른 레이어에 있는 패스를 연결하기 위해 사용됩니다. 그러나 한 번 통합한 레이어는 실행 취소 말고는 다시 되돌릴 수 없기 때문에 주의해서 사용해야 하는 기능입니다.

Flatten은 다음의 기능을 수행합니다.

- 레이어를 하나로 통합합니다.
- 레이어가 하나로 합쳐지는 경우 최상위 레이어의 속성을 물려받습니다.
- 각도 및 Corner radius를 0으로 초기화합니다.

01 ❶ 단축키 P 를 눌러 펜 도구(✎)를 선택하고 ❷ 기준점을 클릭한 다음 ❸ 12px 오른쪽을 클릭하여 직선을 그립니다. ❹ Stroke 패널에서 선 두께를 '2'로 설정합니다.

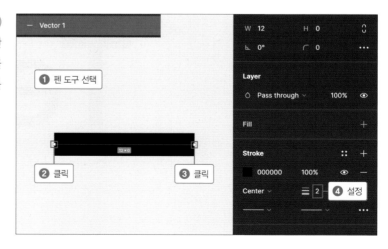

(02) ❶ Ctrl+D를 눌러 가로 선을 복제하고 ❷ 모서리 부분에 커서를 가져가 회전 아이콘이 나타나면 복제한 직선을 Shift를 누른 채 세로 방향으로 드래그하여 회전합니다.

TIP ◁⊷
Shift를 누른 채 드래그하여 회전하면 15° 단위로 회전할 수 있습니다.

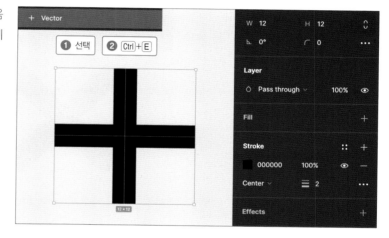

(03) ❶ 두 직선을 모두 선택한 다음 ❷ Ctrl+E를 눌러 병합하면 레이어가 하나로 합쳐집니다.

(04) + 모양의 벡터 오브젝트를 활용해 × 모양의 벡터 오브젝트를 만들어 보겠습니다.
+ 모양의 오브젝트를 Alt를 누른 채 오른쪽으로 드래그하여 복제합니다.

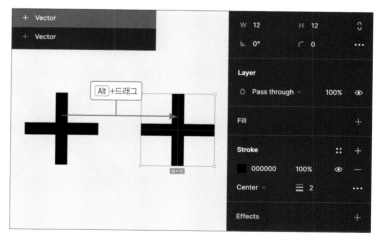

05 모서리에 커서를 가져가 회전 아이콘이 표시되면 Shift 를 누른 채 드래그하여 45° 회전합니다.

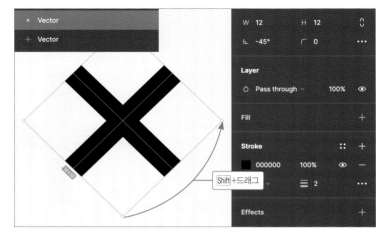

TIP 👈
시계 방향의 회전은 음수, 반시계 방향의 회전은 양수로 표시됩니다.

06 회전한 오브젝트의 벡터 정보를 초기화하기 위해 Ctrl + E 를 눌러 병합합니다.

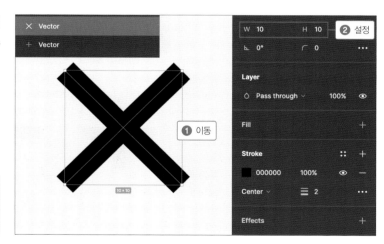

Why? 👈
오브젝트를 초기화하면 회전이나 Corner radius 같은 항목들이 모두 0으로 초기화됩니다. 만약 회전 후 도형을 결합하지 않으면 원하는 방향으로 크기를 변경할 수 없습니다.

07 오브젝트의 크기를 정수로 만들기 위해 ❶ 드래그해서 위치를 정수화하고 ❷ W/H를 '10'으로 설정합니다.

Why? 👈
회전한 오브젝트를 결합하면 도형의 기준점이 달라지기 때문에 위치와 크기가 소수점으로 표기되는 경우가 있습니다.

Why? 👈
피그마는 정수 기반으로 작동하기 때문에 마우스를 이용해 오브젝트를 편집하면 수치에 소수점이 사라지는 특징이 있습니다. 만약 정수가 아닌 소수점으로 도형을 더 자유롭게 편집하고 싶으면 Ctrl + Shift + ˙ 를 눌러 Snap to pixel grid 옵션을 활성화 또는 비활성화할 수 있습니다.

08 이처럼 펜 도구와 Flatten 기능을 활용하면 레이어를 깔끔하게 정리하면서 원하는 오브젝트의 형태를 만들어 나갈 수 있습니다.

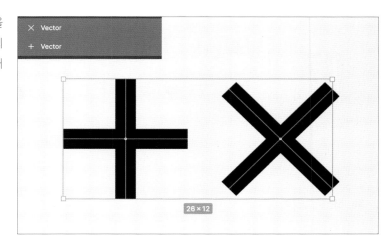

09 Ctrl+Shift+O를 눌러 선을 면으로 바꿔 아이콘을 완성합니다.

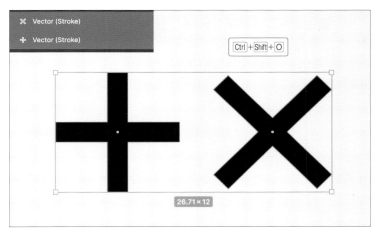

TIP

Flatten 기능은 아이콘을 그리는 과정에서 많이 사용하며, 아이콘을 이렇게 선 형태로 디자인하면 Stroke 두께를 조절하는 것으로 아이콘 상태를 변경할 수 있다는 장점이 있습니다.

형태가 수정되는 경우에 대비해 완성된 형태를 복제해서 선으로 만들어지는 원본 오브젝트를 백업하는 방법을 추천합니다. 향후 형태가 수정되는 경우에 대비하여 ⑧번 과정에서 복제를 통해 선으로 관리되는 원본 오브젝트를 백업하고 진행하는 방법을 추천드립니다.

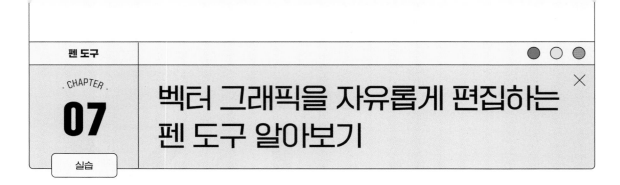

펜 도구

CHAPTER

07

실습

벡터 그래픽을 자유롭게 편집하는 펜 도구 알아보기

펜 도구를 사용하면 벡터 그래픽을 손쉽게 편집할 수 있습니다.

❶ 직선 그리기

01 ❶ 단축키 P를 누르면 펜 도구(🖊)가 선택됩니다. ❷ 캔버스를 클릭하고 커서를 이동하면 패스(Path)가 생성되며 따라갑니다. ❸ 오른쪽을 클릭하여 직선을 만듭니다.

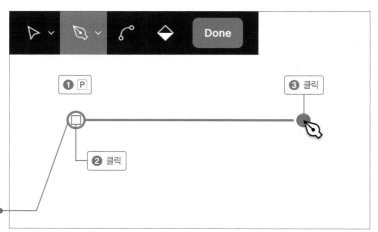

패스에서 동그란 점을 기준점이라고 하며, 패스를 연결하는 역할을 합니다.

02 ❶, ❷, ❸ Shift를 누른 채 클릭하여 패스선을 이어가면서 사각형을 그립니다. ❹ 맨 처음에 생성한 기준점과 연결되면 Esc를 눌러 선택을 해제합니다.

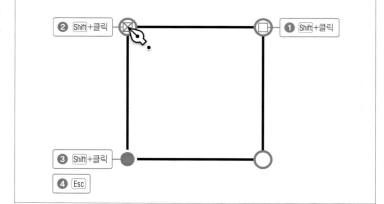

TIP

커서를 이동할 때 Shift를 함께 누르면 패스를 45° 단위로 움직여 더욱 정확한 도형을 만들 수 있습니다.

(03) 닫힌 패스에서는 ① Fill 패널의 '+' 아이콘을 클릭하고 ② 면 색상을 지정할 수 있으며, ③ Stroke 패널에서 선의 방향을 'Inside', 'Outside', 'Center'로 지정할 수 있습니다.

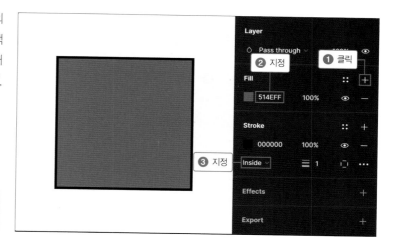

TIP
이렇게 모든 기준점이 연결된 벡터 도형을 닫힌 패스라고 합니다.

❷ 곡선 그리기

(01) 펜 도구(✐)를 선택하고 ① 캔버스를 클릭하여 기준점을 만든 다음 ② 두 번째 기준점을 클릭한 상태로 드래그하면 조절점이 활성화되며 패스를 곡선으로 그릴 수 있습니다. ③ 세 번째 기준점은 조절점의 영향을 받아 자연스럽게 곡선으로 그려집니다.

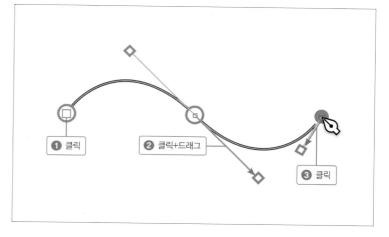

TIP
이렇게 모든 기준점이 연결되지 않은 벡터를 열린 패스라고 합니다.

(02) 펜 도구(✐)를 선택한 상태에서 끝에 있는 조절점을 드래그하면 곡선 형태를 변경할 수 있습니다.

이때 Alt 를 누른 상태에서 드래그하면 조절점을 한쪽만 조정할 수 있습니다.

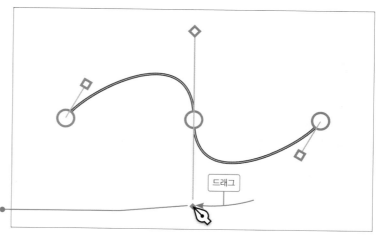

❸ 기준점 연결하기

● ● ●

(01) ❶ 펜 도구(🖋)를 선택하고 ❷ 그
림과 같이 열린 패스를 그립니다.
❸ V를 눌러 선택 도구(▷)를 선택한 다
음 ❹ 위쪽을 드래그하여 기준점 2개를
선택합니다.

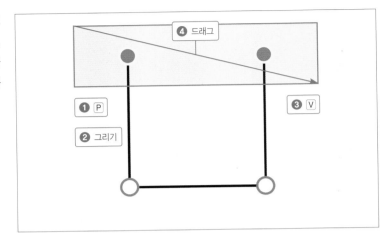

(02) ❶ 'Main menu' 아이콘(🎛️✓)을 클릭하고 ❷ Vector
→ Join selection을 실행하면 기준점을 서로 연결할
수 있습니다.

TIP ◁

Smooth join selection을 실행하면 곡선이 포함된 기준점을 자연스
럽게 연결할 수 있습니다.

(03) 기준점이 연결되어 사각형의 닫힌
패스가 완성되면 ❶ 다시 P를 눌
러 펜 도구(🖋)를 선택합니다. ❷ 연결된
패스선 가운데에 자동으로 기준점이 표시
되면 클릭한 다음 ❸ 아래쪽으로 커서를
이동하여 아래쪽 선 가운데에 나타나는
기준점을 클릭해 중앙선을 그립니다.

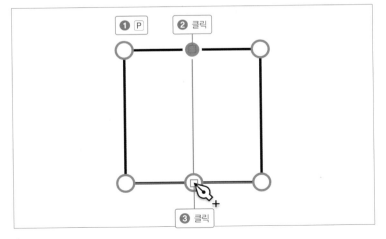

04 같은 방법으로 ❶ 왼쪽 선 가운데를 클릭하고 ❷ 오른쪽 선의 가운데를 클릭해 연결해서 격자 모양을 만듭니다.

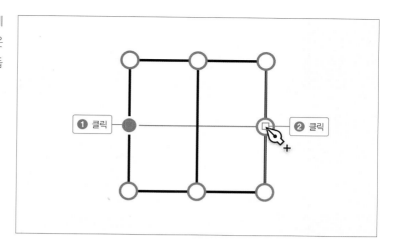

❹ 페인트 도구로 공간 나누기 ● ● ●

01 편집 모드에서 ❶ 펜 툴 바의 페인트 통 도구(◆)를 선택하거나 B를 누릅니다. ❷ +가 있는 물방울 아이콘이 나타나면 격자 모양의 공간을 클릭해 색을 채웁니다.

TIP ◁⬩
페인트 통 도구를 사용하면 하나의 벡터 레이어에서 공간을 나누어 여러 개의 색상을 사용할 수 있습니다.

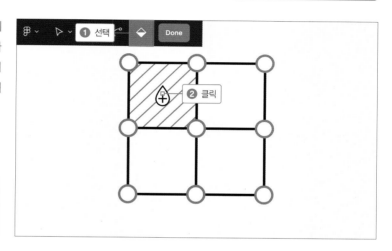

02 페인트 통 도구(◆)로 공간을 나눈 다음 다시 V를 눌러 선택 도구(▶)로 전환하여 각 공간을 선택하고 Fill 패널에서 색상을 변경할 수 있습니다. 각각의 공간에 다른 색상을 채워 마무리합니다.

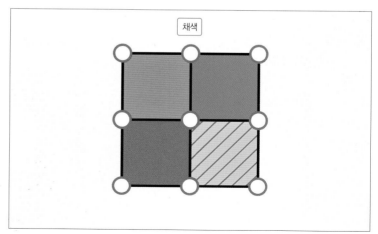

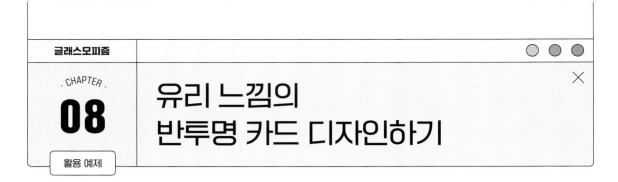

. CHAPTER .

08

활용 예제

유리 느낌의
반투명 카드 디자인하기

글래스모피즘(Glassmorphism)은 불투명도와 배경 블러를 이용하여 유리가 떠 있는 듯한 효과를 연출하는 기술입니다. 이를 구현하기 위해 피그마의 이펙트를 활용하는 방법을 살펴보겠습니다.

• **완성파일**: 03\글래스 모피즘을 적용한 카드 이미지

01 ❶ 800×800 크기의 프레임을 만들고 배경색을 '111111'로 지정합니다. ❷ 배경 프레임 안에 380×240 크기의 카드 프레임을 만들고 색을 'FFFFFF'로 지정합니다.

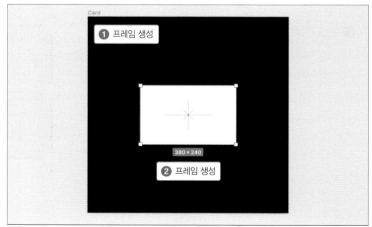

(02) 카드를 투명하게 만들기 위해 ❶ 카드 프레임의 Fill 패널에 있는 불투명도를 '10%'로 설정합니다. ❷ 그 다음 Stroke 패널의 '+' 아이콘을 클릭하여 외곽선을 추가합니다. ❸ Corner radius를 '16'으로 설정합니다.

(03) ❶ O를 누른 다음 ❷ 두 개의 원형을 그리고 다음과 같이 배치합니다. ❸ 오른쪽 원형에서 마우스 오른쪽 버튼을 클릭한 다음 ❹ Send to back을 실행하여 레이어 순서를 변경합니다.

원형 크기: 320×320, 160×160
색상: 3D67FF, F0FF96

TIP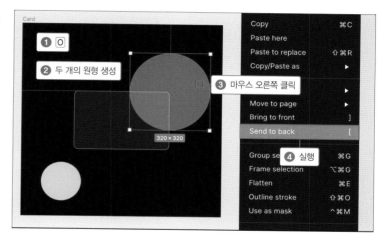

레이어 이동 : [,]
한 칸씩 레이어 이동 : Ctrl+[,]

(04) ❶ 카드 프레임을 선택하고 ❷ Effects 패널의 '+' 아이콘을 클릭한 다음 ❸ 'Background blur'로 지정합니다. ❹ 'Effect settings' 아이콘(☀)을 클릭하고 ❺ Blur를 '24'로 설정하면 카드 프레임 뒤쪽에 비친 이미지가 흐려지는 것을 확인할 수 있습니다.

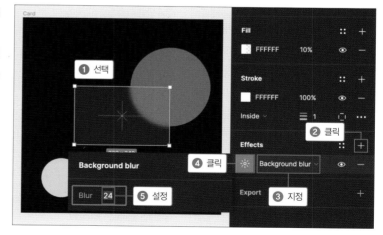

Background blur 이펙트는 Fill 패널의 불투명도에 영향을 받습니다. Layer 패널의 불투명도를 조절해도 배경이 흐려지지 않습니다.

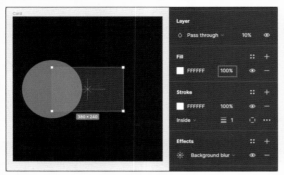 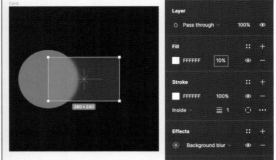

(05) ❶ T를 누르고 ❷ 프레임 안쪽을 클릭한 다음 'Payment'를 입력합니다. ❸ 텍스트를 다음과 같이 설정하고 ❹ 카드 프레임 왼쪽 상단에 배치합니다. ❺ 숫자 키패드 5를 눌러 레이어 불투명도를 '50%'로 설정합니다.

폰트: Inter
폰트 스타일: Bold
글자 크기: 20
행간: 120%

(06) ❶ 위쪽에 카드 유효기간인 '09/25'를 입력하고 ❷ 텍스트를 다음과 같이 설정합니다. ❸ 숫자 키패드 6을 눌러 레이어 불투명도를 '60%'로 설정합니다.

폰트: Inter
폰트 스타일: Regular
글자 크기: 12
행간: 120%

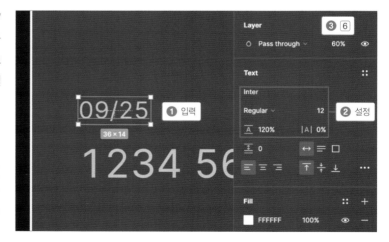

07 ❶ 마지막으로 무작위 숫자 16자리를 추가하여 카드번호를 입력하고 ❷ 텍스트를 다음과 같이 설정한 다음 ❸ 왼쪽 하단에 배치합니다. ❹ 숫자 키패드 ⑥을 눌러 레이어 불투명도를 '60%'로 설정합니다.

폰트: Inter
폰트 스타일: Regular
글자 크기: 20
행간: 120%

08 ❶ ℝ을 눌러 사각형 도구(□)를 선택하고 ❷ 카드번호 아래쪽에 드래그하여 사각형을 그립니다. ❸ 100×1 크기의 사인 라인으로 설정합니다. ❹ 숫자 키패드 ②를 눌러 레이어 불투명도를 '20%'로 설정합니다.

09 ❶ 48×38 크기의 사각형을 추가하고 Radius를 '8'로 설정한 다음 카드 오른쪽에 배치해 IC칩 모양을 만듭니다. ❷ Fill 패널에서 색상을 'FFFFFF – 40%', Stroke 패널에서 색상을 'FFFFFF – 60%'로 설정합니다.

10 ❶ 다시 카드 프레임을 선택한 다음 ❷ Stroke 패널의 색상 상자를 클릭하고 ❸ 'Gradient' 아이콘(▦)을 클릭하여 외곽선에 그레이디언트를 적용합니다.

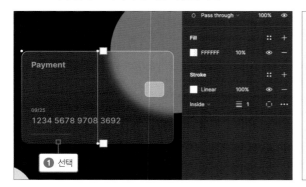 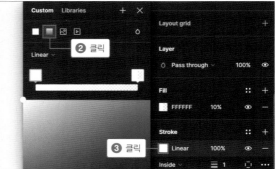

11 ❶ 그레이디언트의 시작 색상을 클릭하고 ❷ 색상을 'FFFFFF', 불투명도를 '80%'로 설정합니다. ❸ 끝 색상을 클릭한 다음 ❹ 색상을 'FFFFFF', 불투명도를 '10%'로 설정합니다.

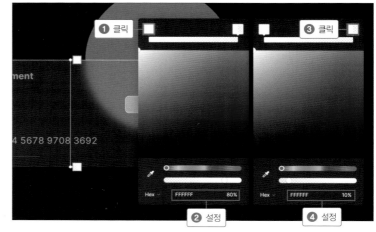

12 ❶ 카드 뒤쪽의 파란 원을 선택하고 ❷ Fill 패널의 색상 상자를 클릭한 다음 'Gradient' 아이콘을 클릭하여 색상을 그레이디언트로 변경합니다. ❸ 그레이디언트 시작 색상을 '3D67FF – 100%', 끝 색상을 '7900B2 – 0%'로 설정하고 ❹ 그레이디언트 조절점을 드래그해 사선으로 만듭니다.

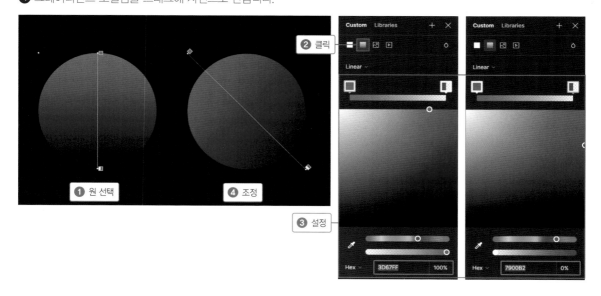

13 ❶ 왼쪽 원형을 선택하고 마찬가지로 Fill 패널의 색상 상자를 클릭한 다음 ❷ 'Gradient'로 변경합니다. ❸ 그레이디언트 시작 색상을 'F0FF96 – 100%', 끝 색상을 '00F16F – 0%'로 설정하고 ❹ 그레이디언트 방향을 그림과 같이 수정합니다.

14 마지막으로 ❶ 카드 프레임을 선택하고 ❷ Effects 패널에서 '+' 아이콘을 클릭하여 그림자를 추가합니다. ❸ 'Effect settings' 아이콘(☀)을 클릭한 다음 ❹ Drop shadow의 X를 '16', Y를 '40', Blur를 '24'로 설정합니다.

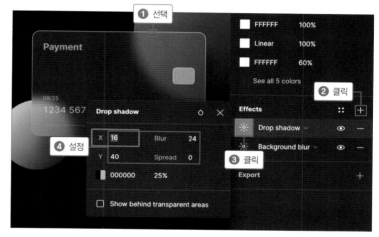

15 배경 이미지를 바꾸거나 Background blur를 설정해 다양하게 연출할 수 있습니다.

UI / UX

Designer

PART 4

Designer

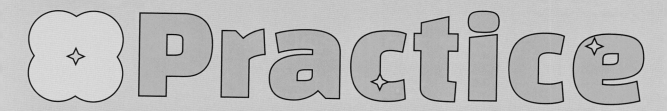

피그마의 꽃,
오토 레이아웃
살펴보기

Designer

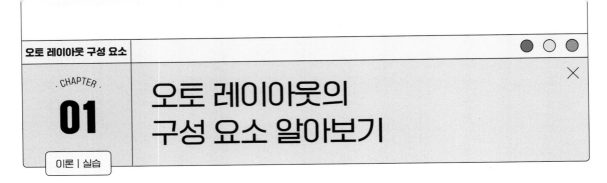

오토 레이아웃의 구성 요소 알아보기

이론 | 실습

피그마의 오토 레이아웃은 매우 강력한 기능으로, 반응성과 유연성이 뛰어난 동적 레이아웃을 만들 수 있습니다. 기본으로 프레임에 속성이 포함되어 있으며, 프레임 내부 구성 요소들의 배열 방향, 간격, 패딩, 정렬 등 다양한 옵션을 설정할 수 있습니다. 이를 통해 내부 콘텐츠의 크기에 따라 프레임 크기가 자동으로 조절되거나, 반대로 프레임 크기에 따라 컨텐츠의 크기를 자동으로 조정할 수 있습니다.

오토 레이아웃을 사용하면 디자인 내용이 수정될 때 각 요소의 크기나 위치를 직접 편집할 필요가 없으므로 디자인 프로세스를 크게 단축시킬 수 있는 장점이 있습니다.

❶ 오토 레이아웃 생성하기 ● ● ●

오토 레이아웃은 다음과 같은 세 가지 방법으로 만들 수 있습니다.

- 오브젝트를 선택한 상태에서 단축키 Shift+A를 눌러 생성하기
- 프레임을 선택한 상태에서 Auto layout 패널의 '+' 아이콘을 클릭해 생성하기
- 프레임이나 오브젝트를 선택한 상태에서 마우스 오른쪽 버튼을 클릭한 다음 Add auto layout을 실행해 생성하기

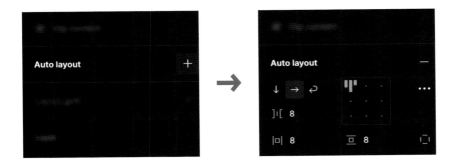

<table>
<tr><td>01</td><td>오토 레이아웃을 생성하기 위해
❶ 사각형 단축키 R을 누르고
❷ 80×40 크기의 사각형을 그린 다음
❸ 색상을 'FFEC40'으로 지정합니다.</td></tr>
</table>

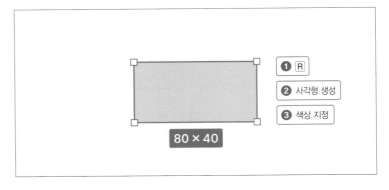

❶ R
❷ 사각형 생성
❸ 색상 지정

80 × 40

02 ❶ 사각형을 선택한 상태에서 단
축키 Shift + A를 눌러 오토 레이
아웃을 추가하면 사각형이 새로운 프레
임으로 감싸지면서 (Design) 탭의 Auto
layout 패널이 활성화됩니다. 시각적 구
분을 위해 프레임을 선택한 채 ❷ Fill 패
널의 '+' 아이콘을 클릭한 다음 색상을
'7636FF'로 지정합니다.

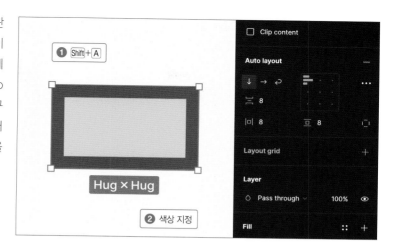

03 노란색 오브젝트를 선택하고
Ctrl + D를 두 번 눌러 오브젝트를
복제한 다음 배치하면 보라색 컨테이너의
크기가 함께 늘어나는 것을 확인할 수 있
습니다.

TIP ◁

오토 레이아웃은 오직 프레임에서만 설정할
수 있어 프레임이 아닌 그룹으로 묶인 오브젝
트들이나 단일 오브젝트를 오토 레이아웃으로
만들면 최상위 요소가 자동으로 프레임으로
전환됩니다.

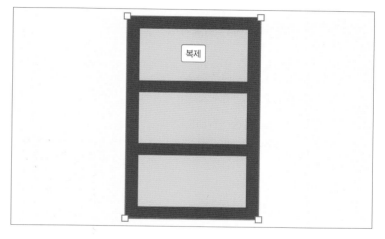

04 ❶ R을 눌러 새로운 사각형을 그
리고 ❷ 색상을 'FF5B5B'로 지정
합니다. ❸ 새로운 사각형을 컨테이너 안
쪽으로 드래그해 새로운 오브젝트를 추가
하거나, 기존 오브젝트를 밖으로 뺄 수 있
습니다.

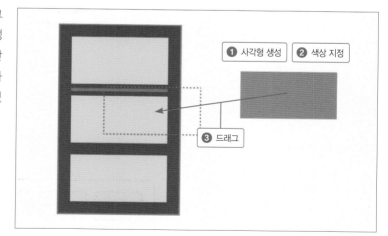

05 오브젝트를 선택한 상태에서 방향
키를 눌러 아이템의 배열 순서를
변경할 수도 있습니다.

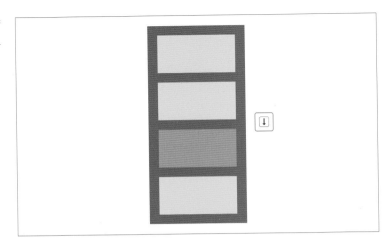

❷ 방향에 따라 오브젝트 배열하기

Auto layout 패널에서 프레임 내부 오브젝트가 나열되는 방향을 변경할 수 있습니다.

01 프레임이 선택된 채 'Vertical
layout' 아이콘(↓)을 클릭하면
내부 오브젝트가 수직(세로 방향)으로 배
열됩니다.

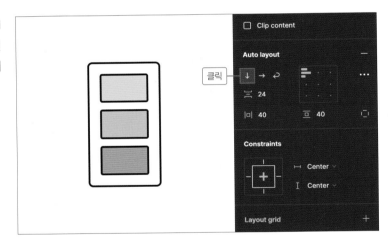

02 'Horizontal layout' 아이콘(→)
을 클릭하면 내부 오브젝트가 수
평(가로 방향)으로 배열됩니다.

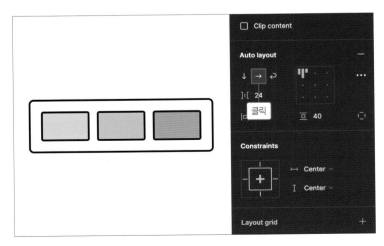

03 마지막으로 세 번째 'Wrap' 아이
콘(⤶)을 클릭하면 상위 컨테이너
크기가 줄어들 때 내부 오브젝트가 자동
으로 줄바꿈됩니다.

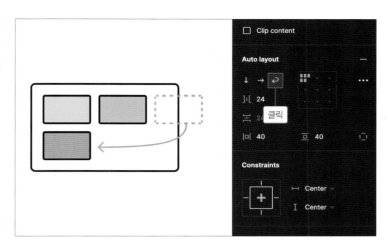

TIP ⇦
Wrap은 수평 방향(가로)에만 적용됩니다.

❸ 간격 설정하기   •••

Auto layout 패널에서 오브젝트 사이의 간격을 조절할 수 있습니다. 하나의 프레임 내부에 있는 모든 오브젝트는 같은 간격을 가지기 때문에 오브젝트별로 간격을 다르게 설정하려면 오토 레이아웃을 중첩해서 사용해야 합니다.

TIP ⇦
간격은 '-'를 넣어 음수로도 설정할 수 있습니다.

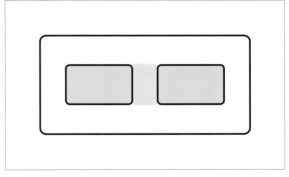

Wrap이 지정된 경우 오브젝트의 가로 간격과 세로 간격을 각각 따로 설정할 수 있습니다.

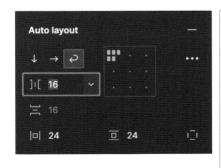

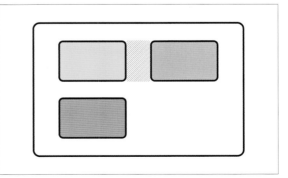

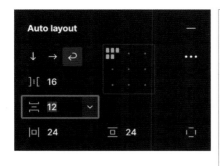
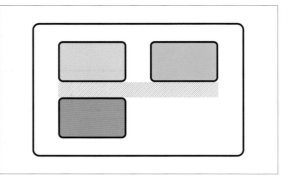

❹ 패딩 – 오브젝트와 프레임 사이 크기 조절하기 ···

Auto layout 패널의 패딩에서 오브젝트와 프레임 사이 크기를 조절할 수 있습니다.

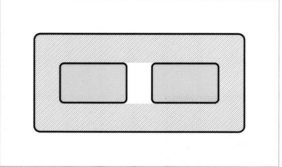

기본으로 Horizontal padding과 Vertical padding 수치를 변경
할 수 있으며, 'Individual padding' 아이콘(▣)을 클릭하면 상하좌
우 4가지 방향의 패딩을 각각 다르게 설정할 수 있습니다.

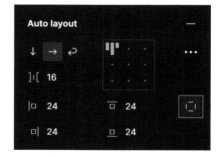

Ctrl 을 누르고 패딩을 클릭하면 4가지 방향 패딩을 한 번에 설정할 수
있습니다.

❺ Auto layout 패널을 사용하지 않고 간격과 패딩 제어하기 • • •

오토 레이아웃이 생성된 오브젝트 사이에 커서를 가져가면 분홍색 빗금 영역이 나타나며, 해당 영역을 드래그하거나 클릭하면 Auto layout 패널을 사용하지 않고도 캔버스에서 직접 간격 및 패딩을 수정할 수 있습니다.

오브젝트 사이나 패딩 영역에 커서를 가져가 빗금 영역을 드래그하여 간격 및 패딩을 변경합니다.

TIP ◁━
단축키와 조합해 다음의 동작을 실행할 수 있습니다.
❶ Alt +드래그: 반대 방향의 패딩을 동시에 변경합니다.
❷ Shift +드래그: Big nudge에 설정된 값만큼 변경합니다.
❸ Alt + Shift +드래그: 모든 방향을 동시에 변경합니다.

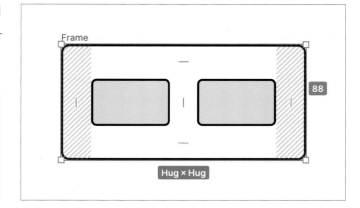

빗금 영역을 클릭하면 직접 수치를 입력해 간격 및 패딩을 변경할 수 있습니다.

TIP ◁━
❶ Alt +클릭: 반대 방향의 패딩을 동시에 변경합니다.
❷ Alt + Shift +클릭: 모든 방향을 동시에 변경합니다.
❸ 입력창이 열린 상태에서 Tab : 위쪽 → 오른쪽 → 아래쪽 → 왼쪽의 간격 순서로 입력창 위치를 변경합니다.

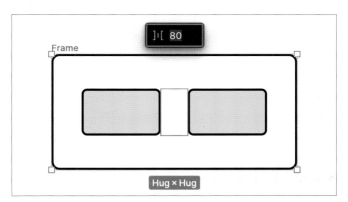

❻ 정렬 – 프레임 내부 오브젝트 정렬하기 • • •

Auto layout 패널의 정렬 상자에서 오토 레이아웃 프레임 내부 오브젝트의 정렬 방법을 선택할 수 있습니다. 총 9가지 방향을 선택할 수 있으며, 정렬 상자를 선택한 상태에서 방향키 및 W , A , S , D , H , V 를 눌러 정렬 위치를 변경할 수 있습니다.

Why? ☞
오토 레이아웃 프레임이 'Hug × Hug'로 지정된 상태에서는 오브젝트와 프레임 사이 여유 공간이 없기 때문에 오브젝트 정렬 방향이 변경되지 않습니다.

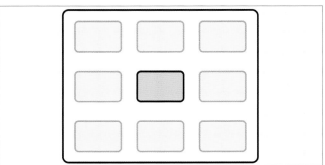

❼ 분배 – 오브젝트 분배하기 • • •

Auto layout 패널의 'Advanced auto layout settings' 아이콘(…)을 클릭한 다음 Spacing mode에서 오브젝트가 분배되는 방식을 변경할 수 있습니다.

- Packed: 오브젝트들이 지정된 간격만큼 배열됩니다.
- Space between: 오브젝트들이 프레임 전체에 걸쳐 같은 간격으로 배열됩니다.

01 원형 도구 단축키 ○를 누르고 80×80 크기의 원형을 3개 만든 다음 색상을 각각 'FF4040', 'FFBF1A', '3E74FF'로 지정합니다. 원형을 모두 선택하고 Stroke의 '+' 아이콘을 클릭하여 외곽선을 추가한 다음 선 두께를 '4'로 설정합니다.

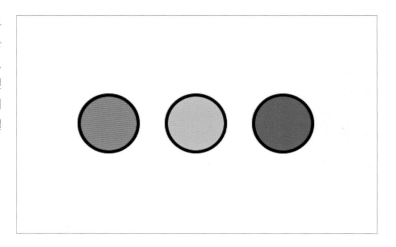

02 ❶ 원형을 모두 선택한 다음 ❷ Shift+A를 눌러 오토 레이아웃을 생성합니다. ❸ 오브젝트 간격은 '32', 모든 방향의 패딩을 '24'로 설정합니다. ❹ 프레임에도 Fill과 Stroke를 추가하고 Fill의 색상은 'FFFFFF', Stroke의 색상은 '000000', 선 두께를 '4'로 설정합니다.

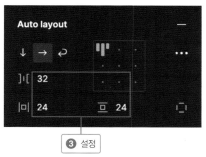

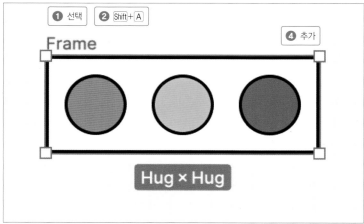

(03) 오브젝트 간격의 확장 아이콘을 클릭한 다음 'Auto'를 선택
하면 정렬 상자의 아이콘이 변경되며 Spacing mode가
'Space between'으로 지정됩니다.

(04) 프레임을 선택하고 오른쪽 끝을 드래그하여 프레임 크기를 늘리거나 줄이면 오브젝트들이 프레임 내부에서 동일한
간격을 유지하며 변동되는 것을 확인할 수 있습니다.

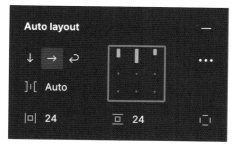

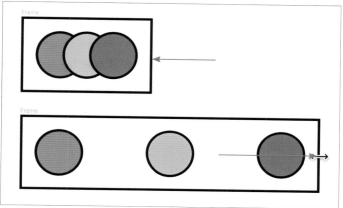

TIP ◁
정렬 상자를 클릭한 상태에서 단축키 X를 눌러
Spacing mode를 전환할 수 있습니다.

❽ 레이아웃 외곽선 설정하기　　　　●●●

피그마는 기본으로 오토 레이아웃의 프레임 크기를 계산할 때 오브젝트의 선 두께를 고려하지 않습니다. 이
로 인해 개발자와의 커뮤니케이션에 일부 간극이 발생할 수 있습니다. 그러나 피그마의 'Advanced auto
layout settings' 아이콘(…)을 클릭한 다음 Strokes를 지정할 수 있으며, 이를 통해 오브젝트 외곽선 크기
가 오토 레이아웃 프레임에서 공간을 차지할지 여부를 선택할 수 있습니다.

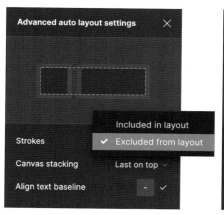

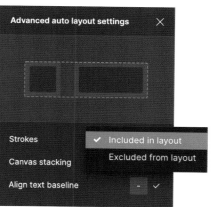

01 앞서 그린 ❶ 원형을 모두 선택한
다음 ❷ Stroke를 'Outside'로
변경합니다.

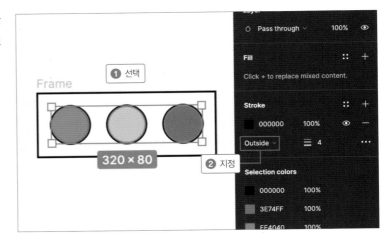

02 Auto layout 패널에서 ❶ 'Ad
-vanced auto layout settings'
아이콘(⋯)을 클릭하고 ❷ Strokes를
'Included'로 변경합니다.

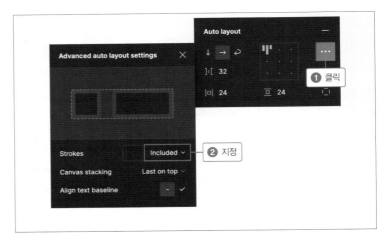

03 오토 레이아웃의 간격과 패딩이
원형의 선 두께에 영향을 받아 크
기가 변경되는 것을 확인할 수 있습니다.

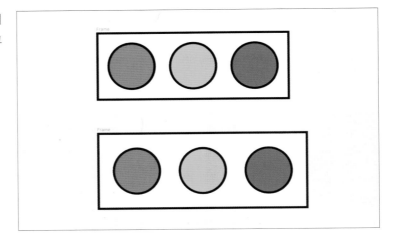

⑨ 캔버스 레이어 순서 조정하기 • • •

오토 레이아웃 내부에서 오브젝트들이 중첩되어 표현될 때, 일반적으로 레이어의 마지막 오브젝트가 맨 위에 표시됩니다. 피그마에서 'Advanced auto layout settings' 아이콘(⋯)을 클릭한 다음 Canvas stacking을 변경하여 맨 위에 표시되는 오브젝트의 순서를 조정할 수 있습니다.

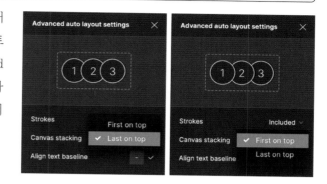

01 앞서 만든 원형 오브젝트의 간격을 'Space between'으로 지정하고 프레임 크기를 줄여 그림과 같이 오브젝트를 겹칩니다.

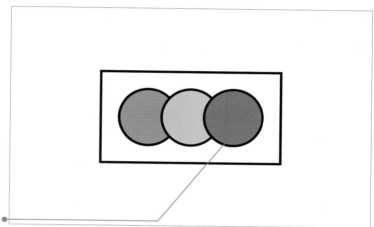

기본 상태에서는 파란색 원형이 맨 위에 나타납니다.

02 Auto layout 패널에서 'Advanced auto layout settings' 아이콘(⋯)을 클릭하고 Canvas stacking을 'First on top'으로 변경하면 빨간색 원형이 맨 위에 나타납니다.

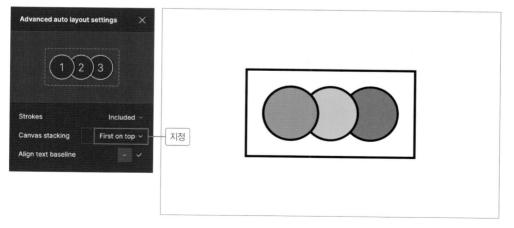

⑩ 텍스트 기준선 정렬하기 · · ·

텍스트 기준선을 기준으로 오브젝트를 정렬하는 기능은 오토 레이아웃에서 매우 유용합니다. 특히 서로 다른 크기의 텍스트를 오토 레이아웃으로 설정할 때 이 기능은 탁월한 도움을 줍니다.

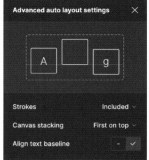

01 텍스트 단축키 ⊤ 를 누르고 '50,000'을 입력한 다음 글자 크기를 '18'로 설정합니다. 추가로 '원'을 입력한 다음 글자 크기를 '14'로 설정합니다.

50,000 원

02 ❶ 두 텍스트를 모두 선택하고 ❷ Shift+A 를 눌러 오토 레이아웃을 생성한 다음 ❸ 간격을 '2'로 설정합니다.

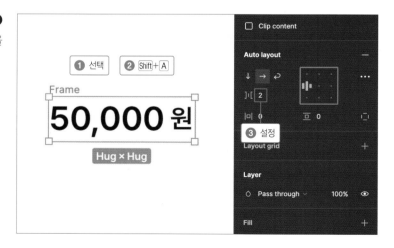

03 Auto layout 패널의 'Advanced auto layout settings' 아이콘(⋯)을 클릭하고 'Align text baseline'을 체크 표시하거나, 정렬 상자를 클릭한 상태에서 단축키 B를 눌러 정렬 모드를 변경하면 텍스트가, 폰트의 기준선을 기준으로 정렬되는 것을 확인할 수 있습니다.

TIP ◁┐
서로 다른 종류의 폰트를 사용하는 경우에도 텍스트 기준선 정렬 옵션을 통해 텍스트 정렬을 더욱 깔끔하게 만들 수 있습니다.

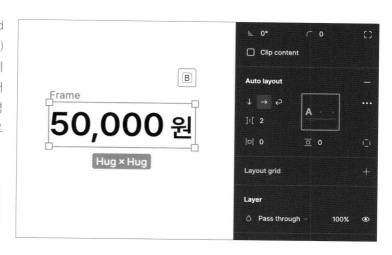

⓫ Absolute position – 오토 레이아웃 옵션에 영향 받지 않기 ● ● ●

Absolute position(절대 위치)을 사용하면 오토 레이아웃이 생성된 프레임 내부에서는 오토 레이아웃 옵션의 영향을 받지 않는 오브젝트를 추가할 수 있습니다. 이 기능은 내부 오브젝트를 강조하거나 오토 레이아웃을 해제하지 않고도 다른 디자인 요소를 추가하고 싶을 때 사용합니다.

01 앞서 만든 'Space between'으로 설정된 3개 원형에서 그림과 같이 40×40 크기의 원을 추가로 그리고 색상을 '3AFF95'로 지정합니다.

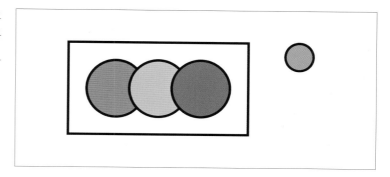

02 ❶ 새로운 원형을 드래그하여 오토 레이아웃 프레임 오른쪽에 배치합니다. ❷ Transform 패널의 오른쪽 위에 있는 'Absolute position' 아이콘(⊹)을 클릭합니다.

TIP ◁┐
오브젝트를 절대 위치로 지정하면 (Design) 탭에 Constraints 패널이 표시되면서 초록색 원을 일반 프레임 안에 들어있는 오브젝트처럼 자유롭게 움직일 수 있습니다.

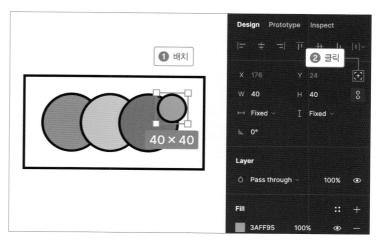

03 ❶ Constraints를 'Right', 'Top' 으로 지정한 다음 ❷ 초록색 원형을 프레임의 오른쪽 상단으로 이동합니다.

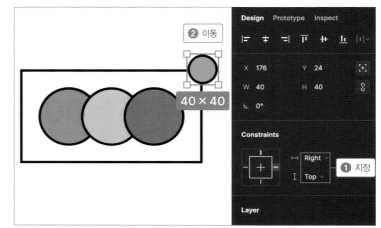

TIP ◁

프레임 내부 오브젝트를 이동할 때 [Spacebar]를 누른 채 드래그하면 오브젝트가 프레임 바깥으로 빠져나가는 것을 막을 수 있습니다.

04 전체 프레임에서 조절점을 오른쪽으로 드래그하여 늘리면 초록색 원형이 따라갑니다.

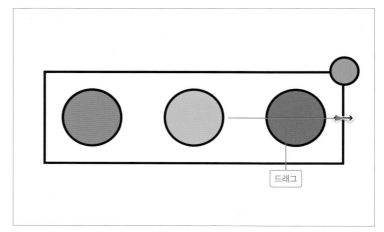

TIP ◁

절대 위치는 오토 레이아웃이 생성된 프레임 안에서 단일 오브젝트의 제약을 변경하거나 오토 레이아웃 옵션의 영향을 받지 않는 단일 오브젝트를 만들고 싶을 때 사용하는 기능으로, 아이콘의 알림 표시 등을 만들 때 활용됩니다.

---

⑫ 오토 레이아웃 해제하기   ● ● ●

오토 레이아웃이 생성된 프레임을 선택한 다음 Auto layout 패널에서 '−' 아이콘을 클릭하거나 [Shift]+[Alt]+[A]를 눌러 오토 레이아웃을 해제할 수 있습니다.

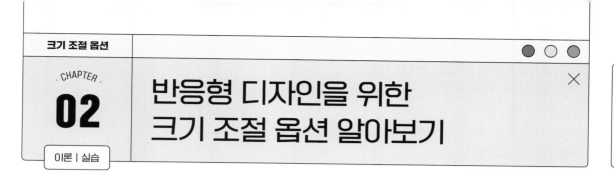

반응형 디자인을 위한 크기 조절 옵션 알아보기

크기 조절 옵션은 오토 레이아웃이 생성된 프레임과 그 하위 오브젝트들 사이의 상관관계를 설정해 요소들의 크기 조정을 유기적으로 이루어지게 하는 옵션입니다. 이를 통해 텍스트 길이에 따라 자동으로 늘어나는 입력 창이나 전체 프레임 너비에 맞춰 자동으로 조정되는 상품 카드와 같은 레이아웃을 만들 수 있습니다. 이 옵션을 사용하면 한 요소의 변화가 다른 요소에도 영향을 주어 자동으로 크기를 조정하는 레이아웃을 구현할 수 있습니다. 이번에는 크기 조절 옵션의 종류와 동작 방식에 대해 자세히 알아보도록 하겠습니다.

❶ Hug contents – 하위 오브젝트 감싸기 ・・・

Hug contents의 특징은 다음과 같습니다.

- 상위 프레임에서 설정할 수 있습니다.
- 하위 오브젝트를 감싸는 역할을 합니다.
- 하위 요소의 크기와 패딩에 따라 크기가 결정됩니다.

01 ❶ 단축키 [R]을 누르고 캔버스를 클릭해 100×100 크기의 사각형을 만든 다음 색상을 'FFEC40'으로 지정합니다. ❷ [Shift]+[A]를 눌러 오토 레이아웃을 생성하고 ❸ 프레임 색상을 '4A93FF'로 지정합니다. ❹ Auto layout 패널에서 Horizontal/Vertical padding을 각각 '20'으로 설정합니다.

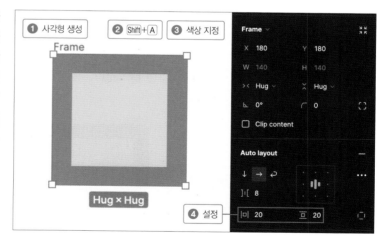

02 프레임 바운딩 박스를 살펴보면 크기가 Hug×Hug로 표시되는데, 이는 가로와 세로의 Horizontal/Vertical resizing이 'Hug contents'로 지정된 것을 의미합니다.

오브젝트 크기(100px) + Horizontal padding (20px×2) = 프레임 크기(140px)

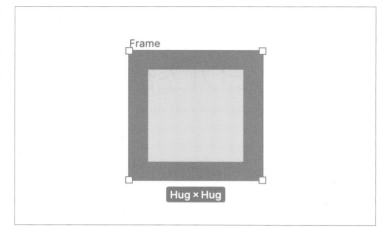

03 프레임 내부 오브젝트인 노란색 사각형 W(너비)를 드래그하여 '200'으로 변경하면 오브젝트를 감싸는 프레임 크기도 함께 변경됩니다.

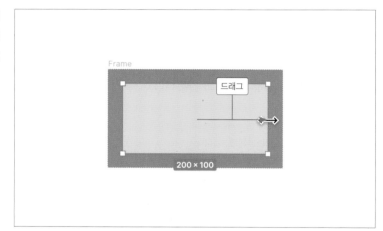

04 Hug contents는 고무줄처럼 탄력적으로 내부 오브젝트 크기를 감싸는 역할을 합니다.

TIP

Hug contents는 오브젝트를 감싸는 상위 프레임에서 설정할 수 있는 옵션으로 전체 프레임의 크기가 프레임 하위 오브젝트 크기+패딩을 통해 결정되기 때문에 Transform 패널에서 크기를 직접 수정할 수 없습니다.

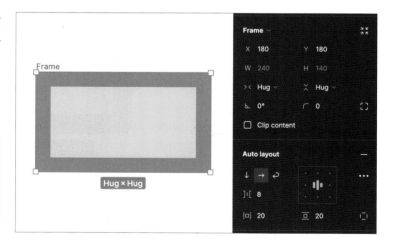

❷ Fixed size – 오브젝트 크기 고정하기 ● ● ●

Fixed size의 특징은 다음과 같습니다.

- 오토 레이아웃 프레임과 프레임 내부 오브젝트를 모두 설정할 수 있습니다.
- 오브젝트의 크기를 고정합니다.
- 드래그하여 변경할 수 있습니다.

(01) 앞서 만든 ❶ 프레임의 오른쪽 조
절점을 드래그하고 ❷ 프레임의
W(너비)를 '300'으로 변경합니다.

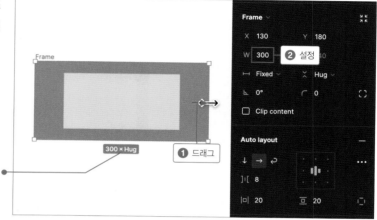

프레임 크기를 마우스로 드래그해 직접 변경하면
Horizontal resizing이 Hug에서 'Fixed'로 변
경되고, 프레임의 바운딩 박스에서도 Hug가 아니
라 '300'으로 나타납니다.

(02) 프레임 너비가 Fixed인 상태에서
하위 오브젝트인 노란색 사각형
을 드래그하면 더 이상 프레임이 함께 움
직이지 않습니다. 이렇게 Fixed size 프
레임이나 오브젝트 크기를 임의의 값으로
고정시키는 역할을 합니다.

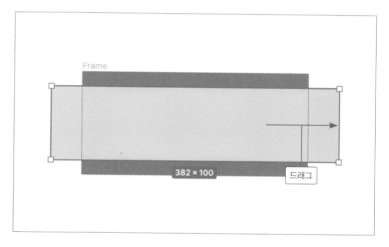

Why? 👈

프레임 Horizontal resizing이 'Fixed'로 변경되면 Hug contents의 속성을 잃기 때문에 내부 오브젝트의 크기가 변경되어도 프레임의 크기가
변경되지 않습니다.

❸ Fill container – 상위 프레임에 따라 크기 조절하기 ● ● ●

Fill container의 특징은 다음과 같습니다.

- 프레임 내부 오브젝트에서 설정할 수 있습니다.
- 상위 프레임 크기에 맞춰 늘어납니다.
- 상위 프레임 크기와 패딩에 따라 크기가 결정됩니다.

01 앞서 만든 예제의 내부 오브젝트인 ❶ 노란색 사각형을 선택하고 ❷ Transform 패널의 Horizontal resizing을 'Fill container'로 변경합니다.

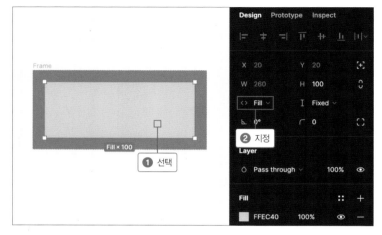

02 ❶ 오브젝트의 Horizontal resizing을 'Fill'로 변경한 다음 ❷ 파란색 상위 프레임을 선택하고 오른쪽 조절점을 드래그해 너비를 변경하면 내부 오브젝트의 크기도 자동으로 변경됩니다.

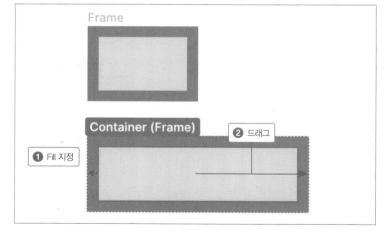

프레임 크기(400px) – Horizontal padding (20px×2) = 오브젝트 크기(360px)

Why?👇

오브젝트의 크기가 전체 프레임 크기 – 패딩을 통해 결정되기 때문에 Transform 패널에서 크기를 직접 수정할 수 없습니다.

TIP👈

Fill container는 Hug contents와는 반대 성격을 가지는 옵션으로, 마치 컵에 물을 채우는 것처럼 패딩을 제외한 프레임 내부 영역을 가득 채웁니다.

03 ❶ Fill container가 설정된 오브젝트를 선택하고 Ctrl+D를 두 번 눌러 복제합니다. ❷ 그림과 같이 배치하면 프레임 내부 오브젝트들의 크기가 균일한 비율로 조정됩니다.

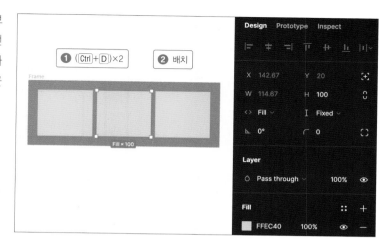

Why? 👈

오브젝트 크기가 백분율로 조정되어 경우에 따라 소수점이 나타나기도 합니다.

❹ 중첩된 오토 레이아웃 리사이징하기 • • •

이전 예제처럼 오토 레이아웃을 단일로 사용하는 경우, 크기 조절 옵션은 기본으로 두 가지만 표시됩니다. 그러나 오토 레이아웃은 중첩해서 사용할 수 있기 때문에 중간에 중첩된 프레임을 포함하는 경우, 모든 중첩된 프레임에 대해 세 가지 크기 조절 옵션을 확인할 수 있습니다.

최하위 오브젝트의 크기 조절 옵션에는 Fixed size와 Fill container가 표시됩니다.

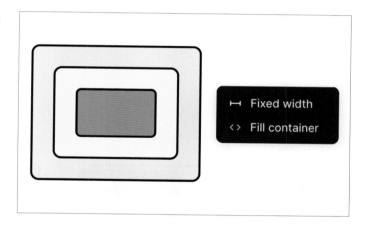

중첩된 프레임은 하위 오브젝트와 상위 프레임의 역할을 동시에 하기 때문에 세 가지 크기 조절 옵션이 모두 표시됩니다.

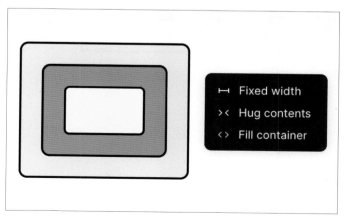

최상위 프레임의 크기 조절 옵션에는 Fixed size와 Hug contents가 표시됩니다.

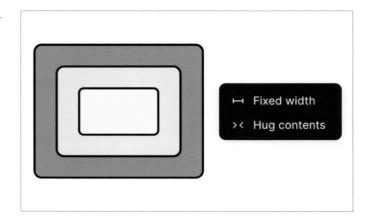

중첩된 오토 레이아웃에서 최하위 요소를 반응형으로 만들려면 중간 프레임과 최하위 오브젝트 모두 크기 조절 옵션을 'Fill container'로 지정해야 합니다.

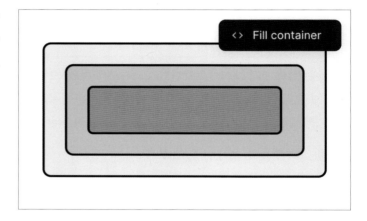

둘 중 하나라도 Fill container로 지정되지 않으면 최하위 오브젝트는 자동으로 늘어나지 않습니다.

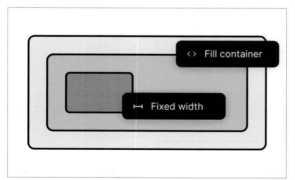 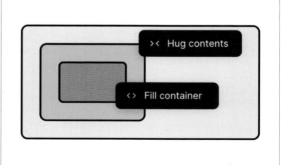

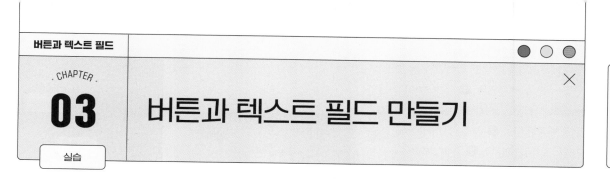

CHAPTER

03 버튼과 텍스트 필드 만들기

실습

오토 레이아웃을 사용하는 가장 기본 형태의 디자인 요소인 버튼과 텍스트 필드를 통해 오토 레이아웃의 기본 사용법을 학습합니다.

❶ 버튼 만들기

01 ❶ 텍스트 단축키 T 를 누르고 ❷ 캔버스를 클릭한 다음 '버튼'을 입력합니다. ❸ 텍스트를 다음과 같이 설정합니다.

폰트: Pretendard
폰트 스타일: Bold
글자 크기: 14
행간: 24

02 ❶ 텍스트를 선택한 상태에서 Shift + A 를 눌러 오토 레이아웃을 생성합니다. ❷ 프레임을 선택한 채 Fill 패널에서 '+' 아이콘을 클릭하여 색상을 추가하고 '2269F3'로 지정합니다. ❸ 텍스트를 선택하고 색상을 'FFFFFF'로 변경합니다.

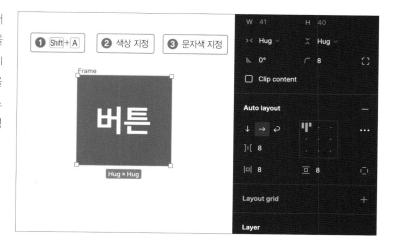

03 프레임을 선택한 상태에서 Auto
layout 패널의 ❶ Horizontal
padding을 '24', Vertical padding을
'12'로 변경한 다음 ❷ 정렬 상자의 정렬을
'가운데'로 지정합니다. ❸ Transform 패
널에서 프레임의 Corner radius를 '8'로
설정합니다.

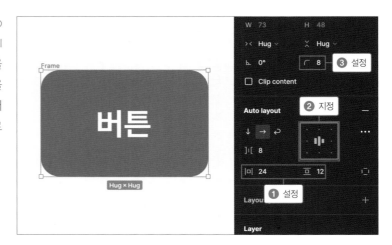

04 프레임을 선택한 상태에서 ❶
Ctrl+R을 누르고 ❷ 프레임 이
름을 'Button'으로 변경해 버튼 프레임을
완성합니다. ❸ 텍스트를 더블클릭하거나
Ctrl+Enter를 누르고 ❹ 텍스트를 변경하
면 텍스트 길이에 따라 전체 프레임 길이
도 함께 변하는 것을 확인할 수 있습니다.

❷ 텍스트 필드 만들기 ● ● ●

01 ❶ 텍스트 단축키 T를 누르고
❷ 캔버스를 클릭한 다음 '텍스트
필드'를 입력합니다. ❸ 텍스트를 다음과
같이 설정합니다.

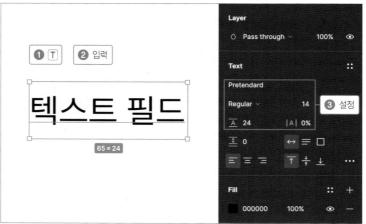

폰트: Pretendard
폰트 스타일: Regular
글자 크기: 14
행간: 24

(02) ❶ 텍스트를 선택한 상태에서
Shift+A 를 눌러 오토 레이아웃을
생성합니다. ❷ Fill 패널에서 '+' 아이콘을
클릭하여 색상을 추가하고 ❸ 'FFFFFF'
로 지정합니다. ❹ Stroke 패널에서 '+'
아이콘을 클릭하여 외곽선을 추가한 다음
❺ 색상을 'DEDEDE'로 지정합니다.

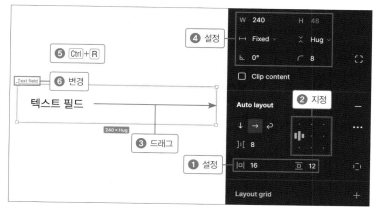

(03) ❶ 프레임을 선택한 상태에서
Auto layout 패널의 Horizontal
padding을 '16', Vertical padding을
'12'로 변경한 다음 ❷ 정렬 상자의 정렬
을 '왼쪽-가운데'로 지정합니다. ❸ 프레
임의 오른쪽 조절점을 드래그하여 Hug를
'Fixed'로 변경한 다음 ❹ 너비를 '240'으
로 설정하고 Corner radius를 '8'로 설정
합니다. ❺ Ctrl+R 을 누르고 프레임 이
름을 ❻ 'Text field'로 변경합니다.

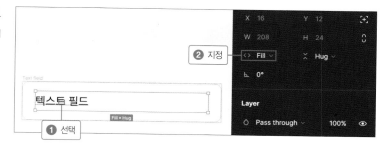

(04) ❶ 안쪽의 텍스트를 선택하고
❷ Horizontal resizing을 'Fill
container'로 변경합니다.

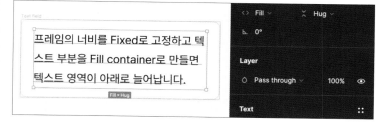

(05) 텍스트 내용을 길게 입력하면 지
정된 너비를 벗어나지 않고 텍스
트 영역이 아래로 늘어나는 것을 확인할
수 있습니다.

Why? 👉

❸번 과정에서 실수로 대각선 조절점을 드래그하여 프레임의 Vertical
resizing까지 'Fixed'로 변경되면 그림과 같이 텍스트가 길어져도 프레
임이 상하로 늘어나지 않습니다. 텍스트 길이에 따라 프레임이 아래로
늘어나지 않으면 프레임의 Vertical resizing이 'Hug'로 지정되어 있
는지 확인해 보세요!

오토 레이아웃

Part 4 · 피그마의 꽃, 오토 레이아웃 살펴보기 —— 127

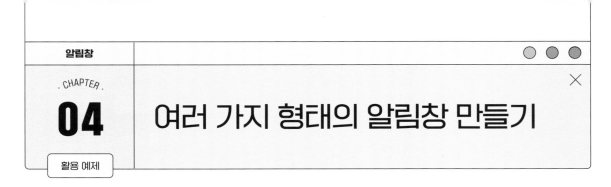

여러 가지 형태의 알림창 만들기

알림창은 사용자가 파괴적인 행동을 할 때 경고를 주거나 사용자의 행동을 확인하는 역할을 합니다. 이번에는 알림창의 기본 형태를 만들고, 오토 레이아웃의 옵션을 활용하여 다양한 형태로 변경하는 방법을 배웁니다.

• **완성파일**: 04\4가지 알림창 디자인

❶ 기본형 알림창 만들기 　　　　　　　　　　　　　　　 • • •

01 [Chapter 3 – 버튼 만들기] 과정을 참고하여 그림과 같이 기본 버튼을 만듭니다.

02 ❶ Alt를 누른 채 버튼을 왼쪽으로 드래그하여 복제합니다. ❷ 복제된 버튼의 프레임 색상을 'FFFFFF'로 변경하고 외곽선을 추가한 다음 색상을 '2269F3'로 지정합니다. 텍스트 색상도 '2269F3'로 변경합니다.

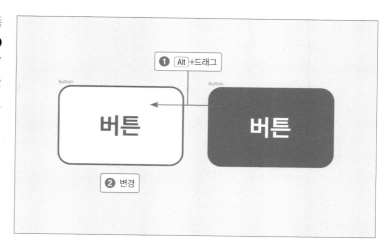

03 ❶ 두 가지 버튼을 모두 드래그해서 선택하고 ❷ Shift+A를 눌러 오토 레이아웃을 생성한 다음 ❸ 간격을 '8'로 설정합니다. ❹ Ctrl+R을 누르고 이름을 'Actions'로 변경합니다.

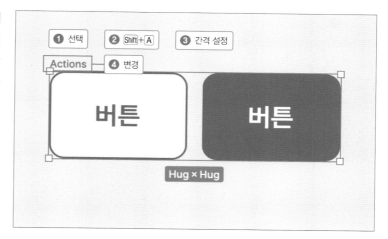

04 ❶ 'Actions' 프레임이 선택된 채 ❷ 오른쪽 조절점을 드래그하여 Hug를 'Fixed'로 바꾼 다음 너비를 '200'으로 설정합니다.

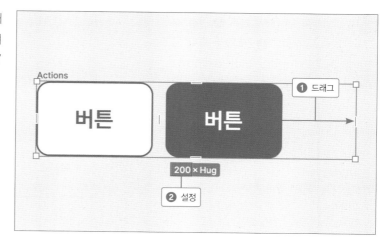

05 ❶ Enter를 눌러 하위 요소인 버튼을 모두 선택하고 ❷ Horizontal padding을 'Fill container'로 변경합니다.

TIP ⇐
Enter를 누르면 레이어의 하위 요소를 모두 한 번에 선택할 수 있습니다. Horizontal/Vertical padding을 변경할 때 자주 사용하는 단축키입니다. 상위 요소로 이동하려면 Shift+Enter 또는 \를 누릅니다.

06 ❶ \를 눌러 다시 'Actions' 프레임으로 이동하고 ❷ 프레임 너비를 변경하면 버튼의 너비도 1:1 비율을 유지하며 함께 변경되는 것을 확인할 수 있습니다.

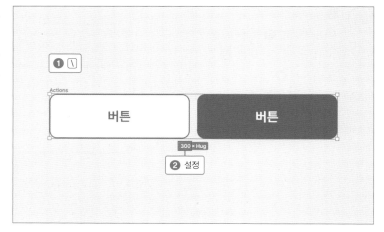

07 텍스트를 추가하기 위해 ❶ 단축키 T를 누르고 ❷ 캔버스를 클릭한 다음 '제목'과 '내용'을 각각 입력합니다. ❸ 텍스트를 다음과 같이 설정합니다.

제목	내용
폰트: Pretendard	폰트: Pretendard
폰트 스타일: Bold	폰트 스타일: Medium
글자 크기: 16	글자 크기: 14
행간: 24	행간: 24

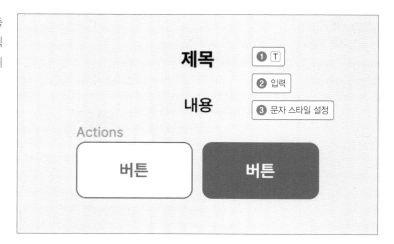

08 ❶ 두 텍스트를 모두 선택하고 ❷ Shift + A 를 눌러 오토 레이아웃을 생성합니다. ❸ 간격을 '8'로 설정한 다음 ❹ 정렬 상자에서 '가운데 상단'으로 정렬 합니다. ❺ Ctrl + R 을 누르고 프레임 이 름을 'Contents'로 변경합니다.

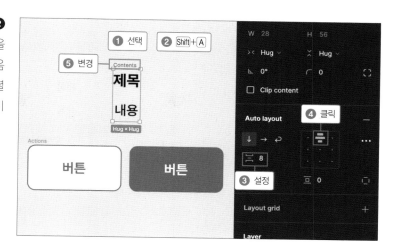

09 ❶ Contents 프레임과 Actions 프레임을 선택하고 ❷ Shift + A 를 눌러 오토 레이아웃을 생성합니다.

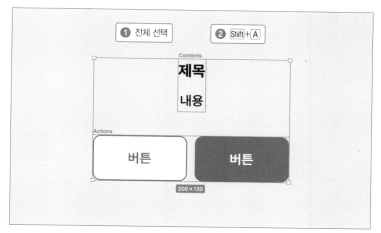

10 ❶ Ctrl + R 을 눌러 생성된 오토 레이아웃 프레임 이름을 'Alert'로 변경합니다. ❷ Auto layout 패널에서 간 격을 '24', Horizontal/Vertical padding 을 '24'로 설정합니다.

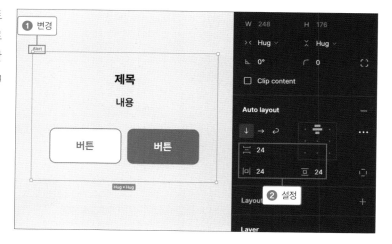

11 ❶ 프레임의 색상을 'FFFFFF'로 지정하고 ❷ Transform 패널에서 Corner radius를 '12'로 설정합니다.

12 ❶ 프레임 오른쪽 가운데 조절점을 드래그하고 ❷ Horizontal resizing을 'Fixed'로 변경한 다음 ❸ W(너비)를 '320'으로 설정합니다.

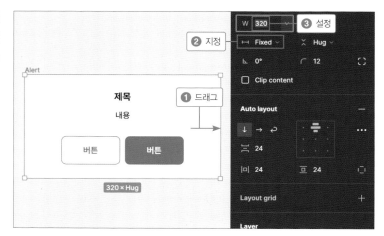

13 이어서 ❶ Enter를 눌러 'Contents' 프레임과 'Actions' 프레임을 모두 선택하고 ❷ Horizontal resizing을 'Fill container'로 동시에 변경합니다.

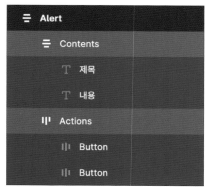 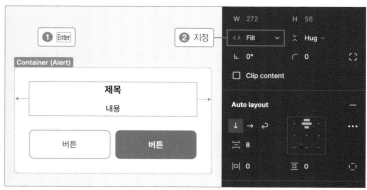

Why? 👉

버튼들의 Horizontal resizing을 미리 'Fill container'로 지정했기 때문에 Actions 프레임이 늘어나면서 버튼들도 함께 늘어납니다.

(14) ❶ 'Contents' 프레임을 선택한 다음 ❷ [Enter]를 눌러 하위 텍스트인 '제목'과 '내용'을 모두 선택하고 ❸ Horizontal resizing을 'Fill container'로 변경합니다.

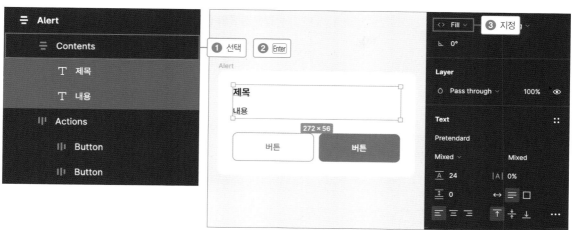

(15) 텍스트를 선택한 채 Text 패널에서 'Text align center' 아이콘(≡)을 클릭하여 가운데 정렬합니다.

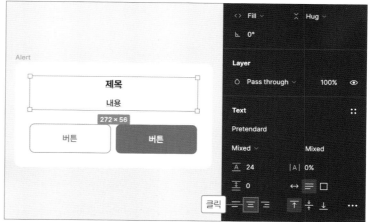

(16) 반응형 알림창의 기본형이 완성되었습니다.

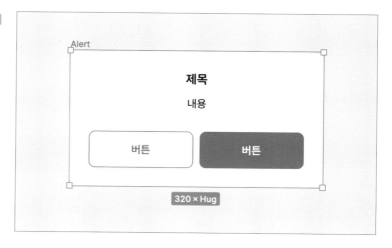

17 알림창에서 제목과 내용, 버튼 텍스트를 변경합니다.

Why? 👉
'Contents' 프레임과 하위 텍스트를 모두 'Fill container'로 지정했기 때문에 전체 'Alert' 프레임의 너비를 변경하면 안쪽 내용이 자연스럽게 변경됩니다.

❷ 단일 버튼 알림창 만들기 •••

01 기본형에서 왼쪽 버튼 컴포넌트를 선택합니다.

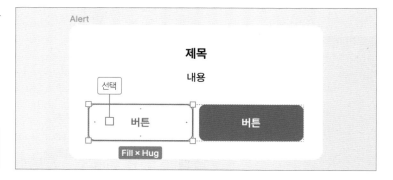

TIP 👈
Ctrl 을 누른 채 클릭하면 하위 요소를 쉽게 선택할 수 있습니다.

02 ❶ Layer 패널에서 '눈' 아이콘을 클릭하여 왼쪽 버튼을 숨깁니다. ❷ 오른쪽 버튼의 왼쪽 조절점을 왼쪽으로 드래그하여 그림과 같이 늘립니다.

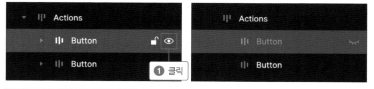

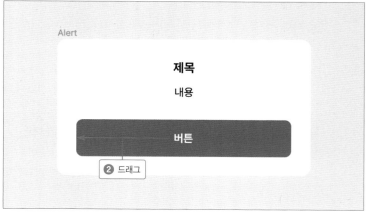

TIP 👈
다시 한 번 '눈' 아이콘을 클릭하면 왼쪽 버튼을 나타낼 수 있습니다. 레이어를 숨기거나 나타내는 단축키는 Ctrl + Shift + H 입니다.

(03) 버튼과 텍스트 내용을 변경하여
단일 버튼 알림창을 완성합니다.

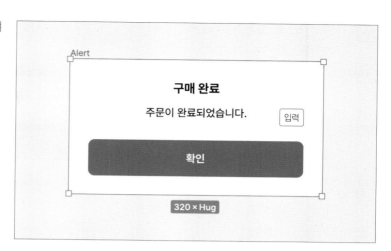

❸ 수직형 버튼 알림창 만들기 ● ● ●

(01) 기본형 알림창에서 ❶ 'Actions' 프레임을 선택한 다음 ❷ Auto layout 패널에서 'Vertical layout' 아이콘(↓)을
클릭합니다.

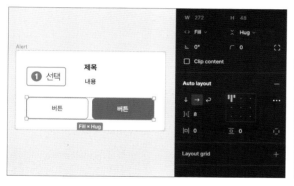 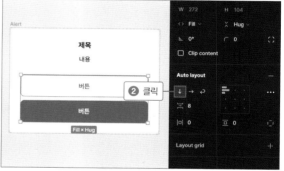

(02) ❶ 파란색 버튼을 선택하고 ❷
↑를 눌러 메인 버튼을 위쪽으로
이동합니다.

03 버튼과 텍스트 내용을 변경해 수직형 버튼 알림창을 완성합니다.

TIP ⬅
수직형 알림창은 버튼에 사용되는 텍스트 길이가 길어질 때 주로 사용하는 방식입니다.

❹ 시스템형 알림창 만들기 ●●●

01 기본형 알림창에서 ❶ Contents 프레임 하위 텍스트인 '제목'과 '내용'을 선택하고 ❷ Text 패널에서 'Text align left' 아이콘(🗏)을 클릭하여 왼쪽 정렬합니다.

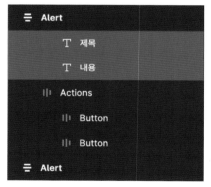
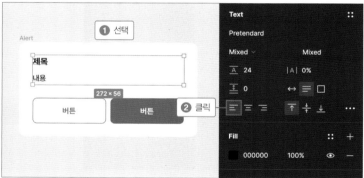

02 ❶ 'Actions' 프레임을 선택한 다음 ❷ Enter를 눌러 하위 버튼을 모두 선택하고 ❸ Horizontal resizing을 'Hug'로 변경합니다.

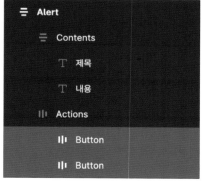

03 ❶ 'Actions' 프레임을 선택하고 ❷ 정렬 상자에서 오토 레이아웃 정렬을 '오른쪽 중앙'으로 변경합니다.

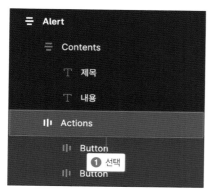

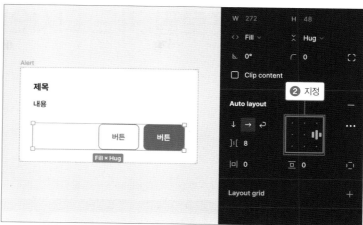

04 버튼과 텍스트 내용을 변경하여 시스템형 알림창을 완성합니다.

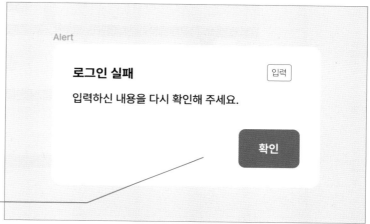

TIP ◁══

웹 브라우저에서 기본으로 사용되는 형태로 텍스트는 왼쪽, 버튼은 오른쪽으로 정렬되는 특징이 있습니다.

'Actions' 프레임에서 필요 없는 버튼을 숨겨 단일 버튼으로도 사용할 수 있습니다.

TIP ◁══

Ctrl + Shift + H 를 눌러 레이어를 숨길 수 있습니다.

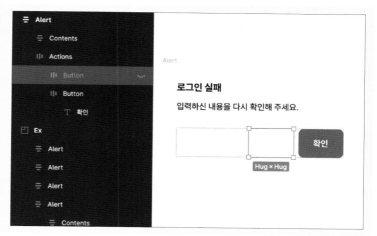

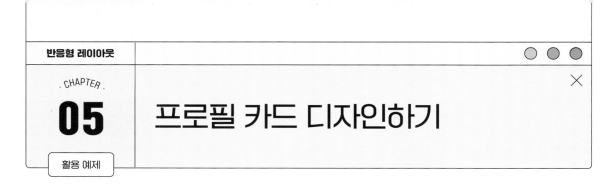

. CHAPTER .

05

활용 예제

프로필 카드 디자인하기

오토 레이아웃을 서로 다른 방향으로 중첩해서 사용하면 다양한 형태의 반응형 레이아웃을 디자인할 수 있습니다. 이를 활용하여 이미지, 텍스트, 버튼, 아이콘 등으로 구성된 프로필 영역이나 채팅 목록과 같은 요소들을 다양하게 배치할 수 있는 반응형 레이아웃을 만들어 보겠습니다.

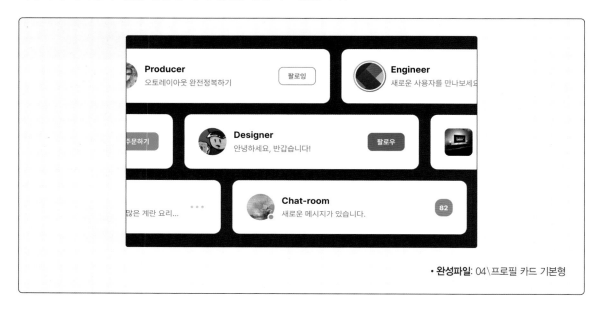

• **완성파일**: 04\프로필 카드 기본형

❶ 디자인 요소 생성하기

● ● ●

01 먼저 프로필 카드를 구성하는 요소들을 생성하겠습니다.

❶ F를 누른 다음 48×48 크기의 프레임을 생성하고 ❷ Transform 패널에서 Corner radius를 '24'로 설정하여 프레임 영역을 둥글게 만듭니다. ❸ Ctrl+R을 누르고 프레임 이름을 'Img-wrap'으로 변경합니다.

(02) 이미지 영역을 만들기 위해 ❶ R을 누른 다음 ❷ 48×48 크기의 사각형을 만들고 ❸ 레이어 이름을 'Img'로 변경합니다.

(03) ❶ T를 누르고 ❷ 캔버스를 클릭하여 텍스트를 생성한 다음 '닉네임'을 입력합니다. ❸ 텍스트를 다음과 같이 설정합니다.

폰트: Pretendard
폰트 스타일: Semibold
글자 크기: 16
행간: 24

(04) 같은 방법으로 텍스트를 추가하고 '자기소개'를 입력한 다음 텍스트를 다음과 같이 설정합니다.

폰트: Pretendard
폰트 스타일: Regular
글자 크기: 14
행간: 24

05 ❶ 그림과 같이 버튼을 만든 다음
❷ '팔로우' 텍스트를 입력하고 색
상을 'FFFFFF'로 변경합니다. ❸ 텍스트
가 선택된 상태에서 Shift+A를 눌러 오토
레이아웃을 생성한 다음 ❹ Horizontal
padding을 '16', Vertical padding을 '8',
'가운데 정렬', Corner radius를 '8'로 설
정하고 ❺ 프레임 색상을 '0048FF'로 변
경합니다. ❻ 프레임 이름을 'Button'으로
변경합니다.

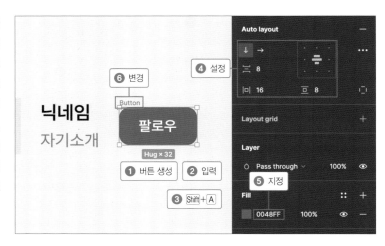

06 플러그인을 사용해서 프로필 이미
지를 불러오기 위해 ❶ 툴 바의
리소스 도구( )를 선택하거나 Shift+I를
누릅니다. ❷ [Plugins] 탭을 선택하고
❸ 검색창에 'unsplash'를 입력한 다음
Enter를 눌러 검색합니다.

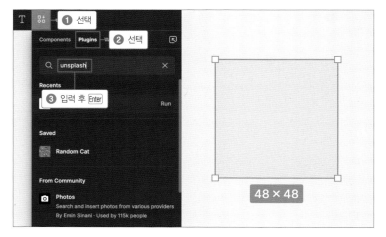

07 이미지를 넣을 도형을 선택한 상
태에서 〈Insert Random〉 버튼을
클릭하여 랜덤 이미지를 넣거나 원하는
카테고리를 클릭하면 도형에 이미지가 삽
입됩니다.

TIP ⟨⊹

Unsplash는 상업 용도로 이용할 수 있는 무
료 이미지를 제공하는 웹 사이트로 해당 플러
그인을 사용하여 도형에 이미지를 넣을 수 있
습니다.

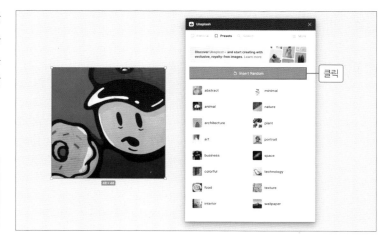

08 ❶ 이미지를 넣은 도형을 드래
그하여 'Img-wrap' 프레임 안
에 넣고 ❷ 정렬 단축키 Alt + H / V 를
눌러 가운데 정렬합니다. ❸ 'Img'의
Constraints를 'Scale – Scale'로 변경
하여 프레임 크기에 따라 이미지 크기도
함께 변하도록 만듭니다.

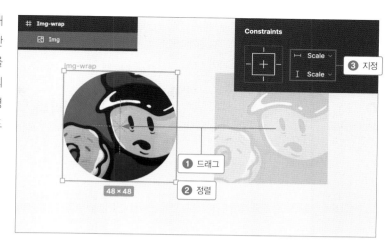

Why? 🖐️

왜 프레임 안에 이미지를 넣어 표현하나요?

내보낼(Export) 이미지의 원본 소스를 유지하고 활용도를 높일 수 있기 때문에, 이미지를 효율적으로 활용하는 방법으로 프레임에 이미지를 넣어 사용하는 것이 좋습니다. 예를 들어, 이미지를 직접 사각형이나 원형에 삽입하면 해당 형태로만 이미지를 내보낼 수 있습니다. 하지만 이미지를 프레임에 넣어 표현한다면, 필요에 따라 프레임 내부의 'Img'를 선택하여 사각형으로 추출하거나, 상위 프레임인 'Img-wrap'을 선택해 원형으로 추출할 수 있습니다. 따라서 상황에 맞게 효율적인 방법을 선택하여 작업하는 것을 권장드립니다.

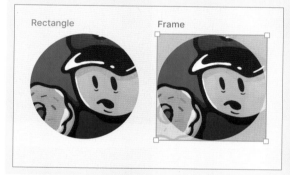

❷ 오토 레이아웃 설정하기 • • •

01 ❶ '닉네임'과 '자기소개' 텍스트
를 선택하고 ❷ Shift + A 를 눌러
오토 레이아웃을 생성합니다. ❸ 프레임
이름을 'Text'로 변경합니다.

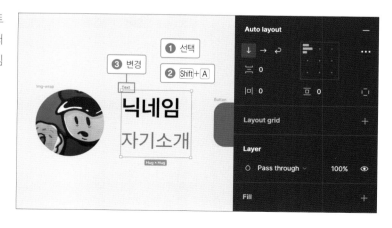

02 ❶ 이미지 영역인 'Img–wrap'과 텍스트 묶음인 'Text'를 함께 선택하고 ❷ [Shift]+[A]를 눌러 오토 레이아웃을 생성합니다. ❸ 간격을 '12'로 설정한 다음 ❹ 프레임 이름을 'Profile–info'로 변경합니다.

03 ❶ 'Profile–info'와 'Button'을 선택한 다음 ❷ [Shift]+[A]를 눌러 오토 레이아웃을 생성합니다. ❸ 간격을 '16'으로 설정하고 ❹ 프레임 이름을 'Profile–card'로 변경합니다.

TIP
프레임 이름(레이어 이름)은 자기만의 규칙이나 팀 룰에 맞춰 자유롭게 설정해도 됩니다.

04 ❶ [Ctrl]을 누른 채 패딩 창을 클릭하고 모든 패딩을 '24'로 설정한 다음 Corner radius를 '12'로 설정합니다. ❷ Fill 색상을 추가하고 'FFFFFF'로 설정하여 프로필 카드 프레임을 완성합니다.

❸ 크기 조절하기

● ● ●

(01) 크기 조절 옵션을 변경하여 프로필 카드를 반응형으로 만듭니다. 요소의 변화를 확인하기 위해 가장 바깥 프레임인 'Profile-card'의 오른쪽 가운데 조절점을 오른쪽으로 드래그하여 가로로 늘립니다.

(02) ❶ 프로필 이미지와 텍스트 묶음이 있는 'Profile-info' 프레임을 선택하고 ❷ Horizontal resizing을 'Fill container'로 변경합니다.

TIP ⫷

텍스트 길이에 따라 높이가 자동으로 조절되는 반응형 레이아웃을 구성하려면 Vertical resizing은 'Hug'로 유지해야 합니다.

(03) ❶ 텍스트 묶음인 'Text' 프레임을 선택하고 ❷ Horizontal resizing을 'Fill container'로 변경합니다.

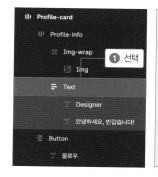

04 마지막으로 ❶ 'Text' 프레임이 선택된 상태에서 Enter를 눌러 하위 텍스트를 모두 선택하고 ❷ Horizontal resizing 을 'Fill container'로 변경합니다.

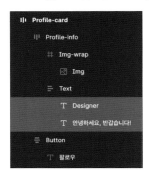 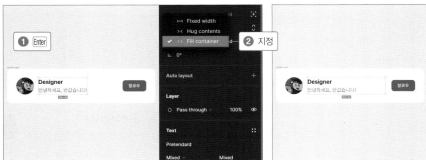

05 크기 조절 옵션 설정을 마치면 가장 바깥 프레임인 'Profile-card' 의 너비를 조절하며 요소들이 프레임에서 넘치지 않는지 확인합니다.
프레임 크기가 줄어듦에 따라 텍스트가 줄바꿈되면 완성입니다.

06 ❶ 안쪽 텍스트를 좀 더 길게 수정하면 ❷ 줄바꿈되며 'Profile-card' 프레임 높이가 자동으로 변경되는 것을 확인할 수 있습니다.

TIP
이때 텍스트가 보여지는 최대 줄 수를 조정할 수 있습니다.

❹ 말줄임표 처리하기 ● ● ●

01 ● 자기소개 텍스트를 선택한 상태에서 Text 패널의 'Type settings' 아이콘(…)을 클릭한 다음 ❷ 아래쪽의 'Truncate text'를 클릭해 활성화합니다.

TIP ◁┐

Max lines의 숫자를 변경하여 최대 높이 수치를 설정할 수 있습니다. 예제에서는 기본 설정인 '1'을 그대로 사용했습니다.

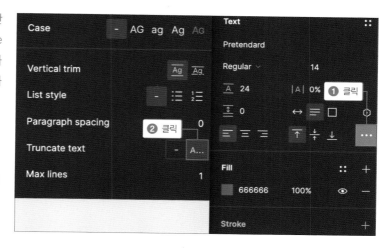

02 'Truncate text'가 활성화되면 지정된 줄 수를 벗어나는 텍스트가 말줄임표(…)로 표시됩니다.

03 'Img-wrap'에 이미지를 강조하는 링, 접속중 표시 같은 다양한 디자인 요소를 추가하거나, 버튼 내용을 변경하고 아이콘을 추가하는 등 해당 레이아웃을 활용하면 프로필 카드뿐만 아닌 다양한 목적을 가진 디자인 컴포넌트를 만들 수 있습니다.

UI / UX

Designer

PART 5 ———————

Designer

컴포넌트 &
배리언츠 적용하기

Designer

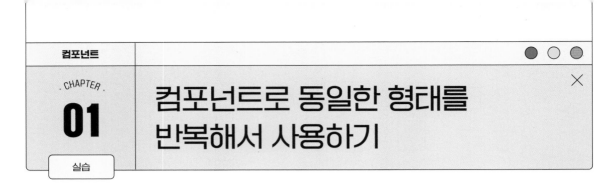

.CHAPTER.
01

실습

컴포넌트로 동일한 형태를 반복해서 사용하기

디지털 제품이나 웹 페이지를 디자인할 때 버튼이나 아이콘과 같이 동일하거나 유사한 디자인 요소를 반복적으로 사용하는 경우가 많습니다. 이전에는 반복적으로 사용된 요소를 수정할 때 일일이 찾아내고 각각 수정하는 번거로운 작업을 거쳐야 했습니다. 그러나 피그마의 컴포넌트(Component) 기능을 사용하면 이러한 과정을 효율적으로 처리할 수 있습니다.

피그마에서 컴포넌트는 '디자인 전체에서 재사용할 수 있는 요소'로 정의되며, 작은 요소인 버튼이나 아이콘부터 레이아웃 전체에 이르기까지 다양한 범위에서 사용할 수 있습니다. 핵심은 컴포넌트의 '재사용성'에 있습니다. 반복해서 사용되는 요소들은 컴포넌트로 만들어 관리하면 효율적이며, 모든 요소를 한 번에 편집할 수 있어 유지보수가 쉽습니다.

❶ 메인 컴포넌트와 인스턴스 컴포넌트 생성하기 • • •

컴포넌트는 피그마에서 생성할 수 있는 모든 오브젝트를 통해 만들 수 있습니다. 가장 일반적으로 사용하는 버튼 컴포넌트를 통해 컴포넌트의 특징과 개념에 대해서 알아보겠습니다.

01 [Part 4 – Chapter 3의 버튼 만들기] 과정을 참고하여 원하는 디자인의 버튼을 생성합니다.
예제에서는 다음과 같이 속성을 설정했습니다.

프레임
W(너비): 120
프레임 색상: FFE500
Stroke 색상: 000000
Stroke 두께: 2
Corner radius: 8

텍스트
폰트: Pretendard
폰트 스타일: Bold
글자 크기: 14
행간: 24

오토 레이아웃
정렬: 가운데
Horizontal padding: 24
Vertical padding: 12

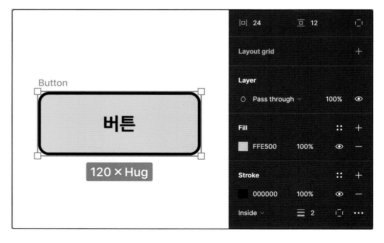

(02) 버튼 프레임을 선택하고 툴 바 가운데 'Create component(Ctrl + Alt + K)' 아이콘(❖)을 클릭하면 컴포넌트가 생성됩니다.

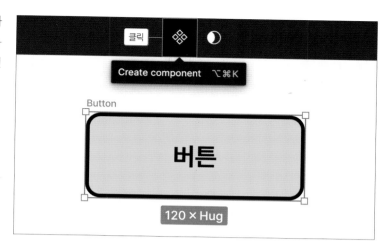

(03) 이렇게 가장 먼저 생성한 컴포넌트를 '메인 컴포넌트'라고 합니다. 메인 컴포넌트는 인스턴스 컴포넌트의 기본 속성을 정의하는 역할을 하며, 디자인에 직접 사용하지 않고 별도 페이지에서 관리하는 것이 일반적입니다.

Why? 👈

메인 컴포넌트를 디자인에 직접 사용할 경우, 메인 컴포넌트와 인스턴스 컴포넌트를 혼동해 의도치 않게 모든 컴포넌트의 속성이 한 번에 변경될 수 있습니다. 이러한 상황을 방지하기 위해 메인 컴포넌트는 별도 페이지에서 관리하는 것을 권장합니다.

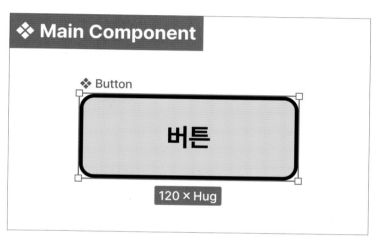

(04) 메인 컴포넌트를 선택하고 Alt를 누른 채 아래쪽으로 드래그해 복제합니다. 메인 컴포넌트의 복제본을 '인스턴스 컴포넌트'라고 합니다. 인스턴스 컴포넌트는 디자인에 직접 사용되는 컴포넌트로 메인 컴포넌트와 속성이 동기화되어 있어 메인 컴포넌트 속성이 변경될 때마다 인스턴스도 함께 변경됩니다.

TIP 👈

모든 컴포넌트는 자동으로 프레임화됩니다. 예를 들어, 단일 사각형을 컴포넌트로 만들면 도형에 프레임이 자동으로 감싸지며 컴포넌트화됩니다.

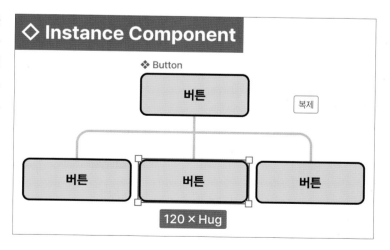

TIP ◁⊲

Layer 패널의 아이콘과 색상으로 메인 컴포넌트와 인스턴스 컴포넌트, 일반 오
브젝트를 구분할 수 있습니다.
모든 컴포넌트는 보라색으로 표시되며, 메인 컴포넌트의 아이콘은 ❖, 인스턴스
컴포넌트의 아이콘은 ◇로 표시됩니다.

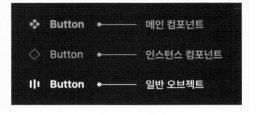

05 ❶ 메인 컴포넌트를 선택한 다음 ❷ 프레임의 색상을 '3E74FF'로 변경합니다. 버튼의 텍스트를 선택하고 라벨을 '구매하기'로 변경한 다음 색상을 'FFFFFF'로 변경합니다.

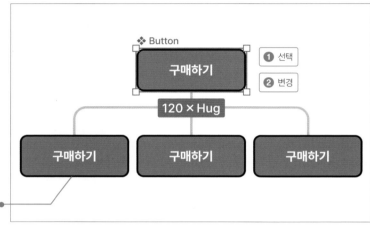

메인 컴포넌트 색상, 라벨, 크기 등의 속성이 변경되면 인스턴스 컴포넌트도 동일하게 변경됩니다.

❷ 인스턴스 컴포넌트의 속성 변경하기 • • •

메인 컴포넌트와는 별개로 인스턴스 컴포넌트에서도 독립적으로 색상이나 코너 둥글기, 글자 크기 같은 속성을 변경할 수 있습니다.

01 인스턴스 컴포넌트 중 하나를 선택하고 색상 및 텍스트 속성을 자유롭게 변경합니다. 예제에서는 버튼 색상을 'FFE500', 텍스트를 '글쓰기', 텍스트 색상을 '000000'으로 변경했습니다.

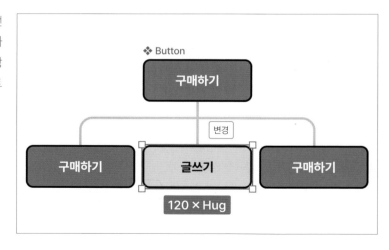

02 다시 메인 컴포넌트를 선택하고 다른 속성들을 변경하면 이미 인스턴스 컴포넌트에서 독립적으로 변경된 버튼의 색상과 라벨, 라벨 색상은 변경된 채로 유지되는 것을 확인할 수 있습니다.

TIP ⬅
인스턴스 컴포넌트에서 독립적으로 변경된 속성들은 메인 컴포넌트의 영향을 받지 않는 상태가 됩니다.

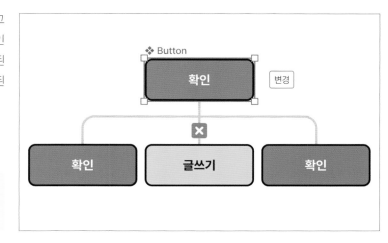

03 이때 독립적으로 변경되지 않은 속성, 예를 들어 프레임의 코너 둥글기, 텍스트 크기나 두께 같은 속성들은 독립적으로 변경되지 않았기 때문에 메인 컴포넌트에서 해당 속성을 변경하면 인스턴스 컴포넌트에서도 함께 변경됩니다.

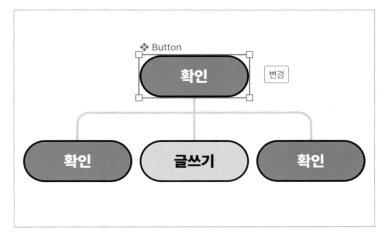

❸ 독립된 속성 초기화하기 ···

01 ❶ 속성이 변경된 인스턴스 컴포넌트를 선택한 채 오른쪽 Component 패널의 'Instance options' 아이콘(⋯)을 클릭하고 초기화하여 다시 메인 컴포넌트와 속성이 연결된 상태로 만들 수 있습니다. ❷ 'Reset all changes'를 선택하면 인스턴스에서 독립적으로 수정된 모든 변경값이 초기화됩니다.

TIP ⬅
'Reset fill'을 클릭해 개별 속성을 각각 초기화할 수 있습니다.

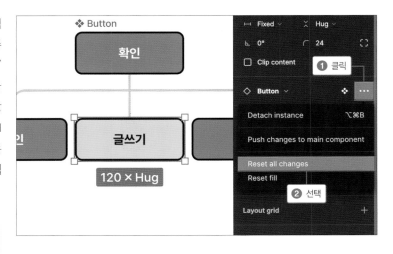

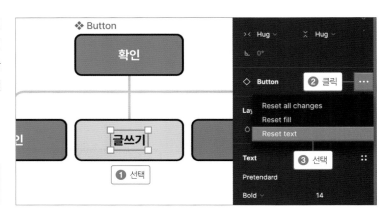

02 ❶ 프레임 안쪽의 텍스트를 선택하고 ❷ Component 패널의 'Instance options' 아이콘(⋯)을 클릭한 다음 ❸ 'Reset text'를 선택하면 변경된 속성들을 초기화할 수 있습니다.

TIP ⊲⫶
프레임과 마찬가지로 텍스트에서도 fill, text 등 개별 속성을 초기화할 수 있습니다.

03 메인 컴포넌트의 색상을 변경하여 인스턴스 컴포넌트와 속성이 동기화된 것을 확인합니다.

인스턴스 컴포넌트의 속성이 초기화되면 다시 메인 컴포넌트와 속성이 동기화된 상태로 변합니다.

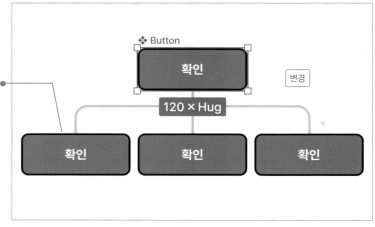

Why? ✍
색상을 변경한 인스턴스 컴포넌트의 경우 단순히 색상을 메인 컴포넌트와 다시 같게 만든다고 해서 독립적으로 변경된 속성이 초기화되지 않습니다. Components 패널의 'Reset fill'을 선택하여 초기화해야 색상이 정상으로 메인 컴포넌트와 동기화됩니다.

---

❹ 독립된 속성을 메인 컴포넌트로 이전하기 ⦁⦁⦁

01 ❶ 인스턴스 컴포넌트를 선택한 다음 ❷ Component 패널의 'Instance options' 아이콘(⋯)을 클릭하고 ❸ 'Push changes to main component'를 선택합니다.

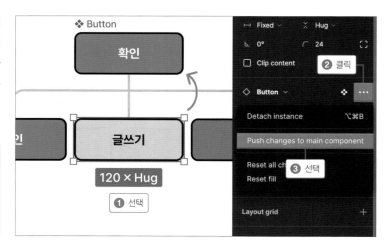

Why? ✍
메인 컴포넌트와 인스턴스 컴포넌트는 다른 페이지에서 사용하는 경우가 많아 인스턴스 컴포넌트를 통해 시안을 잡는 도중 인스턴스 컴포넌트에서 변경한 속성을 메인 컴포넌트에 적용하고 싶은 경우가 종종 발생합니다.

02 인스턴스 컴포넌트의 속성을 메인
컴포넌트로 이전하면 메인 컴포넌
트와 인스턴스 컴포넌트가 자동으로 동기
화됩니다.

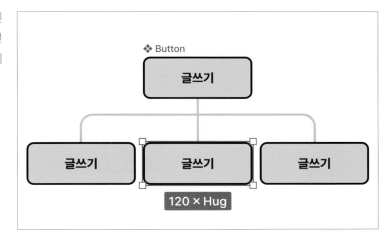

03 메인 컴포넌트의 색상을 변경하여
인스턴스 컴포넌트와 속성이 동기
화된 것을 확인합니다.

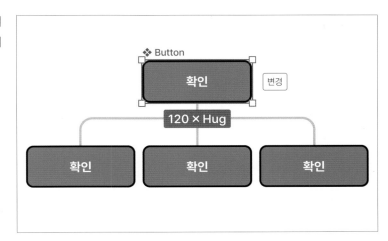

---

❺ 메인 컴포넌트 찾기   • • •

01 ❶ 인스턴스 컴포넌트를 선택한
다음 ❷ Component 패널에서
'Go to main component' 아이콘(❖)을
클릭하면 사용 중인 인스턴스 컴포넌트의
메인 컴포넌트로 이동할 수 있습니다.

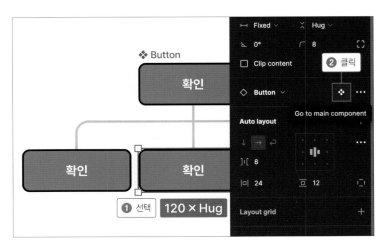

02 캔버스 아래쪽의 〈Return to
instance〉 버튼을 클릭하면 다시
이전 인스턴스 컴포넌트로 되돌아갈 수
있습니다.

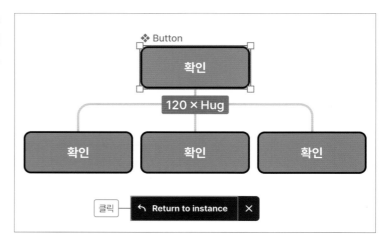

❻ 삭제된 메인 컴포넌트 복구하기 • • •

01 실수로 메인 컴포넌트가 삭제된
경우 모든 인스턴스 컴포넌트와의
동기화가 끊겨 컴포넌트의 역할을 수행할
수 없는 상태가 됩니다.

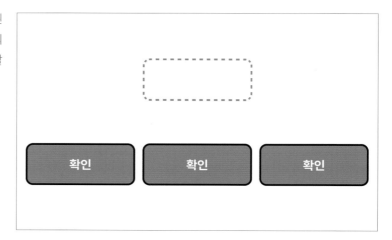

02 ❶ 메인 컴포넌트가 삭제된 인
스턴스 컴포넌트를 선택한 다
음 ❷ Component 패널의 〈Restore
Component〉 버튼을 클릭하여 삭제된
메인 컴포넌트를 복구할 수 있습니다.

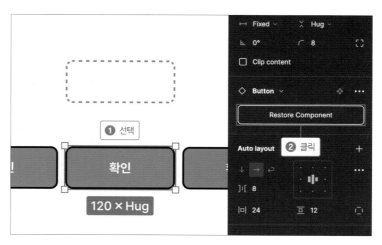

03 복구된 메인 컴포넌트는 기존 인
스턴스 컴포넌트와 자동으로 동기
화됩니다.

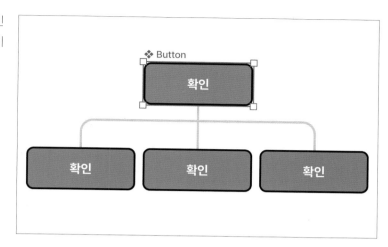

❼ 인스턴스 컴포넌트 해제하기 • • •

01 인스턴스 컴포넌트를 해제하고
싶으면 ❶ Component 패널의
'Instance options' 아이콘(···)을 클릭하
고 ❷ 'Detach instance'를 선택합니다.

TIP
또는 마우스 오른쪽 버튼을 클릭한 다음
Detach instance를 실행하거나 단축키
Ctrl + Alt + B 를 눌러도 됩니다.

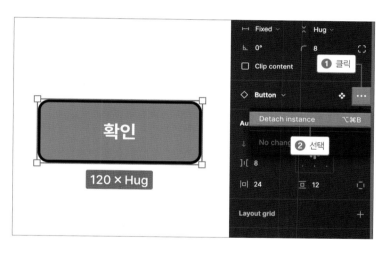

02 해제된 인스턴스 컴포넌트는 일반
프레임으로 되돌아갑니다.

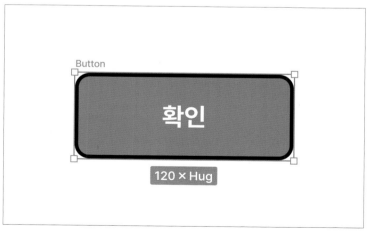

TIP ⟨⇦

메인 컴포넌트는 Detach instacne 기능을 통해 컴포넌트 상태를 해제할 수 없습니다. 메인 컴포넌트를 일반 프레임 상태로 만들고 싶으면 먼저 인스턴스 컴포넌트를 복제하고, 복제된 인스턴스 컴포넌트를 해제한 다음, 메인 컴포넌트를 삭제합니다.

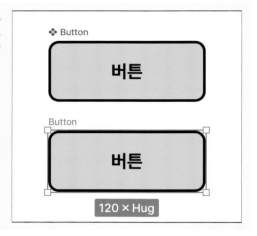

❽ 다수의 컴포넌트 동시에 생성하기 • • •

01 다수의 오브젝트를 한번에 메인 컴포넌트로 만들고 싶으면 먼저 ❶ 오브젝트를 전체 선택하고 ❷ 툴 바 가운데의 'Create component' 아이콘(❖) 옆 확장 아이콘을 클릭한 다음 ❸ 'Create multiple components'를 선택합니다.

02 3개의 버튼이 각각 별도의 메인 컴포넌트로 생성된 것을 확인할 수 있습니다.

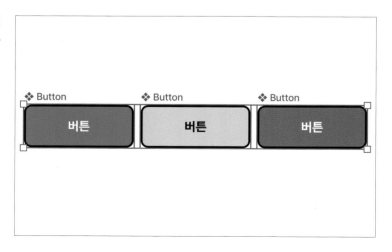

. CHAPTER .

02

활용 예제

컴포넌트로 아이콘
관리하고 사용하기

✕

아이콘은 프로젝트 전체에 걸쳐 같은 형태의 오브젝트를 반복 사용하는 컴포넌트 기능의 대표적인 예입니다.
컴포넌트를 활용해 아이콘을 효율적으로 관리하고 빠르게 사용하는 방법을 알아보겠습니다.

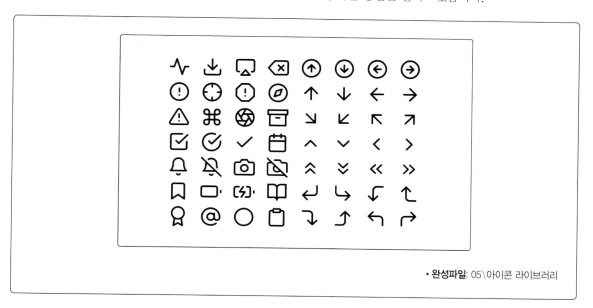

• **완성파일**: 05\아이콘 라이브러리

❶ 아이콘 컴포넌트 만들기

• • •

(01) 먼저 아이콘 컴포넌트를 생성하기 위해 플러그인을 활용하여 아이콘
에셋을 가져오겠습니다.

❶ Shift+I를 눌러 리소스 도구(🎛)를 선택하고 ❷ (Plugins) 탭에서 ❸
'icon'을 검색한 다음 ❹ 'Feather Icons'를 선택합니다.

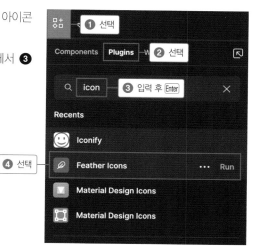

02 Feather Icons 플러그인 창에서 원하는 아이콘을 선택해 캔버스 가운데에 불러옵니다.

03 아이콘을 원하는 갯수만큼 불러온 다음 알맞게 정렬합니다. 예제에서는 홈, 피그마, 검색, 메뉴의 4개 아이콘을 활용했습니다.

04 불러온 아이콘 레이어를 살펴보면 분리되어 있으면서 아이콘이 선 형태로 되어 있습니다.

TIP ⫷
플러그인에 따라 다르지만 Feather Icons는 사용자가 아이콘 두께 등을 변경하여 사용할 수 있도록 Stroke 형태로 아이콘 에셋을 제공합니다.

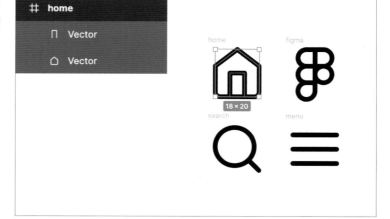

05 아이콘 확장성을 위해 컴포넌트로 만들기 전에 레이어를 정리하겠습니다. **1** 'home' 아이콘 프레임을 선택한 다음 **2** Enter를 눌러 하위 레이어를 모두 선택합니다.

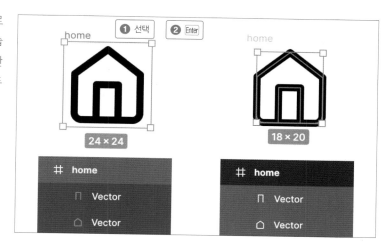

06 툴 바에서 'Union selection' 아이콘(■)을 클릭해 레이어를 하나로 합칩니다.

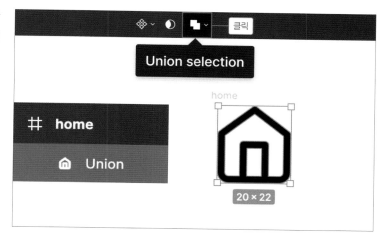

07 마지막으로 **1** Ctrl+E를 눌러 Union 그룹을 통합하고 **2** 레이어 이름을 'icon'으로 변경합니다.

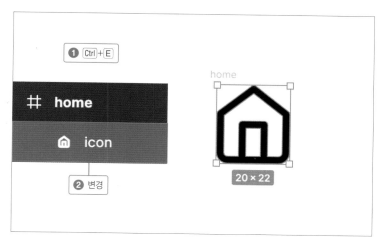

08 다른 아이콘들도 같은 방법으로
레이어를 통합하고, 선을 면으로
전환합니다.

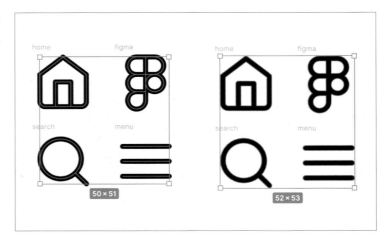

09 ❶ 아이콘 프레임을 모두 선택한
상태에서 툴 바 가운데의 'Create
component' 아이콘(❖) 옆 확장 아이콘
을 클릭한 다음 ❷ 'Create multiple
components'를 선택해 모든 프레임을
각각의 메인 컴포넌트로 만듭니다.

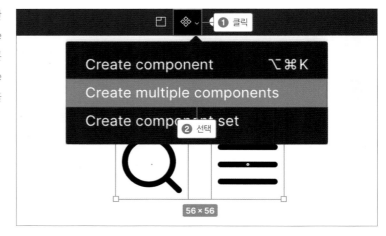

10 아이콘 메인 컴포넌트 그룹이 완
성되었습니다.

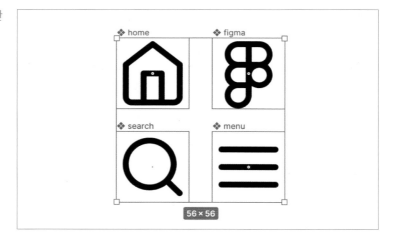

11 ❶ 리소스 도구(▦)를 선택하고 [Components] 탭에서 ❷ 컴포넌트로 만든 아이콘을 검색해 ❸ 원하는 페이지에 빠르게 불러올 수 있습니다.

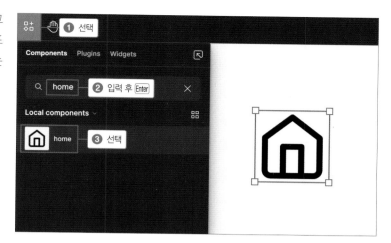

TIP ◁

아이콘은 배리언츠를 사용하지 않고 각각의 컴포넌트 단위로 관리하는 것을 권장합니다.

만약 아이콘을 배리언츠로 묶어서 사용한다면 프로퍼티를 통해 아이콘을 선별해야 하기 때문에, 아이콘 종류가 많을 경우 프로퍼티 밸류 목록에서 원하는 아이콘을 찾기 어려운 경우가 많습니다. 또한 리소스 도구에서 검색할 때 원하는 아이콘을 바로 검색해서 사용할 수 없기 때문에, 아이콘의 경우 각각의 컴포넌트로 리소스를 관리하면 더욱 편리하게 사용할 수 있습니다.

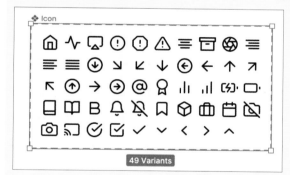

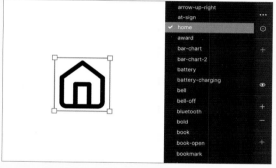

---

❷ 컴포넌트 스왑하기 ● ● ●

01 먼저 인스턴스 컴포넌트 아이콘을 선택합니다.

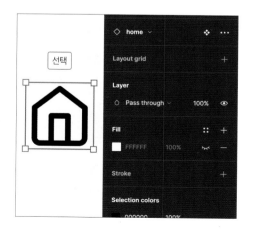

02 ❶ 오른쪽 Component 패널의 확장 아이콘을 클릭하면 ❷ 다른 아이콘들의 목록을 확인할 수 있습니다.

TIP ◁⫘
모든 인스턴스 컴포넌트는 다른 인스턴스 컴포넌트로 스왑(Swap)할 수 있습니다.

03 여기서 다른 아이콘 목록을 클릭하면 기존 인스턴스 컴포넌트(home)를 다른 인스턴스 컴포넌트(search)로 변경할 수 있습니다.

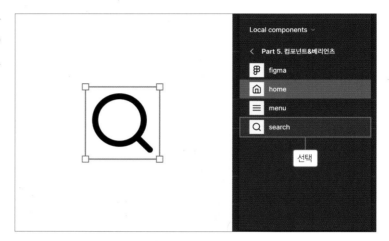

---

❸ 컴포넌트를 그룹으로 구분하기 • • •

01 인스턴스 스왑을 사용하면 모든 인스턴스 컴포넌트를 다른 컴포넌트로 변경할 수 있습니다.
예제에 사용된 메인 컴포넌트를 선택한 다음 Ctrl + R을 눌러 이름 바꾸기 도구를 실행합니다.

TIP ◁⫘
이때 레이어 이름에 '/'를 추가하여 컴포넌트를 그룹화하면 각각의 인스턴스 컴포넌트를 탐색하기 더욱 쉽게 만들 수 있습니다.

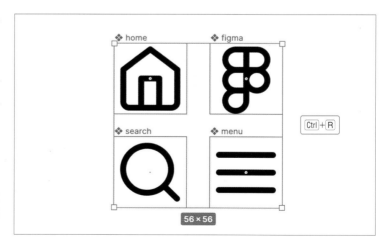

TIP ⬅

❶ **Preview**: 현재 레이어 이름을 보여줍니다.
❷ **Match**: 입력된 문자열을 Rename to에 쓰여진 문자열로 대체합니다.
❸ **Rename to**: 모든 레이어 이름을 동일하게 변경합니다.
❹ **Current name**: 현재 레이어 이름을 불러옵니다.
❺ **Number ↑**: 숫자를 오름차순으로 입력합니다.
❻ **Number ↓**: 숫자를 내림차순으로 입력합니다.

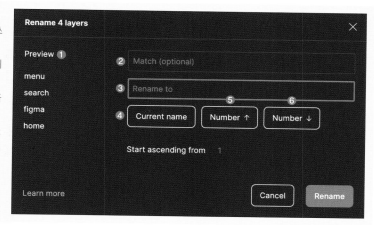

(02) ❶ Rename to에 'Icon/'을 입력하고 ❷ 〈Current name〉 버튼을 클릭하면 미리 보기에서 현재 각각의 아이콘 이름 앞부분에 'Icon/'이 추가된 것을 확인할 수 있습니다. ❸ 〈Rename〉 버튼을 클릭하여 수정 내용을 적용합니다.

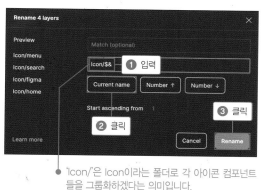

'Icon/'은 Icon이라는 폴더로 각 아이콘 컴포넌트들을 그룹화하겠다는 의미입니다.

(03) 이름이 변경된 아이콘의 인스턴스 컴포넌트를 선택하고 Component 패널에서 인스턴스 스왑 목록을 살펴보면 'Icon' 폴더로 컴포넌트들이 그룹화되었습니다. 'Icon' 부분을 클릭하면 상위 폴더로 이동 및 탐색할 수 있습니다.

TIP ⬅

레이어 이름에 '/'를 추가하면 또 다른 상위 그룹을 계속해서 생성할 수 있습니다.

B그룹 / A 그룹 / 아이콘 이름

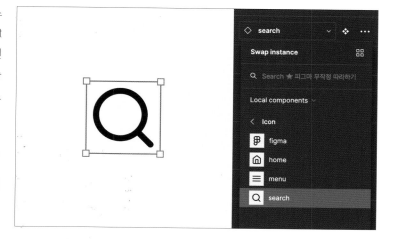

04 프레임을 통해서도 컴포넌트를 그룹화할 수 있습니다.
아이콘 메인 컴포넌트들을 모두 프레임으로 감싼 다음 Ctrl+R 을 누르고 이름을 'General'로 변경합니다.

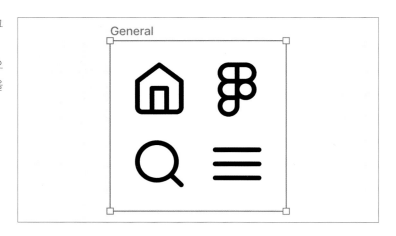

05 다시 인스턴스 컴포넌트를 선택하고 Component 패널에서 인스턴스 목록을 엽니다. 'Icon' 부분을 클릭해 상위 개념을 확인하면 'General'이라는 프레임 이름으로 컴포넌트가 그룹화된 것을 확인할 수 있습니다.

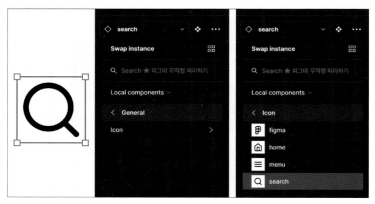

TIP ←
또한, 피그마는 '/'를 사용하지 않아도 파일 안에 있는 컴포넌트 위치에 따라 그룹이 자동으로 분류됩니다. 자동으로 분류되는 컴포넌트의 폴더 구조는 다음과 같습니다.

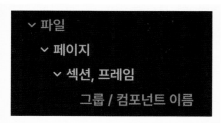

파일 → 페이지 → 섹션 or 프레임 → 그룹 이름 / 컴포넌트 이름

06 다양한 아이콘을 용도에 따라 레이어 이름, 혹은 프레임으로 분류하여 완성합니다.

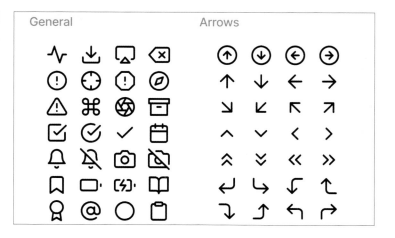

. CHAPTER .

03

활용 예제

컴포넌트 프로퍼티를 활용한
체크리스트 만들기

컴포넌트는 프레임, 도형, 텍스트 등 다양한 요소로 구성됩니다. 컴포넌트를 구성하는 요소들에게 개별 속성을
부여해 디자인 과정에서 컴포넌트를 더 쉽게 사용할 수 있도록 만드는 기능을 컴포넌트 프로퍼티라고 합니다.
체크리스트 예제를 통하여 컴포넌트 프로퍼티를 활용하는 방법을 학습합니다.

• **완성파일**: 05\체크리스트

❶ 체크박스 컴포넌트 만들기

• • •

01 체크박스 컴포넌트를 만들기 위
해 ❶ F를 누르고 ❷ 24×24 크
기의 프레임을 생성합니다. ❸ Ctrl+R을
누르고 프레임 이름을 'square'로 변경합
니다.

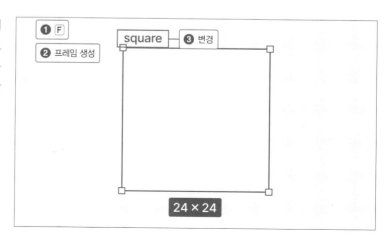

02 다시 한 번 F를 눌러 16×16 크기의 프레임을 생성하고 드래그하여 'square' 프레임 안쪽으로 이동합니다. Alt + H / V를 차례로 눌러 가운데 정렬합니다. Ctrl + R을 누르고 프레임 이름을 'box'로 변경합니다.

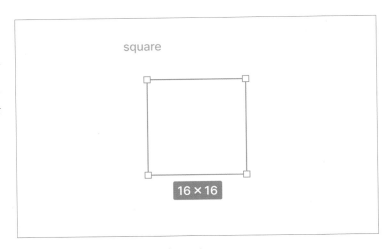

03 'box' 프레임이 선택된 상태에서 ❶ Stroke를 추가한 다음 색상을 'dedede'로 지정합니다. ❷ Corner radius를 '4'로 설정하고 ❸ Constraints 패널에서 항목을 각각 'Scale'로 지정합니다.

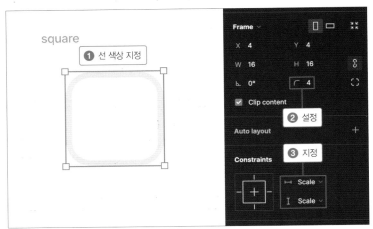

04 다시 ❶ 'square' 프레임을 선택하고 ❷ Fill 패널에서 '–' 아이콘을 클릭하여 색상을 제거합니다.

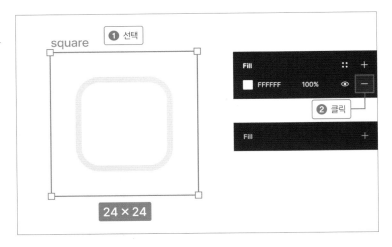

05 ① Alt 를 누른 채 드래그하여 'square' 프레임을 복제하고 ② 복제된 프레임 이름을 'check-square' 로 변경합니다.

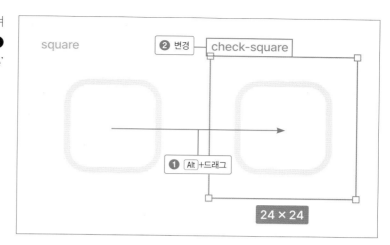

06 ① 'check-square' 프레임 안에 있는 'box' 프레임을 선택합니다. ② Shift + X 를 눌러 면과 선 색상을 전환하고 ③ Fill 색상을 '6100FF'로 지정합니다.

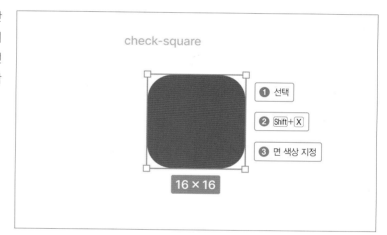

07 ① 펜 도구(P)를 선택한 다음 ② 'box' 프레임 안쪽에 그림과 같이 차례로 점을 찍어 패스를 만듭니다. ③ 체크 모양이 완성되면 Esc 를 두 번 눌러 편집 모드를 해제합니다.

TIP

이때 Shift 를 누른 채 클릭하면 직각을 유지하며 패스를 그릴 수 있습니다.

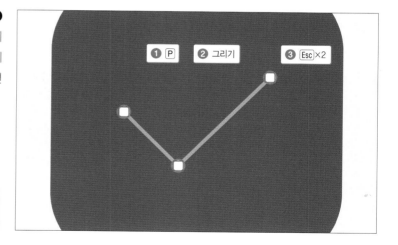

08 패스 부분이 선택된 상태에서 ❶ Stroke를 추가한 다음 ❷ 선 색상을 'FFFFFF', ❸ 선 두께를 '2'로 설정합니다. ❹ 시작점과 끝점을 'Round'로 지정하여 그림과 같이 둥글게 만듭니다.

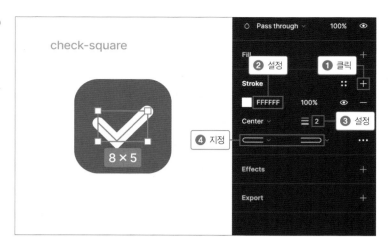

09 Stroke 패널의 ❶ 'Advanced stroke settings' 아이콘(…)을 클릭하고 ❷ Join에서 'Round' 아이콘(⬐)을 클릭하여 패스가 꺾이는 부분도 둥글게 만듭니다.

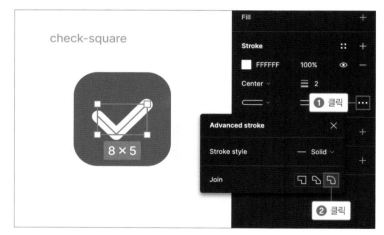

10 체크 표시 아이콘이 완성되면 ❶ Ctrl+Shift+O를 눌러 선을 면으로 전환합니다. ❷ Constraints 패널에서 각각 'Scale'로 지정합니다.

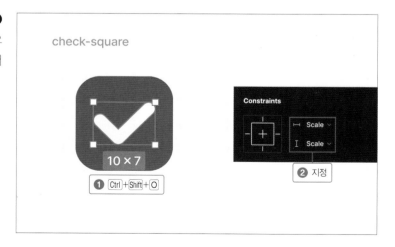

11 ❶ 'square' 프레임과 'check-square' 프레임을 모두 선택합니다. ❷ 툴 바에서 'Create component' 아이콘 (❖) 옆 확장 아이콘을 클릭한 다음 ❸ 'Create multiple componets'를 선택해 체크박스 컴포넌트를 완성합니다.

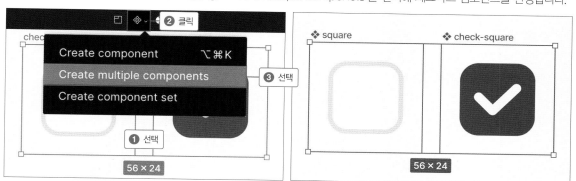

12 ❶ F를 눌러 새로운 프레임을 생성한 다음 ❷ Ctrl+R을 누르고 프레임 이름을 'check-box'로 변경합니다. ❸ 완성된 메인 컴포넌트 'square'와 'check-square'를 'check-box' 프레임 안으로 이동하여 배치합니다.

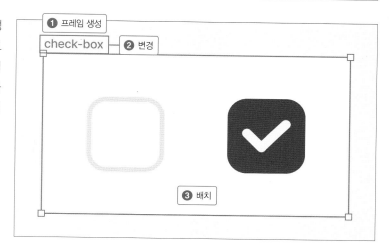

13 ❶ 위에서 완성한 'square' 컴포넌트를 복사하고 빈 캔버스에 붙여넣기 한 다음 ❷ 오른쪽 사이드 바의 Component 패널에서 확장 아이콘을 클릭합니다. ❸ Swap instance를 살펴보면 'check-box' 그룹 안에 'check-square'와 'square'가 그룹화된 것을 확인할 수 있습니다.

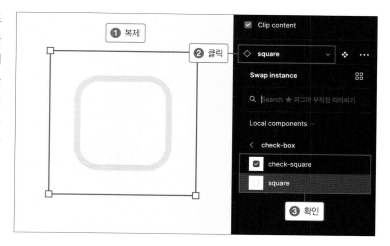

❷ 체크리스트 컴포넌트 만들기 • • •

01 ❶ 텍스트 도구(T)를 선택하고 ❷ 캔버스를 클릭한 다음 '제목'을 입력합니다. ❸ 텍스트를 다음과 같이 설정합니다.

폰트: Pretendard
폰트 스타일: Medium
글자 크기: 14
행간: 24

02 다시 한 번 ❶ 텍스트 도구(T)를 선택하고 ❷ 캔버스를 클릭한 다음 '상세 내용'을 입력합니다. ❸ 텍스트를 다음과 같이 설정하고 색상을 '777777'로 설정합니다.

폰트: Pretendard
폰트 스타일: Regular
글자 크기: 14
행간: 16

03 ❶ '제목'과 '상세 내용' 텍스트를 선택한 다음 ❷ Shift+A를 눌러 오토 레이아웃을 생성하고 ❸ 간격을 '4'로 설정합니다. ❹ Ctrl+R을 누르고 프레임 이름을 'text-label'로 수정합니다.

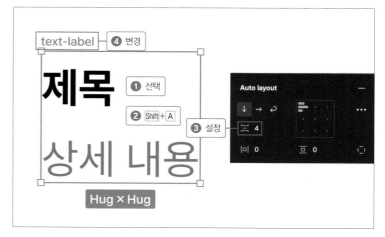

04 미리 만들어 둔 ❶ 'square' 컴포넌트를 복사해서 붙여넣은 다음 ❷ 'text-label' 프레임과 함께 선택합니다. ❸ Shift+A를 눌러 오토 레이아웃을 생성한 다음 ❹ 간격을 '4'로 설정합니다.

05 ❶ Auto layout 패널에서 모든 패딩을 '12'로 설정하고 ❷ Fill과 Stroke를 추가한 다음 색상을 각각 'FFFFFF', '000000'으로 설정합니다. ❸ Corner radius를 '8'로 설정하고 ❹ Ctrl+R을 누른 후 레이어 이름을 'check-list'로 입력합니다.

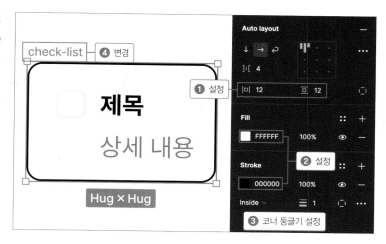

06 'check-list' 프레임의 오른쪽 조절점을 드래그하여 너비를 '160'으로 설정합니다.

07 ❶ 'text–label' 프레임을 선택한 다음 ❷ Horizontal resizing을 'Fill container'로 변경합니다.

08 ❶ 'text–label' 프레임이 선택된 상태에서 Enter 를 눌러 '제목'과 '상세 내용'을 한 번에 선택하고 ❷ 마찬가지로 Horizontal resizing을 'Fill container'로 변경합니다.

09 크기 조정을 마치면 툴 바에서 'Create component' 아이콘(◈)을 클릭해 'check–list' 프레임을 컴포넌트로 만듭니다.

❸ 불리언(Boolean) 프로퍼티 설정하기 ・・・

(01) 가장 먼저 불리언(Boolean) 프로퍼티를 설정하겠습니다.
❶ '상세 내용' 텍스트를 선택하고 오른쪽 사이드 바의 ❷ Layer 패널에서 'Apply boolean Property' 아이콘(⮕)
을 클릭합니다.

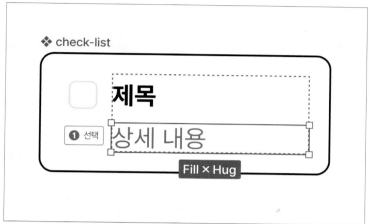

TIP ⮜

불리언(Boolean)은 '부울 방식'이라는 뜻으로
컴퓨터 공학에서 0과 1만으로 참과 거짓을 나
타내는 방식을 말합니다. 불리언 프로퍼티를
설정하면 컴포넌트 내부 요소를 보이거나 숨
길 수 있습니다.

(02) [Create component property] 대화상자가 표시되면 ❶
Name에 'Show Detail'을 입력하고 ❷ Value에서 'True'를
선택한 다음 ❸ 〈Create property〉 버튼을 클릭하여 불리언 프로퍼티
를 추가합니다.

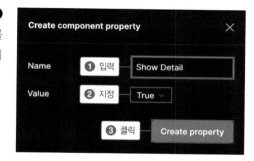

(03) 불리언 프로퍼티를 확인하기 위해
❶ 'check-list' 컴포넌트를 선택
한 다음 Alt 를 누른 채 드래그하여 인스
턴스 컴포넌트를 생성합니다. ❷ 오른쪽
사이드 바의 Component 패널을 살펴보
면 Show Detail이라는 프로퍼티가 토글
형태로 추가된 것을 확인할 수 있습니다.

(04) Show Detail 프로퍼티를 클릭해 비활성화하면 '상세 내용' 텍스트가 사라집니다.

❹ 텍스트(Text) 프로퍼티 설정하기 ● ● ●

텍스트 프로퍼티를 추가하면 인스턴스 컴포넌트의 텍스트 내용을 수정할 때 텍스트를 직접 선택하지 않고도 Component 패널에서 수정할 수 있습니다.

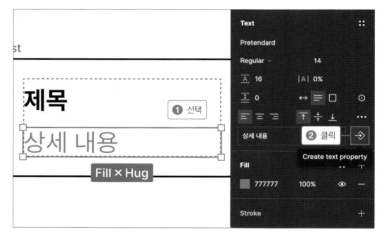

(01) ❶ 'check-list' 프레임의 메인 컴포넌트를 선택하고 다시 한 번 '상세 내용' 텍스트를 선택한 다음 ❷ Text 패널에서 오른쪽 하단의 'Create text property' 아이콘(➔)을 클릭합니다.

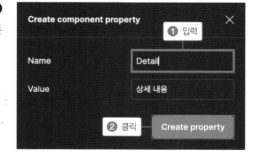

(02) [Create component property] 대화상자가 표시되면 ❶ Name에 'Detail'을 입력한 다음 ❷ 〈Create property〉 버튼을 클릭하여 텍스트 프로퍼티를 추가합니다.

03 이번에는 ❶ '제목' 텍스트를 선택한 다음 ❷ Text 패널의 'Property' 아이콘( )을 클릭하고 ❸ 'Create property'를 선택합니다.

Why? 직전에 '상세 내용' 프로퍼티를 추가했기 때문에 프로퍼티 패널에 나타납니다.

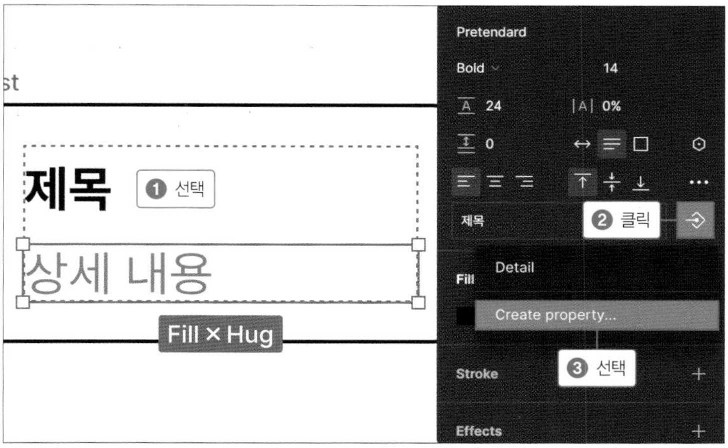

04 [Create component property] 대화상자가 표시되면 ❶ Name에 'Title'을 입력한 다음 ❷ 〈Create property〉 버튼을 클릭해 텍스트 프로퍼티를 추가합니다.

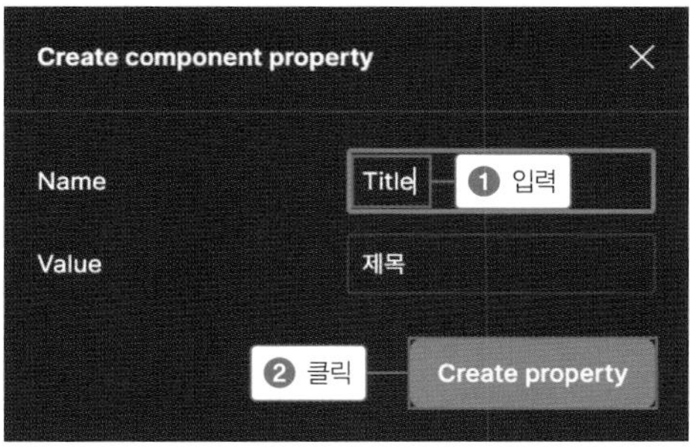

05 다시 인스턴스 컴포넌트로 돌아간 다음 Component 패널을 살펴보면 텍스트 프로퍼티가 2개 추가된 것을 확인할 수 있습니다.

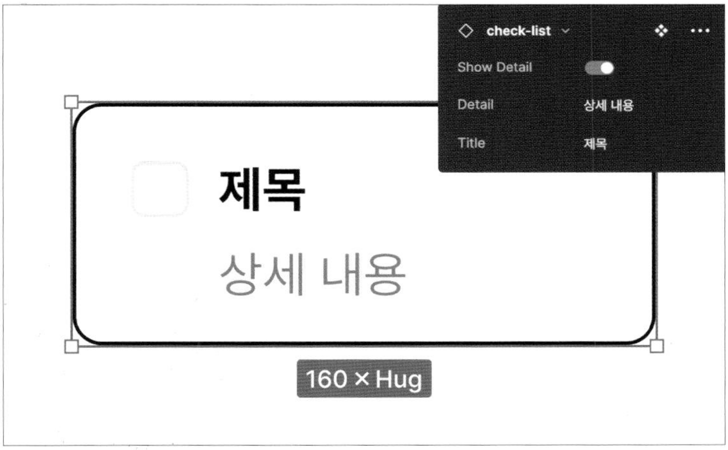

06 텍스트를 수정하면 인스턴스 컴포 넌트에도 수정 내용이 반영되는 것을 확인할 수 있습니다.

❺ 인스턴스 스왑(Instance Swap) 프로퍼티 설정하기 • • •

인스턴스 스왑 프로퍼티를 설정하면 인스턴스 컴포넌트를 스왑할 때 스왑할 하위 인스턴스 컴포넌트를 직접 선택하지 않고 상위 프레임에서 제어할 수 있도록 만듭니다.

01 인스턴스 스왑 프로퍼티를 추가하 기 위해 ❶ 'check-list' 메인 컴 포넌트로 돌아간 다음 안쪽의 'square' 컴 포넌트를 선택합니다. ❷ Component 패 널의 'Create instance swap property' 아이콘(→)을 클릭합니다.

02 [Create component property] 대화상자가 표시되면 ❶ Name 에 'Check box'를 입력한 다음 ❷ Preferred values에서 '+' 아이콘을 클 릭합니다. Nested instances가 나타나 면 ❸ 'check-square'를 체크 표시하고 ❹ 〈Create property〉 버튼을 클릭하여 텍스트 프로퍼티를 추가합니다.

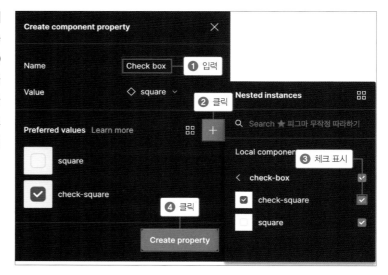

(03) 다시 인스턴스 컴포넌트를 선택한
다음 Component 패널을 살펴보
면 'Check box' 인스턴스 스왑 프로퍼티
가 추가된 것을 확인할 수 있습니다.

Check box를 'check-square'로 선택하면 체
크 박스로 변경할 수 있습니다.

(04) 컴포넌트 프로퍼티 설정이 완료된 'check-
list' 컴포넌트를 여러 개 활용해 내용을 수정
하면서 체크리스트를 마무리합니다.

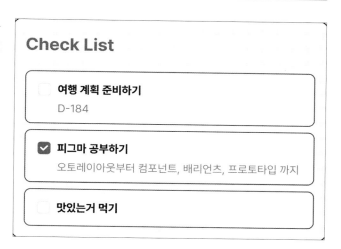

TIP ◁–

컴포넌트 프로퍼티는 메인 컴포넌트에서
만 설정할 수 있으며, 세 가지 컴포넌트
프로퍼티는 각각 다른 위치에서만 설정
할 수 있습니다.

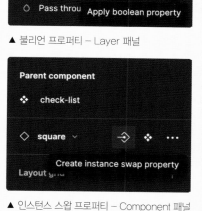

▲ 불리언 프로퍼티 – Layer 패널

▲ 인스턴스 스왑 프로퍼티 – Component 패널

▲ 텍스트 프로퍼티 – Text 패널

01 ❶ 'check-list' 메인 컴포넌트를 선택한 다음 ❷ Properties 패널에서 프로퍼티를 드래그하면 인스턴스 컴포넌트에 나타나는 프로퍼티 순서를 변경할 수 있습니다.

02 프로퍼티 목록에서 'Edit' 아이콘(▮▯)을 클릭하면 해당 프로퍼티의 Name, Value 등을 수정할 수 있습니다.

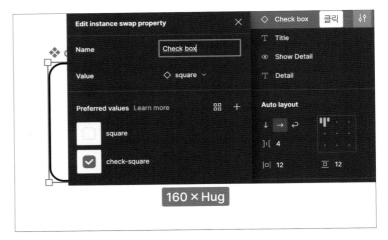

03 프로퍼티 목록에서 '−(Delete property)' 아이콘을 클릭해 추가된 프로퍼티를 삭제할 수 있습니다.

CHAPTER

04

실습

메인 컴포넌트의 묶음, 배리언츠 활용하기

배리언츠는 메인 컴포넌트들로 이루어진 컴포넌트 세트로, 각각의 컴포넌트에 프로퍼티(Property)를 설정해 컴포넌트의 관리 및 활용을 손쉽게 만들어주는 역할을 합니다.

여기서 프로퍼티란 컴포넌트 상태를 구분할 수 있도록 임의로 지정하는 상태값을 말합니다. 예를 들어, 버튼 컴포넌트를 높이에 따라 S, M, L 등으로 나누거나 색상에 따라 빨강, 파랑, 초록 등으로 나눈다고 가정할 때 '크기'와 '컬러'처럼 컴포넌트 상태를 정의할 수 있는 개념을 프로퍼티라고 합니다.

간단한 예제를 통해 배리언츠와 프로퍼티에 대해서 알아보겠습니다.

❶ 배리언츠 생성 및 준비하기 • • •

01 배리언츠를 설정하기 위해 ❶ 프레임 단축키 F 를 누르고 ❷ 100×100 크기의 프레임을 생성한 다음 Alt 를 누른 채 드래그해 총 3개의 프레임을 만듭니다. ❸ 각각의 색상을 'FF5555', '5588FF', 'FFBB55'로 설정합니다.

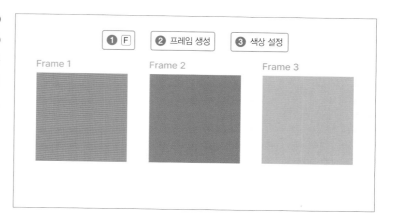

02 ❶ 3개의 프레임을 드래그해 모두 선택하고 ❷ Alt 를 누른 채 아래쪽으로 드래그하여 복제해서 총 9개 프레임을 만듭니다.

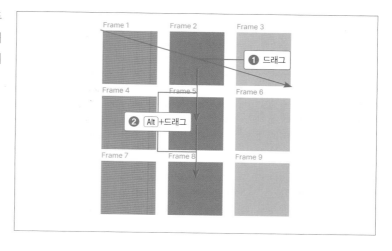

03 복제한 프레임들의 특성을 각각 다르게 설정하기 위해 ❶ 두 번째 행의 프레임들을 모두 선택하고 ❷ Corner radius를 '24'로 설정합니다.

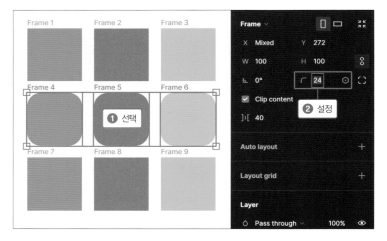

04 ❶ 마지막 세 번째 행의 프레임들을 선택하고 ❷ Corner radius 를 '50'으로 설정합니다.

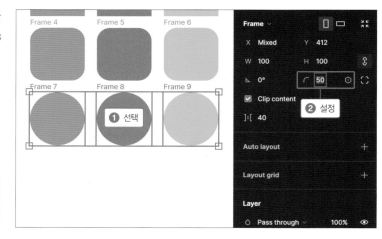

TIP ◁┊
이처럼 사각형의 코너 둥글기를 도형 크기의 절반 이상으로 설정하면 원형을 표현할 수 있습니다.

❷ 배리언츠 만들기 • • •

01 배리언츠는 두 가지 방법으로 설정할 수 있습니다.
❶ 9개의 프레임을 모두 선택하고 ❷ 툴바 가운데에 있는 'Create component' 아이콘(✣) 옆 확장 아이콘을 클릭한 다음 ❸ 'Create multiple components'를 선택하여 9개의 프레임을 각각 컴포넌트로 만듭니다.

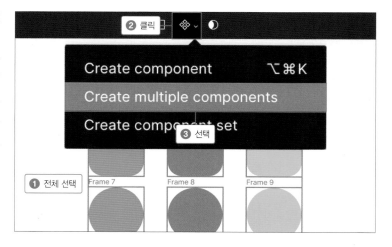

180

(02) 9개의 메인 컴포넌트가 생성되면 나타나는 오른쪽 Components 패널에서 〈Combine as variants〉 버튼을 클릭하면 메인 컴포넌트들을 배리언츠로 만들 수 있습니다.

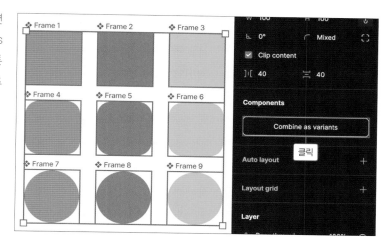

(03) 처음부터 한 번에 배리언츠를 설정할 수도 있습니다.

❶ 실행 취소 단축키인 Ctrl+Z를 두 번 눌러 컴포넌트 생성 전 단계로 돌아가고 ❷ 프레임이 모두 선택된 상태에서 툴 바 가운데에 있는 'Create component' 아이콘(❖) 옆 확장 아이콘을 클릭한 다음 ❸ 'Create component set'를 선택합니다.

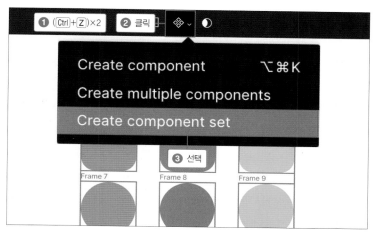

TIP

이미 만들어진 컴포넌트들을 배리언츠로 묶을 때는 'Combine as variants'를 선택해 배리언츠를 생성합니다. 설계 단계에서부터 배리언츠로 만드는 것이 고려되어 있다면 'Create component set'를 선택해 한 번에 배리언츠로 만들 수 있습니다.

(04) ❶ Ctrl+R을 누르고 ❷ 배리언츠 프레임 이름을 '배리언츠 예제'로 변경합니다.

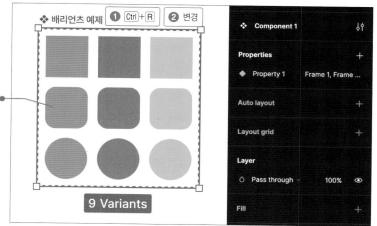

배리언츠가 생성되면 메인 컴포넌트들이 보라색 점선의 배리언츠 프레임으로 감싸집니다.

TIP

보라색 점선으로 표시되는 배리언츠 프레임은 일반 프레임과 같은 성질을 가지며, 크기를 조정하거나 오토 레이아웃을 생성할 수도 있습니다.

05 완성된 배리언츠 안에서 가장 왼쪽 상단에 있는 컴포넌트를 Alt 를 누른 채 배리언츠 밖으로 드래그하여 복제합니다.

TIP
이때 복제된 컴포넌트가 '메인 컴포넌트'가 아닌 '인스턴스 컴포넌트'인지 정확히 확인합니다.

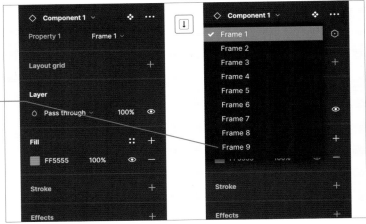

06 ↓를 눌러 목록을 열면 배리언츠 내부의 프레임들을 확인할 수 있습니다.

아직 프로퍼티를 설정하지 않았기 때문에 'Frame +숫자'로 표기되었습니다.

TIP
배리언츠 밖으로 복제된 인스턴스 컴포넌트를 선택한 상태에서 오른쪽 사이드 바의 Component 패널을 살펴보면 프로퍼티 항목을 확인할 수 있습니다.

07 목록 안에서 원하는 항목을 선택하면 컴포넌트를 다른 컴포넌트로 변경할 수 있습니다.

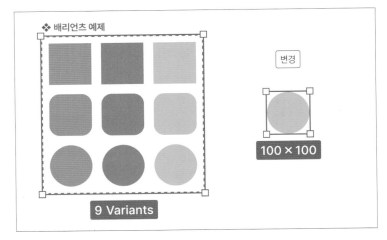

❸ 프로퍼티 설정하기 • • •

01 지금은 항목들이 'Frame+숫자'로 되어 있어 구분이 어렵기 때문에 원하는 컴포넌트를 불러올 수 있도록 프로퍼티를 설정하겠습니다.

배리언츠 내부에 있는 9개의 도형은 색상과 Corner radius로 구분할 수 있습니다. 색상은 각각 'Red', 'Blue', 'Yellow'이며, Corner radius는 각각 '0', '24', '50'으로 정의합니다.

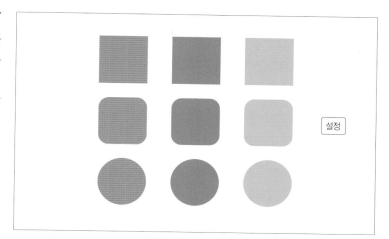

02 가장 먼저 색상 프로퍼티를 설정하겠습니다.

❶ 배리언츠 프레임을 선택한 상태에서 Properties의 'Property 1'이라고 되어 있는 기본 프로퍼티를 더블클릭하고 ❷ 'Color'를 입력합니다.

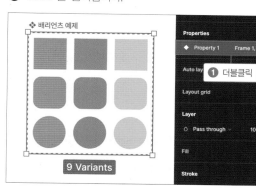
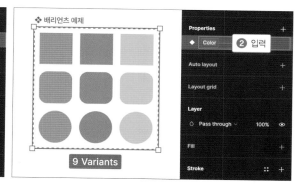

03 ❶ Shift를 누른 채 클릭해 빨간색 컴포넌트들을 모두 선택합니다.

❷ Current variant 패널에서 Color 프로퍼티의 'Mixed'를 선택한 다음 'red'를 입력합니다.

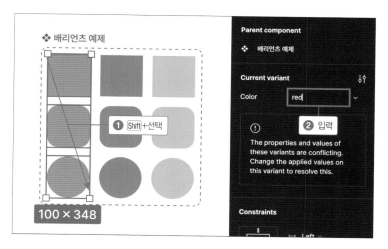

04 ❶ 파란색 항목들도 모두 선택한 다음 ❷ Color를 'blue'로 변경합니다.

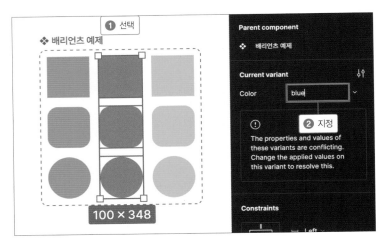

05 마지막으로 ❶ 맨 오른쪽의 노란색 항목들도 모두 선택한 다음 ❷ Color를 'yellow'로 변경합니다.

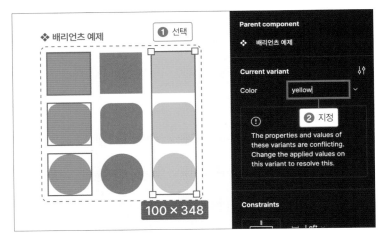

06 Color 프로퍼티 설정을 모두 마치면 다시 이전에 복사해 둔 인스턴스 컴포넌트를 선택합니다. Component 패널을 확인하면 Color 프로퍼티 안에서 red, blue, yellow 값을 확인할 수 있습니다.

TIP ◁
여기서 Color를 '프로퍼티 이름', red/blue/yellow에 해당하는 부분을 '프로퍼티 밸류(Value)'라고 합니다.

07 색상으로는 9개의 컴포넌트를 모두 구분할 수 없기 때문에 오류가 나타납니다.

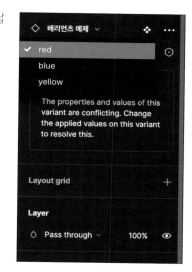

08 모든 컴포넌트를 논리적으로 구분할 수 있도록 프로퍼티를 하나 더 추가하겠습니다.

❶ 보라색 점선으로 표시된 배리언츠 프레임을 선택한 다음 ❷ 오른쪽 사이드 바에서 Properties 패널의 '+' 아이콘을 클릭하고 ❸ 'Variant'를 선택합니다.

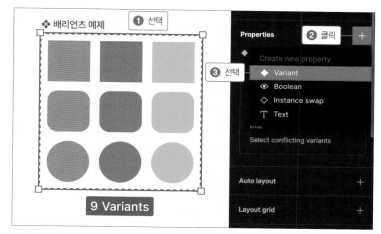

09 프로퍼티 생성을 위한 [Create component porperty] 대화 상자가 표시되면 코너의 둥글기에 따라 컴포넌트를 구분할 수 있도록 ❶ Name에 'Radius', Value에 '0'을 입력하고 ❷ 〈Create property〉 버튼을 클릭합니다.

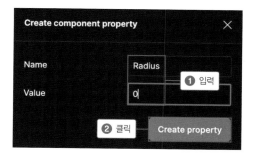

10 배리언츠에 새로운 프로퍼티가 추가된 것을 확인할 수 있습니다.

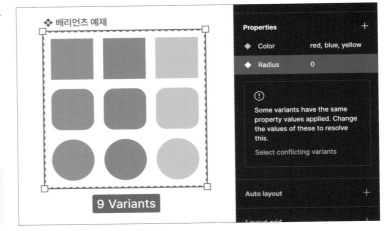

11 ❶ 두 번째 행을 모두 선택하고 ❷ Radius를 '24'로 설정합니다.

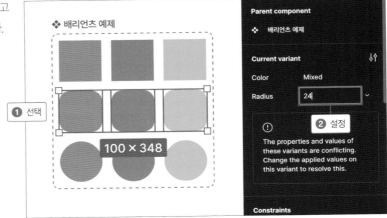

12 마지막으로 ❶ 세 번째 행을 모두 선택한 다음 ❷ Radius를 'Max'로 지정합니다.

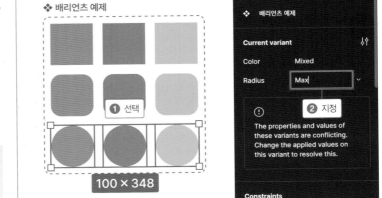

(13) 이렇게 9개의 컴포넌트를 'Color'와 'Radius'라는 두 가지 프로퍼티로 구분했습니다.

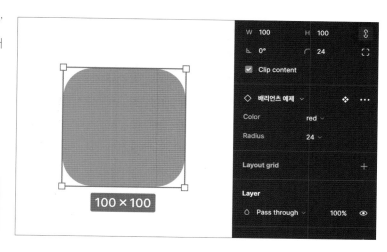

TIP ◁͡⇦

인스턴스 컴포넌트를 선택한 다음 Component 패널의 프로퍼티를 변경하여 원하는 컴포넌트를 직관적으로 불러올 수 있습니다.

❹ 프로퍼티와 밸류 순서 변경하기 • • •

(01) ❶ 배리언츠 프레임을 선택한 다음 오른쪽 ❷ Properties 패널에서 각 프로퍼티 항목을 드래그하여 Component 패널에 나타나는 프로퍼티 순서를 변경할 수 있습니다.

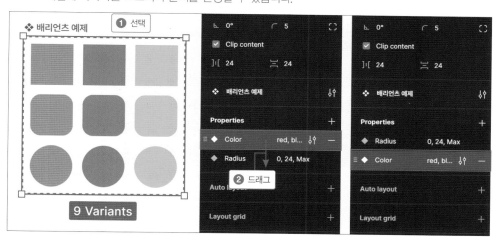

(02) 프로퍼티 밸류의 순서를 변경하기 위해 Properties 패널의 밸류 부분에 마우스 커서를 가져간 다음 표시된 'Edit property' 아이콘(↓↑)을 클릭합니다.

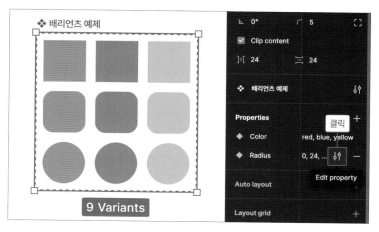

03 [Edit variant proerty] 대화상자에서 프로퍼티 이름이나 밸류를 수정할 수 있습니다. 밸류 항목의 왼쪽 부근에서 드래그하면 밸류의 위치를 수정할 수 있습니다.

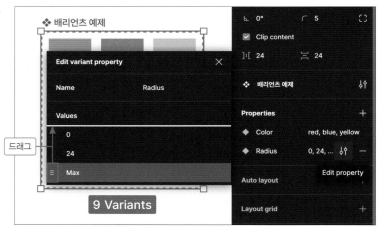

04 인스턴스 컴포넌트의 프로퍼티 항목을 보면 밸류 위치가 바뀐 것을 확인할 수 있습니다.

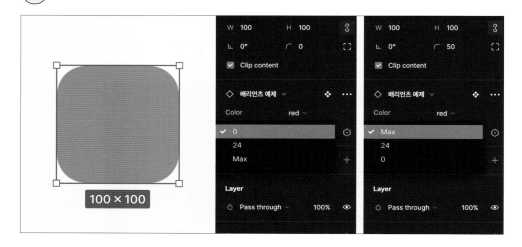

❺ 프로퍼티 삭제하기 ● ● ●

01 ❶ 배리언츠 프레임을 선택하면 나타나는 오른쪽 ❷ Properties 패널에서 프로퍼티 항목의 오른쪽 끝에 나타나는 '─(Delete property)' 아이콘을 클릭하면 프로퍼티를 삭제할 수 있습니다.

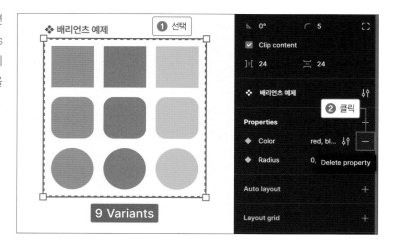

❻ 배리언츠 해제하기 ● ● ●

(01) 배리언츠를 해제하려면 내부 컴포넌트를 배리언츠 프레임 밖으로 이동해야 합니다. ❶ 배리언츠 프레임을 선택하고 ❷ [Enter]를 눌러 내부 컴포넌트를 모두 선택한 다음 ❸ 드래그하여 프레임 밖으로 이동합니다.

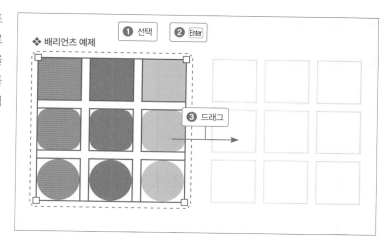

(02) 모든 메인 컴포넌트가 배리언츠 프레임 밖으로 이동하면 배리언츠 프레임은 자동으로 삭제됩니다.

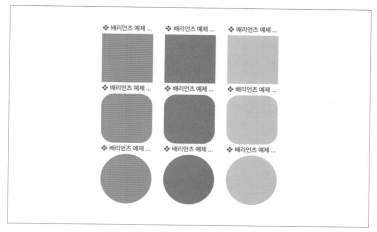

TIP ⟵

배리언츠를 해제하면 나타나는 컴포넌트들의 이름이 '배리언츠 예제/blue/24'처럼 /를 통해 구분된 것을 확인할 수 있습니다. 이는 배리언츠 프로퍼티에 대한 밸류 값이 남아있는 부분으로 배리언츠 프레임 이름 / 첫번째 프로퍼티의 밸류 값 / 두번째 프로퍼티의 밸류 값... 순으로 구성되어 있습니다. 그러므로 해당 컴포넌트들을 다시 배리언츠로 묶어도 프로퍼티의 밸류 값들은 살아있습니다.

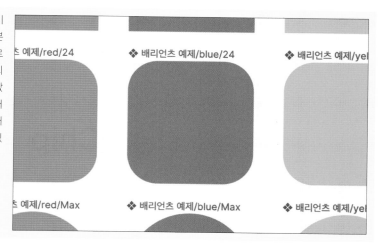

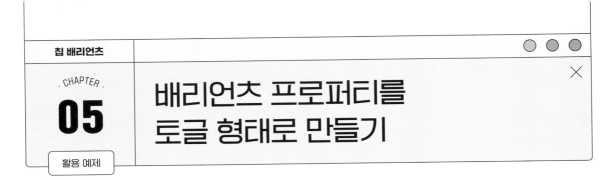

배리언츠 프로퍼티를 토글 형태로 만들기

칩(Chip)은 사용자가 정보 입력, 선택, 내용 필터링 등에 사용할 수 있는 디자인 컴포넌트입니다. 칩 배리언츠를 예시로 프로퍼티를 통해 '선택됨'과 '선택되지 않음'처럼 두 가지 상태를 손쉽게 제어하는 방법에 대해서 알아보겠습니다.

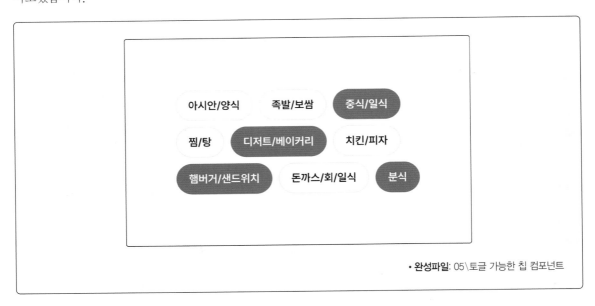

• **완성파일**: 05\토글 가능한 칩 컴포넌트

❶ 칩(Chip) 배리언츠 만들기 • • •

01 ❶ 텍스트 도구(T)를 선택하고 ❷ 캔버스를 클릭한 다음 'Chip'을 입력합니다. ❸ Text 패널에서 텍스트를 다음과 같이 설정합니다.

폰트: Pretendard
폰트 스타일: Medium
글자 크기: 14
행간: 24

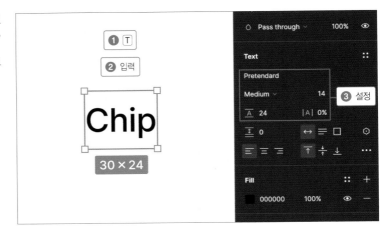

02 ❶ Shift+A를 눌러 오토 레이아웃을 생성합니다. ❷ Fill과 Stroke 패널에서 '+' 아이콘을 클릭하여 색상을 추가하고 각각 'FFFFFF', 'DEDEDE'로 설정합니다. ❸ Ctrl+R을 누르고 프레임 이름을 'Chips'로 변경합니다.

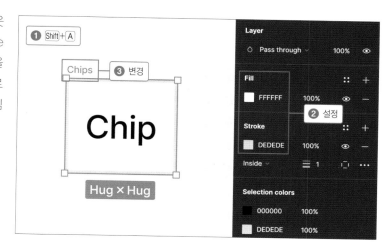

03 Auto layout 패널의 ❶ Horizontal padding을 '16'으로 설정한 다음 ❷ 정렬을 '가운데'로 지정하고 ❸ Corner radius를 '20' 이상으로 변경해 칩을 둥글게 만듭니다. 칩 컴포넌트의 기본형이 완성되었습니다.

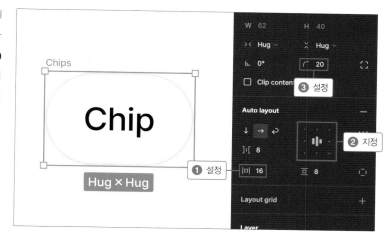

04 ❶ Alt를 누른 채 'Chips' 프레임을 아래쪽으로 드래그하여 복제합니다. ❷ 복제한 프레임 색상을 '5162F8', 텍스트 색상을 'FFFFFF'로 변경해 칩이 선택된 상태를 만듭니다.

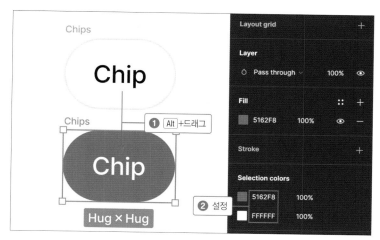

05 ❶ 두 프레임을 모두 선택한 상태에서 툴 바 가운데의 ❷ 'Create component' 아이콘(⊞) 옆 확장 아이콘을 클릭한 다음 ❸ 'Create component set'를 선택해 Chips 배리언츠를 생성합니다.

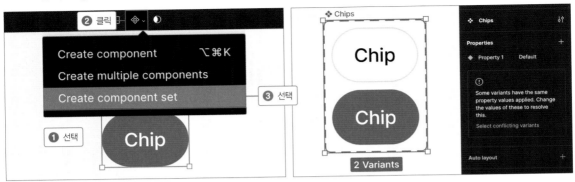

06 배리언츠 프레임을 선택한 상태에서 Properties 패널에 생성된 기본 프로퍼티 'Property 1'를 더블클릭하고 'Selected'로 변경합니다.

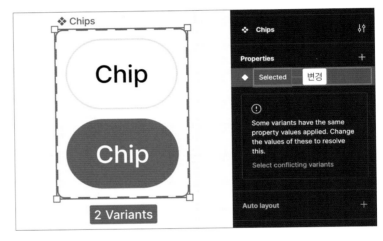

07 ❶ 첫 번째 기본 칩 컴포넌트를 선택한 다음 ❷ 오른쪽 사이드 바의 Current variant 패널에서 Selected의 밸류를 'false'로 지정합니다.

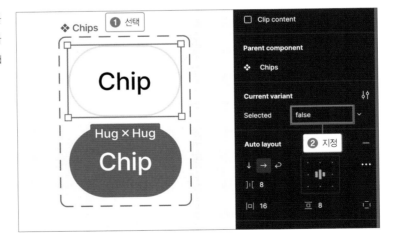

08 ❶ 두 번째 칩 컴포넌트를 선택한 다음 ❷ Selected의 밸류를 'true'로 지정합니다.

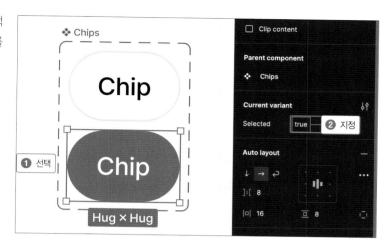

09 ❶ 'Chips' 배리언츠 안에서 첫 번째 칩 컴포넌트를 선택하고 Alt 를 누른 채 프레임 밖으로 드래그해서 복제합니다. ❷ Component 패널에서 복제한 칩 컴포넌트의 프로퍼티가 토글 형태인 것을 확인할 수 있습니다.

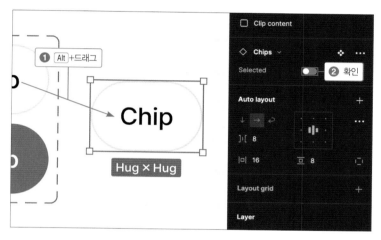

10 토글을 클릭하여 활성화하면 칩 컴포넌트가 선택된 상태로 손쉽게 변경할 수 있습니다.

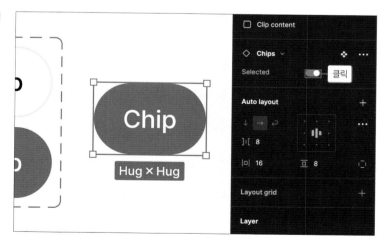

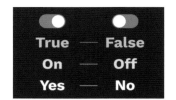

11 이렇게 두 가지 상태로 구분되는 형식의 배리언츠는 프로퍼티 밸류를 'True/False', 'On/Off', 'Yes/No'로 지정하면 프로퍼티를 토글 형태로 사용할 수 있습니다.

TIP

주로 체크박스나 라디오 버튼 배리언츠에 사용되며, 이미지나 아이콘 등 다른 디자인 요소를 숨기거나 보여줄 때도 활용할 수 있습니다.

❷ 칩을 활용한 카테고리 목록 만들기 ● ● ●

01 'Chips' 배리언츠에서 그림과 같이 인스턴스 컴포넌트를 두 개 복제합니다.

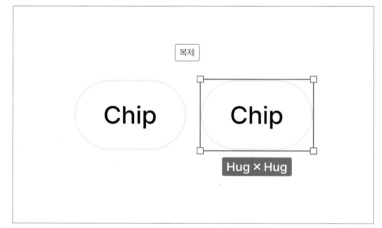

02 ❶ 컴포넌트를 모두 선택한 채 Shift + A 를 눌러 오토 레이아웃을 생성하고 ❷ 정렬에서 'Wrap' 아이콘(↵)을 클릭합니다. ❸ Ctrl + R 을 누르고 프레임 이름을 'Category'로 변경합니다.

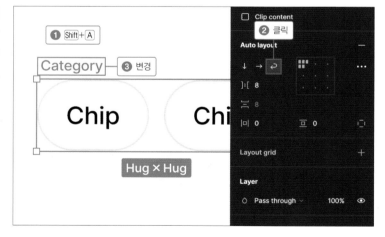

03 오토 레이아웃 안쪽의 칩 컴포넌트 하나를 선택한 다음 [Ctrl]+[D]를 7번 정도 눌러 칩을 8~9개 정도 복제하여 카테고리 목록을 늘립니다.

TIP ◁

정렬이 'Wrap'으로 지정되어 'Category' 프레임 너비를 줄이면 칩들이 자동으로 줄바꿈됩니다.

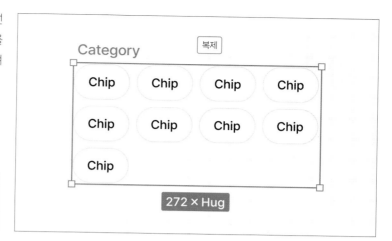

04 [Ctrl]을 누르고 칩 컴포넌트의 텍스트를 더블클릭해 내용을 자유롭게 입력합니다. 예제에서는 음식 카테고리를 활용했습니다.

05 일부 칩 컴포넌트를 선택하고 프로퍼티를 변경해 버튼이 선택된 모습을 보여주며 카테고리 목록을 완성합니다.

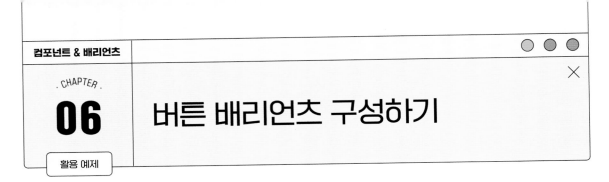

. CHAPTER .

06 | 버튼 배리언츠 구성하기

활용 예제

컴포넌트 프로퍼티와 배리언츠 프로퍼티를 활용하여 다양한 종류의 버튼이 있는 버튼 배리언츠를 구성해 보겠습니다.

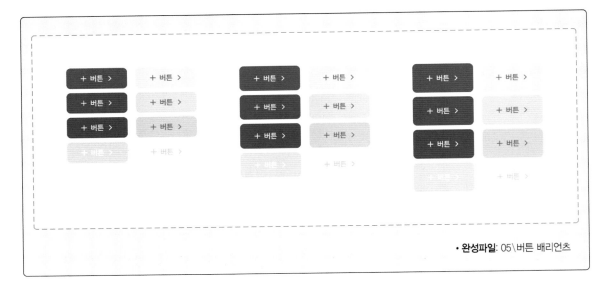

• 완성파일: 05\버튼 배리언츠

❶ 버튼 아이콘 준비하기 •••

01 먼저 버튼에 사용될 아이콘 컴포넌트를 생성하기 위해 ❶ 리소스 도구(﹇)를 선택하고 ❷ (Plugins) 탭에서 ❸ 'Feather icons'를 검색한 다음 ❹ 플러그인을 선택합니다.

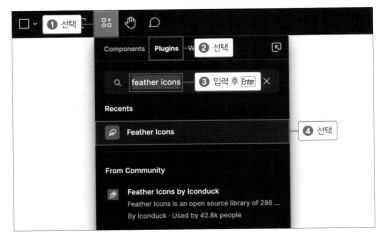

02 Feather icons 플러그인의 'minus', 'plus', 'chevron-down', 'chevron-up', 'chevron-left', 'chevron-right'의 6개 아이콘을 선택하여 불러옵니다.

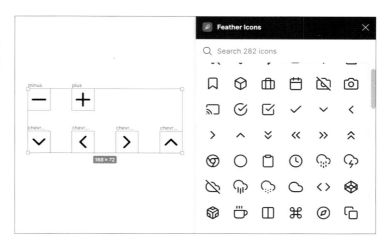

03 ❶ 'plus' 아이콘 내부의 'Vector' 레이어들을 모두 선택하고 ❷ Ctrl+E를 눌러 통합합니다. ❸ Ctrl+Shift+O를 눌러 Outline stroke를 실행하여 선을 면으로 전환합니다. ❹ Ctrl+R을 누르고 레이어 이름을 다시 'Vector'로 변경합니다.

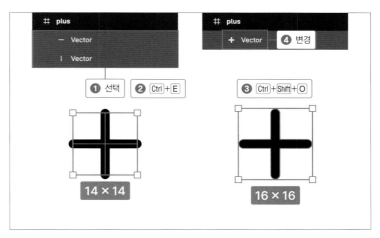

04 다른 아이콘들도 동일하게 Ctrl+Shift+O를 눌러 Outline stroke를 실행하여 선을 면으로 전환합니다. 레이어 이름도 동일하게 'Vector'로 수정합니다.

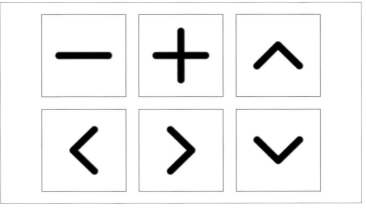

Why? 👉
아이콘의 레이어 이름을 통일하면 컴포넌트를 스왑할 때 아이콘의 변경된 색상을 유지하면서 스왑할 수 있습니다.

05 ❶ 모든 아이콘의 프레임을 선택하고 ❷ 툴 바에서 'Create component' 아이콘(❖) 옆 확장 아이콘을 클릭한 다음 ❸ 'Create multiple components'를 선택해 아이콘들을 각각 컴포넌트로 만듭니다.

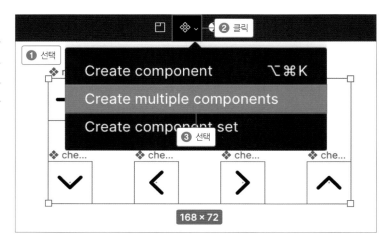

06 아이콘 컴포넌트들을 프레임(F)으로 감싼 다음 Ctrl+R을 누르고 프레임 이름을 'icon'으로 변경해 버튼에 사용될 아이콘 컴포넌트를 마무리합니다.

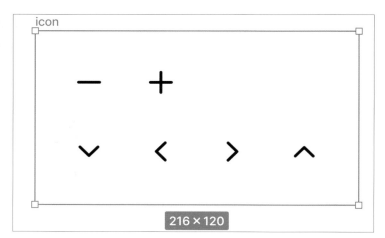

❷ 기본 버튼 만들기　　　　　　　　　　　　　　　　● ● ●

01 ❶ 텍스트 도구(T)를 선택하고 ❷ 캔버스를 클릭한 다음 '버튼'을 입력합니다. ❸ 텍스트를 다음과 같이 설정합니다.

폰트: Pretendard
폰트 스타일: Semibold
글자 크기: 14
행간: 24

02 ❶ Shift + A 를 눌러 오토 레이아웃을 생성하고 ❷ 간격을 '4', Horizontal padding을 '24', Vertical padding을 '8', 정렬을 '가운데'로 지정합니다. ❸ Ctrl + R 을 눌러 프레임 이름을 'button'으로 변경합니다.

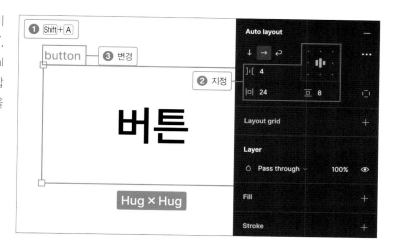

03 버튼 색상을 '622EEE', 텍스트 색상을 'FFFFFF'로 변경한 다음 Corner radius를 '8'로 설정하여 그림과 같이 둥근 사각형 버튼을 만듭니다.

04 미리 만들어 둔 'plus' 아이콘과 'chevron-right' 아이콘을 가져와 버튼 프레임 안에 배치합니다. 아이콘 크기를 24×24에서 16×16으로 줄이고 색상을 'FFFFFF'로 변경합니다.

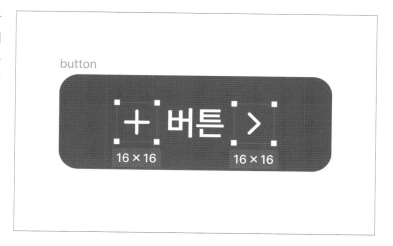

05 'button' 프레임을 선택하고
Alt 를 누른 채 드래그하여 총 4
개의 버튼을 만듭니다. 복제한 3개의 버
튼 색상을 각각 '521CE3', '4B1DC9',
'E2DDFD'로 변경해 상태를 구분합니다.

TIP ⇦

첫 번째 버튼은 기본 버튼, 두 번째 버튼은 버
튼 위에 마우스를 올린 상태, 세 번째 버튼은
클릭했을 때, 마지막 네 번째 버튼은 비활성화
상태를 나타냅니다.

06 버튼 형태를 나누기 위해 ❶ 4
개의 버튼을 모두 선택하고 ❷
Alt 를 누른 채 드래그하여 총 8개의 버튼
을 만듭니다.

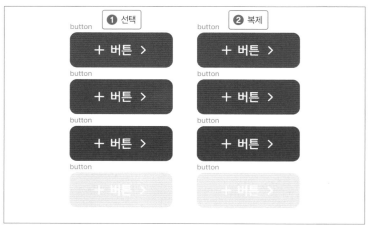

07 복제한 버튼 색상을 순서대로
'EEEEF1', 'E3E3E8', 'D7D7DF',
'F4F4F6'로 변경합니다.

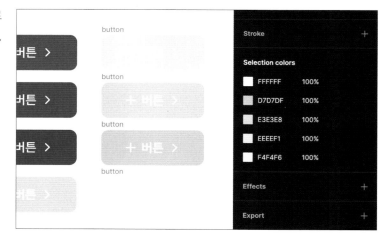

08 ❶ 새로 복제한 버튼 중 세 번째 버튼까지 선택한 다음 ❷ Selection colors 패널에서 색상을 '6B6A6F'로 설정해 아이콘과 버튼 텍스트 색상을 변경합니다.

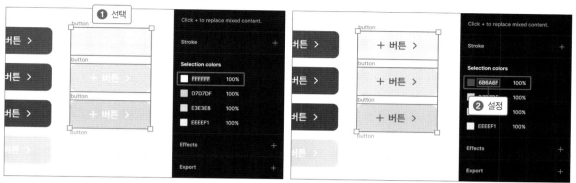

TIP

Selection colors 패널에서 색상을 변경하면 선택 영역 안에 있는 같은 색상을 한 번에 변경할 수 있습니다.

09 ❶ 마지막 버튼을 선택하고 ❷ 텍스트 색상을 'CCCBCF'로 변경하여 두 번째 버튼 그룹을 완성합니다.

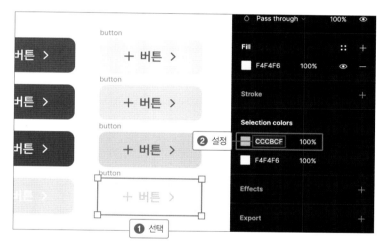

TIP

각각의 버튼이 가지고 있는 특성은 다음과 같습니다.

❶ **Primary**: 중요도가 높은 곳에서 사용하는 버튼으로, 주로 구매하거나 확인 등 긍정적인 곳에서 사용합니다.

❷ **Secondary**: Primary보다 중요도가 낮은 위치에 사용하는 버튼으로, 취소나 닫기 등에 사용합니다.

❸ **Default**: 버튼의 기본 형태입니다.

❹ **Hover**: 마우스 커서가 버튼 위에 있을 때 상태를 나타냅니다. PC 환경에서만 확인할 수 있습니다.

❺ **Active**: 버튼을 클릭하거나 탭했을 때 활성화된 상태를 나타냅니다.

❻ **Disabled**: 버튼을 클릭할 수 없는 상태를 나타냅니다.

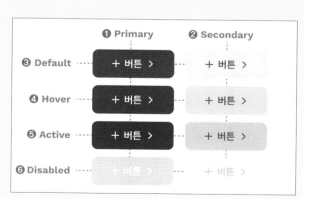

❸ 배리언츠 구성하기 ● ● ●

01 ❶ 8개의 버튼 프레임을 모두 선택한 다음 ❷ 툴 바의 'Create component' 아이콘(❖) 옆 확장 아이콘을 클릭하고 ❸ 'Create component set'를 선택하여 모든 'button' 배리언츠를 생성합니다.

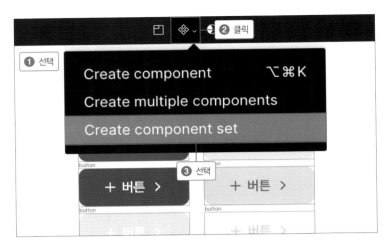

02 버튼이 배경과 잘 구분되지 않아 배리언츠 프레임을 선택하고 Fill을 'FFFFFF'로 지정해 버튼 컴포넌트의 가독성을 높입니다.

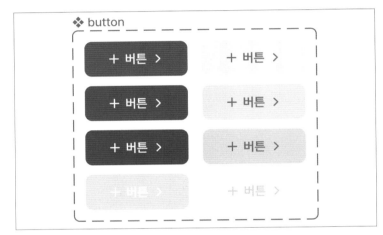

03 배리언츠 내부 컴포넌트들을 구분하기 위해 배리언츠 프로퍼티를 추가하겠습니다.
❶ 'button' 배리언츠 프레임을 선택한 상태에서 ❷ Properties 패널의 기본 프로퍼티 이름을 더블클릭하고 'Type'으로 변경합니다.

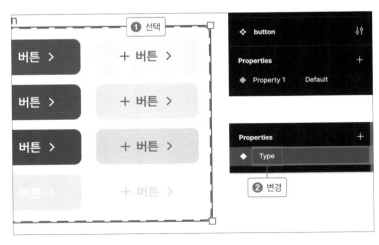

04 ❶ Properties 패널의 '+' 아이콘을 클릭한 다음 ❷ 'Variant'를 선택해 새로운 배리언트 프로퍼티를 추가합니다.

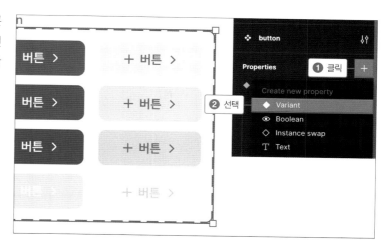

05 [Create component property] 대화상자가 표시되면 ❶ Name에 'State'를 입력하고 ❷ 〈Create property〉 버튼을 클릭합니다.

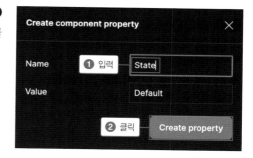

06 ❶ 왼쪽 열의 버튼 컴포넌트들을 모두 선택하고 ❷ Current variant 패널에서 Type 프로퍼티 밸류에 'primary'를 입력합니다.

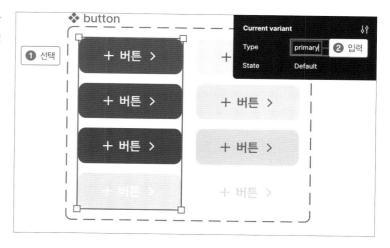

07 이번에는 ❶ 오른쪽 열의 버튼 컴포넌트들을 모두 선택한 다음 ❷ Current variant 패널에서 Type 프로퍼티의 밸류를 'secondary'로 지정하고 Type 설정을 마무리합니다.

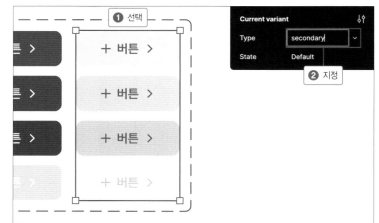

08 State 프로퍼티 밸류를 정리하겠습니다.
❶ 첫 번째 행의 버튼을 그림과 같이 선택하고 ❷ State 프로퍼티의 밸류를 'default'로 지정합니다.

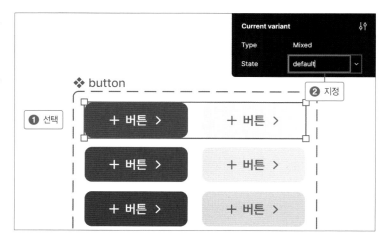

09 ❶ 두 번째 행의 버튼들을 선택하고 ❷ State 프로퍼티의 밸류를 'hover'로 지정합니다.

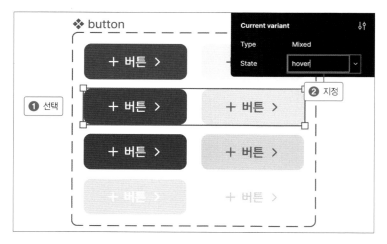

10 같은 방법으로 ❶ 세 번째 행의 버튼을 선택하고 ❷ State를 'active'로 지정합니다.

❸ 네 번째 행의 버튼을 선택하고 ❹ State를 'disabled'로 지정하여 배리언츠 프로퍼티 설정을 마무리합니다.

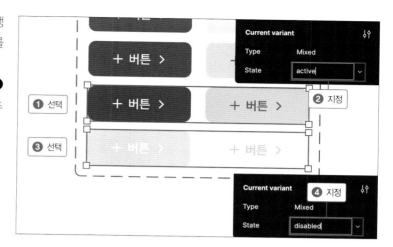

11 ❶ 'button' 배리언츠 내부의 버튼 하나를 선택하고 [Alt]를 누른 채 드래그하여 인스턴스 컴포넌트를 가져옵니다. ❷ Component 패널에서 프로퍼티를 클릭하여 ❸ 올바르게 작동되는지 확인합니다.

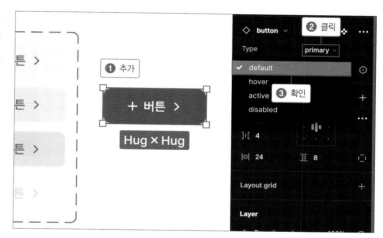

❹ 왼쪽 아이콘 프로퍼티 추가하기 •••

01 버튼 안에 있는 아이콘을 손쉽게 제어하기 위해 컴포넌트 프로퍼티를 추가하겠습니다.

❶ 배리언츠 컴포넌트 안에 있는 'plus' 아이콘을 선택하고 ❷ 아래쪽에 나타나는 'Select matching layer' 아이콘(◈)을 클릭합니다.

TIP ⬦

'Select matching layer' 아이콘(◈)을 클릭하면 배리언츠 내부에서 같은 오브젝트를 한 번에 선택할 수 있습니다.

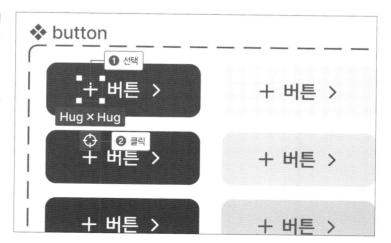

02 배리언츠 안에 있는 'plus' 아이콘이 모두 선택된 상태에서 Layer 패널의 'Create boolean property' 아이콘(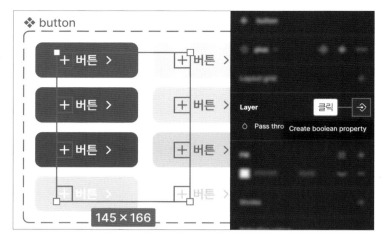)을 클릭합니다.

03 [Create component property] 대화상자가 표시되면 ❶ Name에 'Show left icon'을 입력한 다음 ❷ ⟨Create property⟩ 버튼을 클릭해 불리언 프로퍼티를 추가합니다.

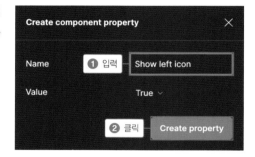

04 'plus' 아이콘이 선택된 상태에서 이번에는 Component 패널의 'Create instance swap property' 아이콘(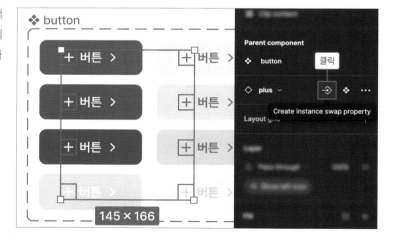)을 클릭합니다.

05 [Create component property] 대화상자에서 ❶ Name에 'Left icon'을 입력하고 ❷ Preferred values 의 '+' 아이콘을 클릭합니다.

Nested instances에서 ❸ 'minus' 아이콘을 체크 표시해 Preferred values 목록에 추가합니다. ❹ ⟨Create property⟩ 버튼을 클릭하여 인스턴스 스왑 프로퍼티를 생성합니다.

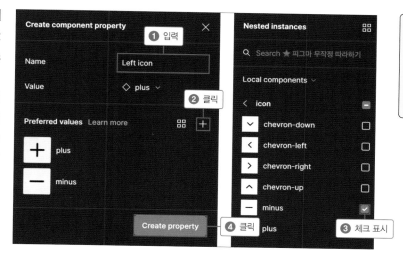

❺ 오른쪽 아이콘 프로퍼티 추가하기 • • •

01 이번에는 ❶ 오른쪽 'chevron-right' 아이콘을 선택하고 ❷ 아래쪽에 나타나는 'Select matching layer' 아이콘(⊕)을 클릭합니다.

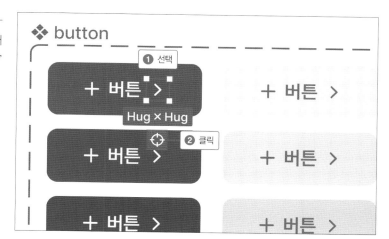

02 배리언츠의 'chevron-right' 아이콘이 모두 선택된 상태에서 ❶ Layer 패널의 'Create boolean property' 아이콘(⇥)을 클릭한 다음 ❷ 'Create property'를 선택합니다.

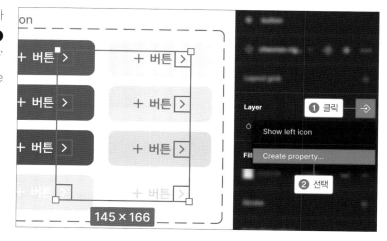

(03) [Create component property] 대화상자가 표시되면 ❶ Name에 'Show right icon'을 입력하고 ❷ ⟨Create property⟩ 버튼을 클릭해 불리언 프로퍼티를 생성합니다.

(04) 'chevron-right' 아이콘이 선택된 채 ❶ Component 패널의 'Create instance swap property' 아이콘(⇥)을 클릭하고 ❷ 'Create property'를 선택합니다.

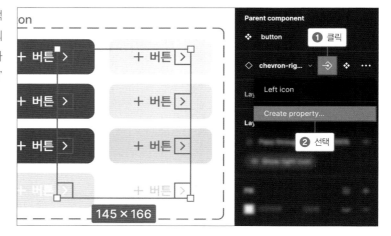

(05) [Create component property] 대화상자가 표시되면 ❶ Name에 'Right icon'을 입력하고 ❷ Preferred values에서 '+' 아이콘을 클릭합니다. Nested instances에서 ❸ 'chevron-down', 'chevron-left', 'chevron-up' 아이콘을 체크 표시해 Preferred values 목록에 추가합니다. ❹ ⟨Create property⟩ 버튼을 클릭해 인스턴스 스왑 프로퍼티를 생성합니다.

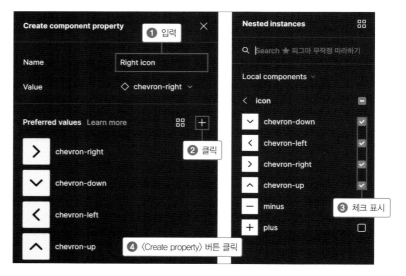

❻ 텍스트 프로퍼티 추가하기 · · ·

(01) 버튼 라벨을 변경할 수 있도록 텍스트 프로퍼티를 추가하겠습니다. ❶ '버튼' 텍스트를 선택하고 ❷ 아래쪽에 나타나는 'Select matching layer' 아이콘(◎)을 클릭합니다.

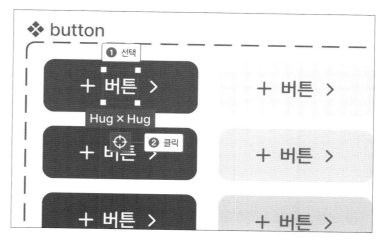

(02) 텍스트가 모두 선택되면 Text 패널에서 'Create text property' 아이콘(⬦)을 클릭합니다.

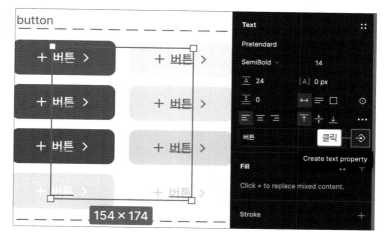

(03) [Create component property] 대화상자가 표시되면 ❶ Name에 'Label'을 입력한 다음 ❷ 〈Create porperty〉 버튼을 클릭하여 텍스트 프로퍼티를 생성합니다.

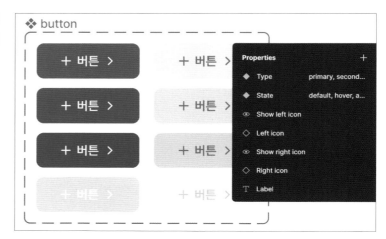

04 'button' 배리언츠 프레임을 선택
하면 총 7개의 프로퍼티가 생성된
것을 확인할 수 있습니다.

❼ 버튼 크기를 추가하여 배리언츠 확장하기 ● ● ●

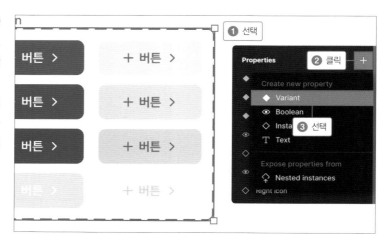

01 현재 버튼 배리언츠는 높이가 40
인 버튼들로 구성되어 있습니다.
버튼을 2개 더 추가하여 배리언츠를 확장
하겠습니다.
먼저 ❶ 'button' 배리언츠 프레임을 선
택하고 ❷ Properties 패널에서 '+' 아
이콘을 클릭한 다음 ❸ 'Variant'를 선택
합니다.

02 [Create component property] 대화상자가 표시되면
❶ Name에 'Size', Value에 'S'를 입력하고 ❷ 〈Create
property〉 버튼을 클릭하여 배리언츠 프로퍼티를 생성합니다.

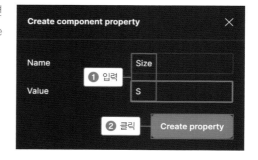

03 'button' 배리언츠 프레임을 선택한 상태에서 프레임 모서리를 드래그하여 그림과 같이 크기를 충분히 늘립니다.

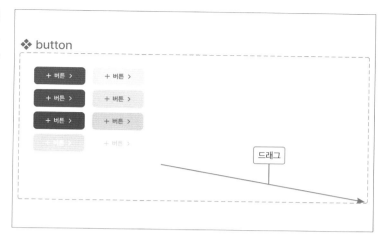

04 ① 8개의 버튼 컴포넌트들을 모두 선택하고 Alt 를 누른 채 오른쪽으로 드래그하여 복제합니다. ② Current variant 패널에서 Size를 'M'으로 지정합니다.

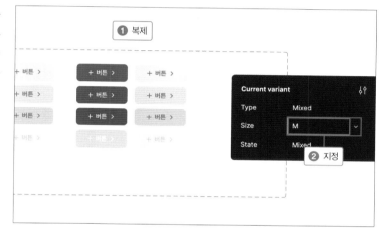

05 모든 버튼이 선택된 상태에서 Auto layout 패널의 Vertical padding을 '12'로 설정해 M 사이즈 버튼의 높이를 '48'로 설정합니다.

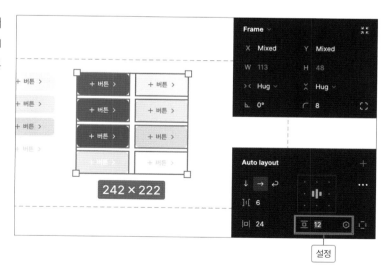

06 M 사이즈 버튼들이 모두 선택된 채 Current variant 패널에서 Size를 'L'로 지정합니다.

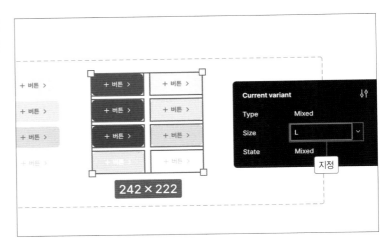

07 버튼들이 선택된 상태에서 Auto layout 패널의 Vertical padding을 '16'으로 설정하여 L 사이즈 버튼의 높이를 '56'으로 설정합니다.

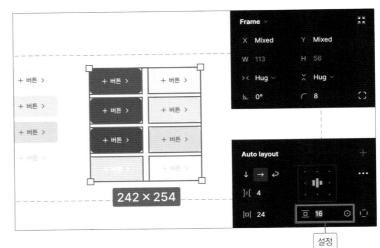

08 사이즈 프로퍼티까지 추가해 'button' 배리언츠를 마무리합니다.

09 'button' 배리언츠에서 인스턴스 컴포넌트를 복제한 다음 Property 패널에서 총 8개의 프로퍼티를 활용하여 다양한 형태와 크기, 상태의 버튼을 사용할 수 있습니다.

Why? 👆

컴포넌트 프로퍼티를 사용해 버튼 배리언츠를 구성하는 이유

예제에서 사용한 버튼 배리언츠는 두 가지 형태(primary, secondary), 4개의 상태(default, hover, active, disabled), 3개의 크기(S, M, L)를 가지므로 총 24개의 버튼 컴포넌트가 생성됩니다.

여기서 만약 컴포넌트 프로퍼티를 사용하지 않는다면, 버튼 아이콘에 대해 ❶ 아이콘이 왼쪽만 있는 경우, ❷ 아이콘이 오른쪽만 있는 경우, ❸ 아이콘이 둘 다 있는 경우, ❹ 아이콘이 없는 경우의 수를 곱해 총 96(24×4)개의 버튼 컴포넌트를 생성해야 합니다.

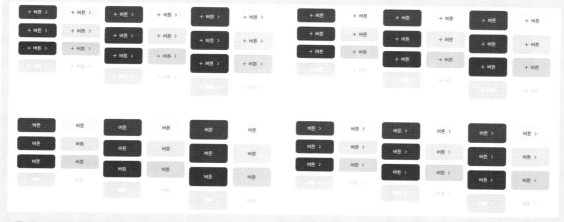

버튼 내부 요소에 대해서 컴포넌트 프로퍼티, 특히 불리언 프로퍼티를 적절히 활용한다면 배리언츠 볼륨을 크게 줄일 수 있습니다.

UI/UX

Designer

PART 6

Designer

디자인이
살아 움직이는
프로토타입 만들기

Designer

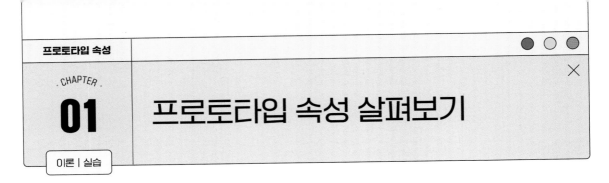

프로토타입 속성 살펴보기

디자인이 완성된 후 최종적으로 개발하기 이전에, 사용자 경험과 유저 플로우를 테스트하고 검증할 수 있는 초기 모형을 프로토타입(Prototype)이라고 합니다.

피그마에서는 디자인이 완료된 프레임을 서로 연결해 프로토타입을 제작할 수 있습니다. 프로토타입을 만들기 위해 오른쪽 사이드 바에서 [Prototype] 탭을 선택하거나, Shift+E를 눌러 프로토타입 모드로 쉽게 전환할 수 있습니다.

❶ 프레임 연결하기   • • •

프로토타입 모드에서 프레임과 프레임을 연결하여 인터랙션을 생성할 수 있습니다.

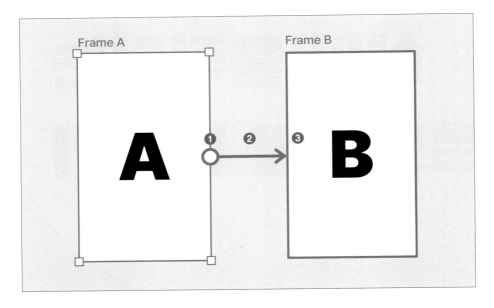

❶ **핫스팟(Hotspot):** 핫스팟은 인터랙션이 실행되는 부분으로, 동그란 조절점을 드래그하여 설정할 수 있습니다. 프레임 내부의 버튼 같은 오브젝트를 핫스팟으로 설정하거나 프레임 자체를 설정할 수도 있습니다.

❷ **연결선(Connection):** 핫스팟과 대상 지점을 연결하는 선입니다. 연결선을 선택하면 인터랙션의 세부 옵션을 조정할 수 있습니다.

❸ **대상(Destination):** 인터랙션의 목적지가 되는 프레임입니다.

01 인터랙션 옵션을 살펴보기 위해 ❶ 프레임 도구(F)를 선택하고 ❷ 오른쪽 사이드 바에서 'iPhone 14'를 선택해 390×844 크기의 프레임을 생성 합니다.

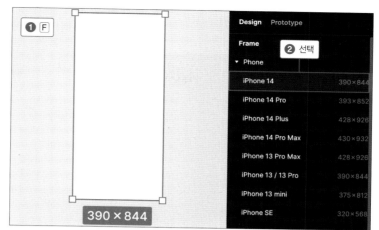

02 ❶ 같은 크기의 프레임을 하나 더 생성한 다음 Ctrl+R를 누르고 프레임 이름을 각각 'Frame A', 'Frame B'로 변경합니다.
❷ 텍스트 도구(T)를 선택하고 각 프레임 안쪽에 프레임 이름에 맞는 텍스트를 추가합니다. ❸ Shift+E를 눌러 프로토타입 모드로 전환한 다음 ❹ 'A' 프레임의 핫스팟을 클릭합니다.

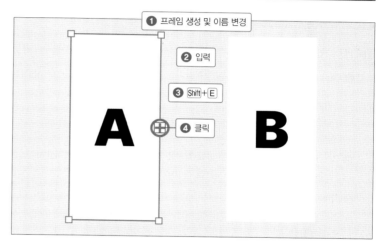

03 'A' 프레임의 핫스팟을 드래그하여 'B' 프레임과 연결합니다. 'A'와 'B' 프레임을 연결하면 인터랙션 상세 설정 모달이 열립니다.

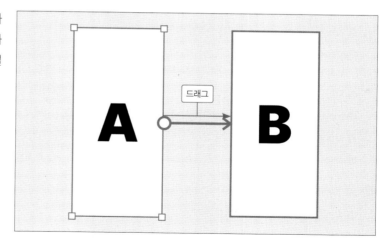

❷ 다양한 옵션 살펴보기 ・・・

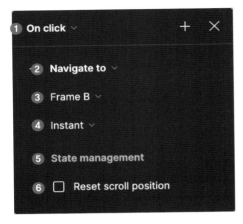

① **트리거(Trigger)**: 트리거는 인터랙션을 실행하기 위한 사용자 행동을 정의할 수 있습니다.

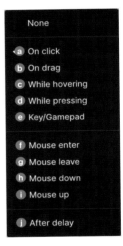

ⓐ On click / On tap: 마우스를 클릭하거나, 손가락으로 터치하면 액션이 실행됩니다.

> **TIP** ⬅
>
> [Prototype] 탭의 Device 설정에 따라 변경됩니다.

ⓑ On drag: 오브젝트를 드래그할 때 액션을 실행합니다. 화면을 스와이프하거나 당겨서 새로고침하는 등의 인터랙션을 만들 때 사용할 수 있습니다.

ⓒ While hovering: 오브젝트 위에 마우스 커서가 있을 때만 액션을 실행합니다. 주로 툴 팁이나 버튼의 상태값을 표현할 때 사용되며, 오브젝트 위에서 커서가 사라지면 액션이 사라지고 원래 상태로 되돌아갑니다.

ⓓ While pressing: 오브젝트를 길게 누르거나 터치하는 동안에만 액션을 실행합니다.

ⓔ Key/Gamepad: 지정한 키를 누르면 액션이 실행됩니다.

ⓕ Mouse enter: 마우스 커서가 지정된 오브젝트 안에 들어가는 순간 액션을 실행합니다. 'While hovering'과는 달리 마우스 커서가 사라져도 실행된 액션은 취소되지 않습니다.

ⓖ Mouse leave: 지정된 오브젝트 위에서 마우스 커서가 사라지면 인터랙션을 실행합니다.

ⓗ Mouse down / Touch down: 마우스를 처음 클릭하거나, 모바일 기기에서 화면에 손가락이 닿을 때 액션을 실행합니다.

ⓘ Mouse up / Touch up: 클릭 중이던 마우스에서 손을 떼거나, 모바일 기기에서 손가락이 떨어질 때 액션을 실행합니다.

ⓙ After delay: 일정 시간이 지나면 자동으로 인터랙션을 실행합니다. 최상위 프레임에서만 적용할 수 있습니다.

② **액션(Action)**: 사용자가 핫스팟에서 트리거를 실행했을 때 상호작용하는 방식을 지정할 수 있습니다.

ⓐ Navigate to: 대상으로 지정한 프레임으로 이동합니다.

ⓑ Change to: 지정한 컴포넌트와 교체합니다. 배리언츠 안에서만 설정할 수 있습니다.

ⓒ Back: 현재 프레임에 도달하기 이전의 프레임으로 이동합니다.

ⓓ Set variable: 변수를 설정합니다.

ⓔ Conditional: if / else 조건문을 사용하여 액션이 실행되기 전 조건이 충족되는지 확인합니다.

f Scroll to: 프레임 내에 지정된 <u>오브젝트</u>로 스크롤합니다.

g Open link: 외부 URL을 엽니다.

h Open overlay: 현재 프레임 위로 지정한 프레임을 띄웁니다.

i Swap overlay: 열려있는 오버레이를 다른 오버레이와 교체합니다.

j Close overlay: 오버레이를 닫습니다.

❸ **대상(Destination):** 인터랙션이 끝나는 지점입니다.

❹ **애니메이션(Animation):** 인터랙션이 실행되는 움직임을 설정할 수 있습니다.

a Instant: 인터랙션이 즉시 실행됩니다.

b Dissolve: 프레임이 서로 교차되며 서서히 전환됩니다.

c Smart animate: 같은 이름을 가지고 있는 오브젝트의 속성 변경 내용을 인식하고, 움직임을 선형으로 표현합니다.

d Move in / out: 기존 프레임 위로 대상 프레임을 밀어 넣거나 밀어냅니다. Slide와는 달리 기존 프레임은 움직이지 않습니다.

e Push: 새로운 프레임이 기존 프레임을 밀어내며 전환됩니다. 사진 앨범 등에서 이미지를 넘겨보는 인터랙션을 만들 때 사용할 수 있습니다.

f Slide in / out: 기존 프레임 위로 대상 프레임을 밀어 넣거나 밀어냅니다. Move와는 달리 기존의 프레임을 서서히 이동합니다.

❺ **이징 및 스프링 애니메이션(Easing and spring animations):** 수학적 곡선을 통해 애니메이션이 전환되는 동안 가속이나 움직임 같은 세부 설정을 변경할 수 있습니다.

a Linear: 애니메이션이 일정한 속도로 움직입니다.

b Ease in: 천천히 시작되고 끝날 때 가속하는 애니메이션을 만듭니다. 전환이 느리게 시작되기 때문에 제품이 느리다는 인상을 줄 수 있습니다.

c Ease out: 빠르게 시작되고 천천히 끝나는 애니메이션을 만듭니다. 시각적 피드백이 빠르게 이루어지기 때문에 일반적으로 사용되는 옵션입니다.

d Ease in and out: 천천히 시작되고 중간에 속도가 빨라지며 끝날 때 다시 느려지는 애니메이션을 만듭니다.

e Ease in back: 시작할 때 키프레임을 벗어나 바운스 효과를 주며, 끝날 때 가속하는 애니메이션입니다.

f Ease out back: 빠르게 시작되고 끝날 때쯤 키프레임을 벗어나 바운스 효과를 주는 애니메이션입니다.

g Ease in and out back: 시작과 끝 모두 바운스 효과를 줄 수 있습니다.

h Custom bezier: 베지어 곡선 옵션을 수동으로 설정할 수 있습니다.

i Gentle: 기본 스프링 애니메이션입니다.

j Quick: 'Gentle'보다 약간 빠른 속도의 스프링 애니메이션입니다.

k Bouncy: 바운스 효과를 극적으로 설정할 수 있습니다.

l Slow: 스프링 애니메이션을 천천히 실행합니다.

m Custom spring: 스프링 곡선 옵션을 수동으로 설정할 수 있습니다.

❻ **State management:** 프레임 간 상호작용이 일어날 때 오브젝트의 속성을 초기화할 수 있습니다.

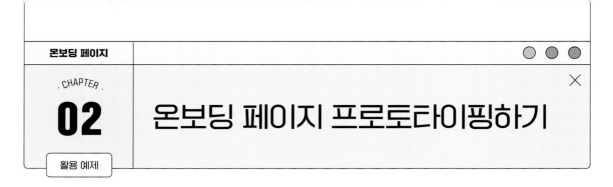

. CHAPTER .

02

활용 예제

온보딩 페이지 프로토타이핑하기

온보딩은 서비스를 처음 접하는 사용자들에게 서비스 내용을 간략하게 소개하는 페이지입니다.

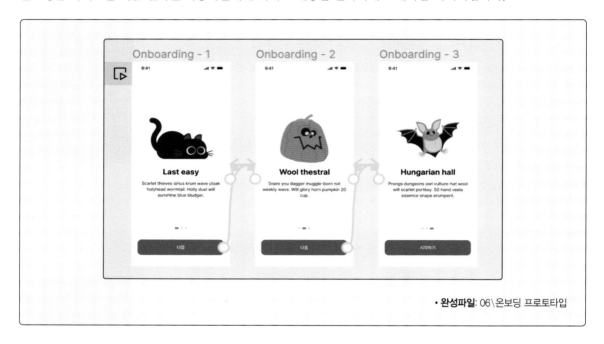

• 완성파일: 06\온보딩 프로토타입

❶ 커뮤니티에서 필요한 리소스 가져오기 ● ● ●

(01) ❶ 프레임 도구(F)를 선택하고 오른쪽 사이드 바에서 작업의 기준이 될 프레임 크기를 선택합니다. 예제에서는 'iPhone 14'를 기준으로 작업했습니다. ❷ 총 3개의 프레임을 생성한 다음 ❸ Ctrl + R 을 누르고 프레임 이름을 각각 'Onboarding − 1/2/3'으로 변경합니다.

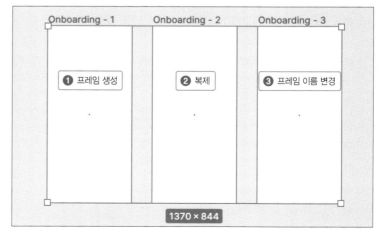

02 시간 및 배터리 정보 등을 보여주는 status-bar를 추가하기 위해 ❶ 피그마 커뮤니티로 이동한 다음 'ios toolkit'을 입력해서 검색합니다. ❷ 검색 결과 중 원하는 파일을 선택하여 엽니다. 예제에서는 'iOS 15 UI Kit for Figma' 파일의 스테이터스 바를 활용했습니다.

TIP

만약 안드로이드를 기준으로 작업한다면 'Material'을 검색하여 안드로이드 버전의 툴 킷을 활용할 수 있습니다.

TIP

스테이터스 바를 비롯하여 홈 인디케이터 같은 시스템 요소들은 디자인에 직접적으로 나타날 필요는 없지만, 더 사실적인 프로토타입을 만들기 위해 피그마 커뮤니티의 툴킷을 활용하면 효과적입니다.

03 검은색 노치 영역은 프로토타입의 디바이스 목업에서 자동으로 처리 되기 때문에 디자인에서는 지웁니다.

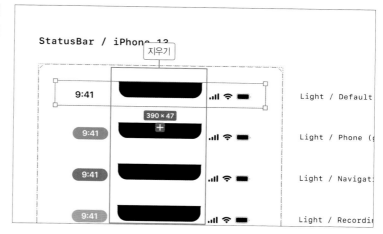

04 커뮤니티 파일에서 스테이터스 바 를 복사한 다음 모든 프레임에 붙 여넣습니다.

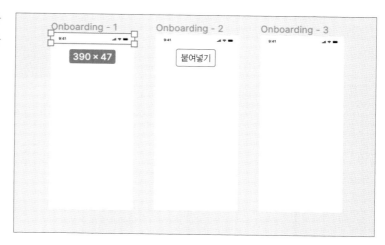

01 일러스트레이션을 추가하기 위해 ❶ 리소스 도구(Shift+I)를 선택한 다음 ❷ (Plugins) 탭에서 ❸ 'Blush'를 검색하고 ❹ 선택하여 실행합니다.

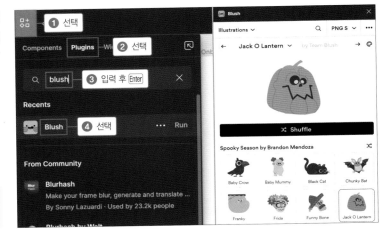

TIP ⟵
'Blush'는 다양한 일러스트레이션을 부분적으로 무료로 제공하는 플러그인입니다.

02 마음에 드는 일러스트를 탐색하고 선택한 다음 각 프레임 가운데에 배치합니다.

03 텍스트 도구(T)를 선택한 다음 모든 프레임에 서비스를 소개할 수 있는 제목(Title)과 내용(Description) 영역을 추가합니다.

Title
폰트: Pretendard
폰트 스타일: Bold
글자 크기: 32
행간: 40

Description
폰트: Pretendard
폰트 스타일: Medium
글자 크기: 18
행간: 24

04 'Description' 텍스트가 길어져도 프레임 안에 알맞게 배치되도록 ❶ 내용 영역을 선택한 다음 ❷ 리사이징을 'Auto height'로 지정하고 양 옆 마진이 24가 되도록 너비를 '342'로 설정합니다. ❸ 'Title'과 'Description' 모두 가운데 정렬하고 ❹ 'Description'은 세로 정렬을 위쪽으로 지정합니다.

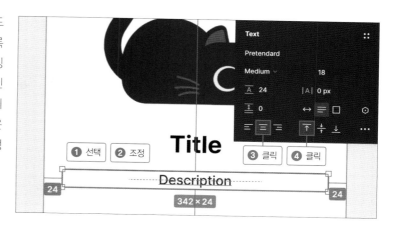

05 플러그인을 활용해 문자열을 삽입하겠습니다.
❶ 리소스 도구(Shift+I)를 선택하고 ❷ (Plugins) 탭에서 ❸ 'Lorem ipsum'을 검색한 다음 ❹ 해당 플러그인을 선택해 실행합니다.

06 ❶ 각 프레임의 Title 부분을 모두 선택하면 Lorem ipsum 플러그인이 활성화됩니다. ❷ 플러그인을 '2 Words'로 설정하고 ❸ 〈Generate〉 버튼을 클릭하여 문자열을 삽입합니다.

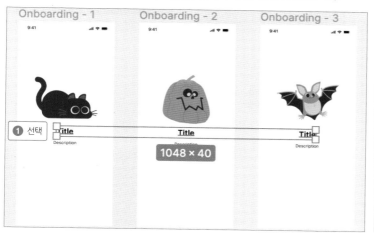

TIP

Lorem ipsum 플러그인에서 'Settings'를 선택한 다음 'Close plugin after generation text'의 체크 표시를 해제하면, 텍스트를 삽입한 다음 플러그인이 자동으로 꺼지는 것을 방지할 수 있습니다.

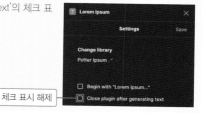

07 ❶ Description 영역을 선택한 다음 ❷ Lorem ipsum을 '1 Sentences'로 설정하고 ❸ 〈Generate〉 버튼을 클릭해 내용 부분에도 문자열을 삽입하고 마무리합니다.

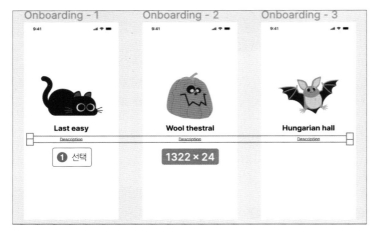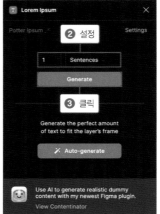

❸ 인디케이터와 버튼 컴포넌트 삽입하기 • • •

01 각 단계를 표시하는 인디케이터(Indicator)를 만들기 위해 ❶ 사각형 도구(R)를 선택한 다음 ❷ 8×8 크기의 사각형을 만들고 Corner radius를 '4'로 설정해 원형을 만듭니다. ❸ 색상을 'CACACA'로 설정한 다음 ❹ Ctrl+R을 누르고 레이어 이름을 'indicator'로 지정합니다.

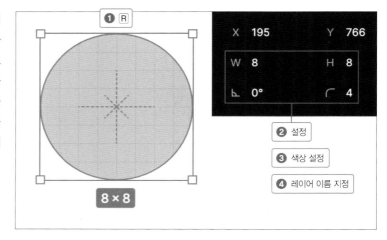

02 ❶ 'indicator'를 복제해 3개로 만들고 ❷ 모두 선택한 다음 Shift+A를 눌러 오토 레이아웃을 생성합니다. ❸ 간격을 '8'로 설정하고 ❹ Ctrl+R을 누른 후 레이어 이름을 'indicator-wrap'으로 지정합니다.

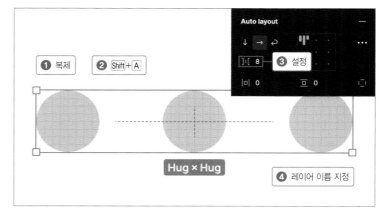

03 ❶ 첫 번째 'indicator'를 선택한 다음 ❷ 너비를 '16'으로 변경하고 ❸ 색상을 'FF2F2F'로 설정해 현재 단계를 표현합니다.

TIP 👈
방향키를 눌러 순서를 간편하게 변경할 수 있습니다.

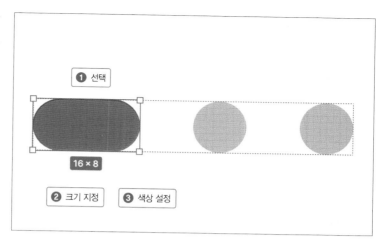

❶ 선택

16 × 8

❷ 크기 지정   ❸ 색상 설정

04 각 프레임에 'indicator-wrap'을 붙여 넣은 다음 색상이 들어간 'indicator'를 선택하고 단계에 맞도록 위치를 변경합니다.

05 [Part 4-3의 버튼 만들기] 예제를 참고하여 원하는 디자인의 버튼을 생성합니다.
예제에서는 다음과 같이 속성을 설정했습니다. Ctrl + R 을 누르고 프레임 이름을 'button'으로 지정한 다음 툴 바 가운데의 'Create component' 아이콘(❖)을 클릭해 버튼을 컴포넌트로 만듭니다.

Text
폰트: Pretendard
폰트 스타일: Semibold
글자 크기: 18
행간: 24
텍스트 색상: FFFFFF

오토 레이아웃
Horizontal padding: 24
Vertical padding: 20
프레임 색상: 1465FE
너비: 342px

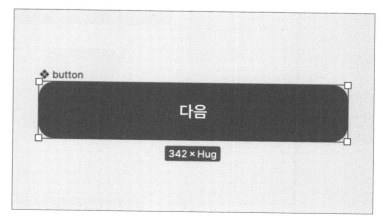

❖ button

다음

342 × Hug

06 ❶ 'button' 컴포넌트를 각 프레임에 배치하고 ❷ 'Onboading – 3' 프레임에 있는 버튼 라벨을 '시작하기'로 변경합니다.

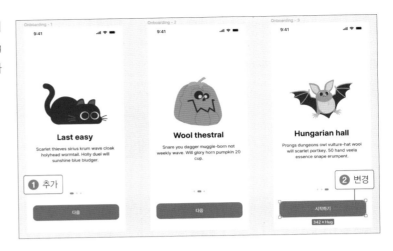

❹ 버튼을 눌러 다음 화면으로 넘어가기 ● ● ●

01 프레임을 서로 연결하고 인터랙션을 생성하기 위해 ❶ Shift+E 를 눌러 프로토타입 모드로 전환합니다. ❷ 빈 캔버스를 선택하면 오른쪽 사이드 바에서 Device를 설정할 수 있는데, 작업한 프레임과 같은 디바이스를 선택합니다.

TIP 〈〉
❶ Device: 프레젠테이션 모드에서 나타나는 디바이스 목업을 선택할 수 있습니다. 프로토타입을 제작하는 프레임 크기와 동일한 크기의 디바이스를 선택해야 합니다.
❷ Background: 프레젠테이션 모드에서 배경 색상을 지정합니다.

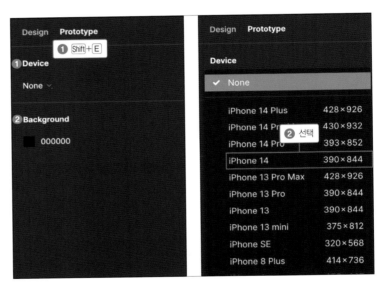

02 버튼을 클릭하면 다음 프레임으로 넘어가는 인터랙션을 설정하기 위해 'Onboarding – 1' 버튼을 선택한 다음 핫스팟을 선택하고 드래그하여 'Onboarding – 2'와 연결합니다.

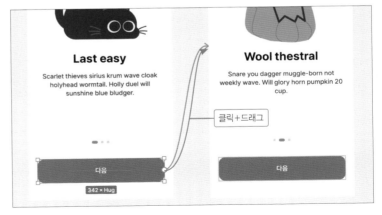

(03) 인터랙션 세부 설정 모달에서 **1** 트리거를 'On tap', **2** 애니메이션을 'Push'로 지정합니다. **3** '←' 아이콘을 클릭하여 다음 프레임이 오른쪽에서 왼쪽으로 자연스럽게 흘러가도록 설정합니다. **4** 'Animate matching layers'를 체크 표시하고 **5** 이징 옵션을 'Ease out', 시간을 '300ms'로 설정합니다.

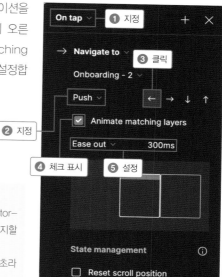

TIP ◁

애니메이션을 'Push'로 지정하면 다음 프레임이 움직이는 방향을 지정할 수 있습니다.
'Animate matching layers'를 체크 표시하면 화면이 전환될 때 'button'이나 'indicator-wrap'과 같은 디자인 요소가 매번 사라지고 다시 나타나는 불필요한 애니메이션을 방지할 수 있습니다.
여기서 300ms는 'Onboarding – 1'에서 'Onboarding – 2'로 프레임 전환 시간이 0.3초라는 것을 의미합니다.

(04) 'Onboarding – 2'에 있는 버튼을 선택하고 'Onboarding – 3'과 연결합니다. 인터랙션 세부 설정을 위와 동일하게 설정합니다.

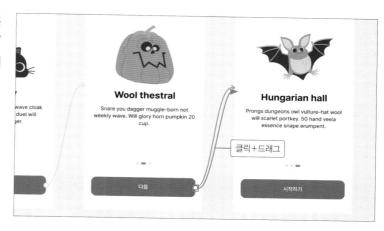

❺ 화면을 쓸어넘겨 전환하기 • • •

(01) 이번에는 화면을 쓸어넘겼을 때 페이지가 전환되는 인터랙션을 설정해 보겠습니다.
'Onboarding – 1' 프레임을 선택하고 프레임 자체에 핫스팟을 설정해 'Onboarding – 2' 프레임과 연결합니다.

02 인터랙션 세부 설정 모달이 나타나면 ❶ 트리거를 'On drag'로 변경합니다. 나머지 설정은 동일하게 ❷ 'Push'로 지정하고 ❸ '←' 아이콘을 클릭합니다. ❹ 'Animate matching layers'에 체크 표시한 다음 ❺ 'Ease out – 300ms'을 유지합니다.

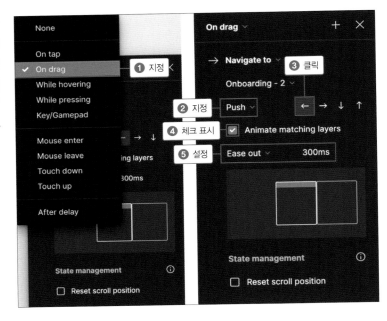

03 이번에는 'Onbarding – 2' 프레임을 선택하고 'Onboarding – 3' 프레임과 연결합니다. 마찬가지로 트리거를 'On drag'로 지정하고 나머지 옵션은 동일하게 유지합니다.

04 ❶ 'Onboarding – 1' 프레임을 선택한 다음 ❷ 오른쪽 사이드 바에서 Flow starting point의 플로우 이름을 'Onboarding'으로 변경합니다. ❸ 프레임이 선택된 상태에서 Shift + Spacebar 를 누르면 미리 보기가 실행됩니다.

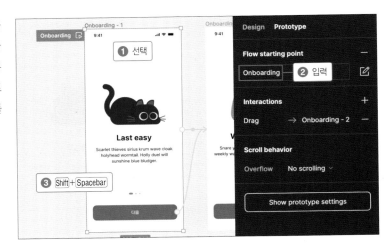

05 [Preview] 창에서 지금까지 작업한 프로토타입을 테스트할 수 있습니다. 〈다음〉 버튼을 클릭하여 페이지를 이동하거나 마우스를 오른쪽에서 왼쪽으로 드래그해 페이지를 전환할 수 있는지 확인합니다.

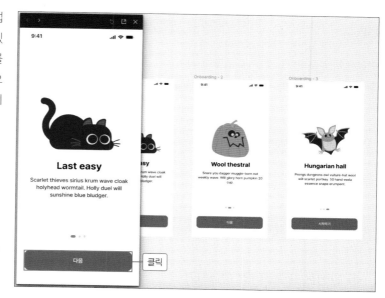

TIP 🖢

프로토타입 실행 중 ⓡ을 누르면 프로토타입의 첫 화면으로 돌아갈 수 있습니다.

06 이번에는 드래그 방향을 바꿔 왼쪽에서 오른쪽으로 드래그했을 때 이전 페이지로 전환되는 인터랙션을 만들어 봅니다.
'Onboarding - 3'에서 핫스팟을 드래그해 'Onboarding - 2'와 연결합니다.

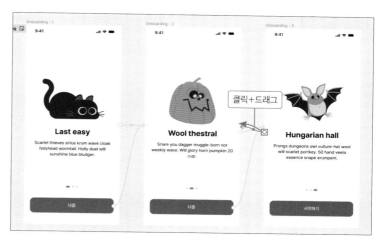

07 ❶ 트리거를 'On drag'로 지정하고 ❷ 애니메이션을 'Push'로 지정합니다. ❸ '→' 아이콘을 클릭한 다음 나머지 옵션은 그대로 이전과 동일하게 유지합니다.

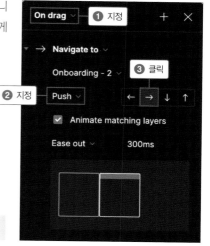

Why? 🖢

페이지 전환 방향을 반대로 지정해야 하기 때문에 화살표 방향만 오른쪽으로 지정합니다.

08 'Onboarding – 2'에서 핫스팟을 드래그하여 'Onboarding – 1'과 연결한 다음 트리거를 'On drag'로 지정합니다. 나머지 설정은 동일하게 'Push – →', 'Animate matching layers'에 체크 표시, 'Ease out – 300ms'로 설정된 것을 확인하고 인터랙션 연결을 마칩니다.

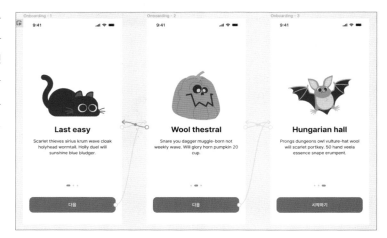

❻ 완성된 프로토타입 실행하기 ● ● ●

01 ❶ 툴 바 오른쪽 상단 'Prototype view' 아이콘 옆 확장 아이콘을 클릭하고 ❷ 'Present' 또는 'Preview'를 선택할 수 있습니다.

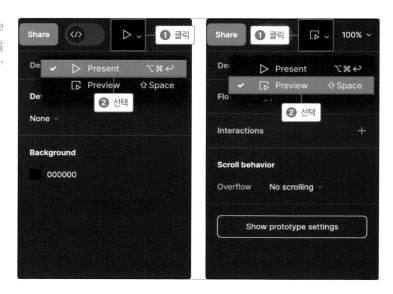

TIP

❶ Present: 새로운 탭이 열리며 프레젠테이션 뷰를 실행합니다. [Prototype] 탭에서 설정한 Device 의 목업이 나타나며 실제 기기에서 어떤식으로 보이는지 확인할 수 있습니다. 또한 오른쪽 상단의 〈Share prototype〉 버튼을 클릭해 테스트 용도로 프로토타입을 공유할 수 있습니다.

❷ Preview: 작업 중인 탭 내부에 [Preview] 창을 실행합니다. 같은 탭에서 [Preview] 창이 표시되므로 수정 내역을 빠르게 확인할 수 있습니다.

02 프레젠테이션 뷰에서 완성된 인터랙션을 테스트하고
오류사항이 없는지 확인한 다음 마무리합니다.

❼ 모바일 기기에서 프로토타입 실행하기 ・・・

01 앱스토어와 플레이스토어에서 'Figma' 앱을 검색하고 설치하면 자신의 모바일 기기로 디자인 및 프로토타입을 확인
할 수 있습니다.

02 작업한 프레임 크기와 피그마 앱을 실행하는 디바이스 크기가 다르면 디자인이 제대로 보이지 않을 수 있습니다. 예
를 들어, iPhone 14 (390×844) 해상도로 작업한 프로토타입을 안드로이드 기기 (360×800)에서 확인하면 디자인이
잘려 보입니다. 반면에 더 큰 화면을 가진 iPhone 14 Pro Max (430×932)에서 확인하면 공간이 남아 글자 크기, 간격 등을
더 정확히 확인하고 싶으면 디바이스의 1배수 해상도와 작업하는 프레임 크기를 일치시킨 후 확인하는 것을 추천드립니다.

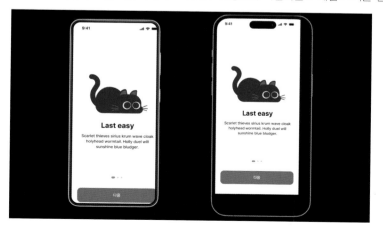

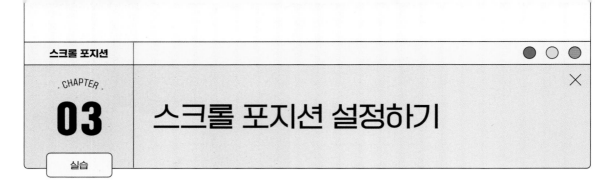

CHAPTER

03 스크롤 포지션 설정하기

실습

콘텐츠의 길이가 모바일 디바이스의 높이 값보다 길어지면 기본 프레임 크기를 벗어나는 콘텐츠들은 자동으로 스크롤됩니다. 이때 특정 오브젝트에 대한 포지션을 지정해 프로토타입에서 스크롤할 때 함께 스크롤되거나 특정 위치에 고정할 수 있습니다.

❶ 이미지가 있는 섹션 만들기 • • •

01 ❶ 프레임 도구(F)를 선택한 다음 ❷ 'iPhone 14'를 선택하여 390×844 크기의 프레임을 생성합니다. ❸ Ctrl+R을 누르고 프레임 이름을 'Position'으로 수정합니다.

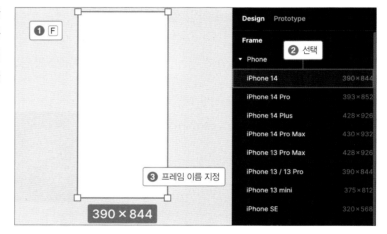

02 ❶ 390×56 크기의 프레임을 생성한 다음 색상을 'FF523A'로 지정합니다. ❷ 프레임 안쪽에 'Header'를 입력하고 색상을 'FFFFFF'로 설정합니다. ❸ Ctrl+R을 누른 다음 프레임 이름을 'header − 1'로 지정합니다.

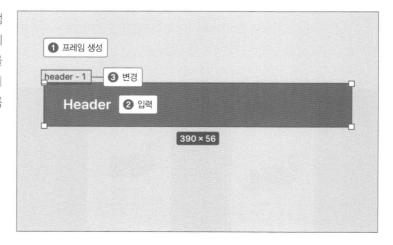

03 'header – 1'을 'Position' 프레임 위쪽에 배치합니다.

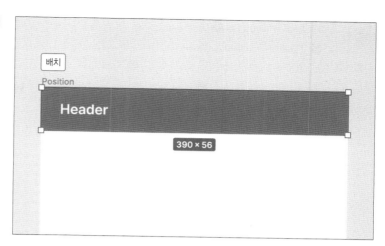

04 ① 사각형 도구(R)를 이용해 그림과 같이 342×320 크기의 사각형을 3개 만듭니다. 사각형을 모두 선택하고 Corner radius를 '24'로 설정합니다. ② Shift+A를 눌러 오토 레이아웃을 생성한 다음 ③ 간격을 '16'으로 설정합니다. ④ Ctrl+R을 누르고 프레임 이름을 'contents'로 지정합니다.

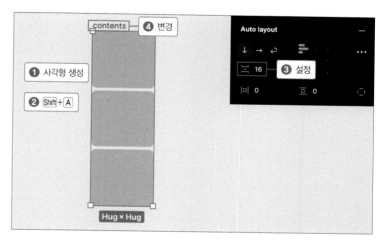

05 'Position' 프레임의 세로 길이를 늘리고 'contents'를 배치합니다.

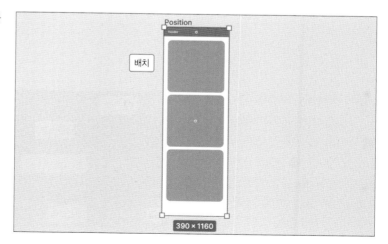

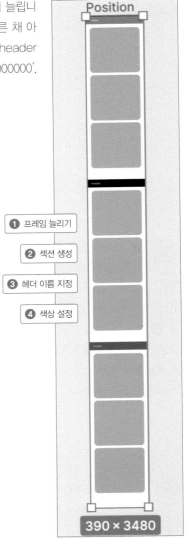

06 콘텐츠를 추가하기 위해 ❶ 계속해서 'Position' 프레임의 세로 길이를 길게 늘립니다. ❷ 'header' 프레임과 'contents' 프레임을 모두 선택한 다음 [Alt]를 누른 채 아래쪽으로 드래그해서 총 3개의 섹션을 생성합니다. ❸ 두세 번째 헤더 이름을 각각 'header – 2', 'header – 3'로 지정합니다. ❹ 자유롭게 색상을 변경합니다. 예제에서는 '000000', '4131FF'로 설정했습니다.

❶ 프레임 늘리기

❷ 섹션 생성

❸ 헤더 이름 지정

❹ 색상 설정

07 사각형에 이미지를 넣어 콘텐츠를 더욱 풍성하게 만들겠습니다.
❶ 'contents' 프레임 내부 사각형을 모두 선택합니다. ❷ 리소스 도구([Shift]+[I])를 선택하고 ❸ (Plugins) 탭에서 ❹ 'Unsplash' 플러그인을 검색한 다음 ❺ 선택하여 실행합니다.

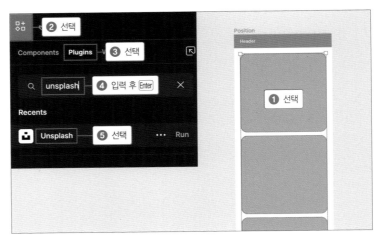

08 사각형이 모두 선택된 채 ① Unsplash 플러그인의 (Presets) 탭에서 ② 'abstract'를 선택해 사각형에 추상적인 이미지를 채웁니다. ③ 그 다음 첫 번째 header의 텍스트를 'Abstract' 로 수정합니다.

09 같은 방법으로 두세 번째 'contents' 프레임 내부 사각형들 도 Unsplash 플러그인을 이용해 이미지 를 채우고 각 헤더의 텍스트를 이미지 카 테고리로 변경합니다. 예제에서는 두 번째 header를 'Minimal', 세 번째 header를 'Food'로 지정했습니다.

10 390×80 크기의 프레임을 생성 한 다음 프레임 이름을 'button-wrap'으로 지정합니다. 342×64 크기의 버튼을 자유롭게 만들고 'button-wrap' 프레임 안에 배치합니다.

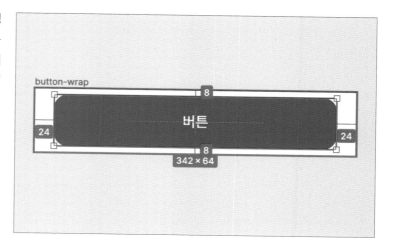

11 이렇게 생성한 'button–wrap' 프
레임을 'Position' 프레임의 맨 아
래쪽에 배치합니다.

❷ Position: Fixed 설정하기 ● ● ●

01 'Postion' 프레임을 선택한 다음 Shift + Spacebar 를 눌러 미리 보기
를 실행합니다.

TIP 👈
[Preview] 창에서 드래그하거나 마우스 휠을 돌리면 header와 contents를 비롯
한 모든 요소가 스크롤되는 것을 확인할 수 있습니다.

02 첫 번째 header를 선택하고 (Prototype) 탭에서 Scroll behavior 패널의 Position을 'Fixed'로 변경합니다. 그 다음 [Preview] 창에서 스크롤하면 첫 번째 header가 고정된 것을 확인할 수 있습니다.

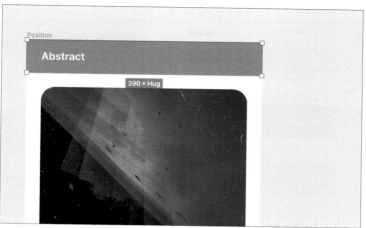

03 이번에는 버튼을 [Preview] 창 아래쪽에 고정하겠습니다.

먼저 ❶ 'Position' 프레임의 맨 아래쪽 에 있는 'button-wrap' 프레임을 선택 한 다음 ❷ Constraints 패널에서 속성을 'Bottom'으로 지정합니다.

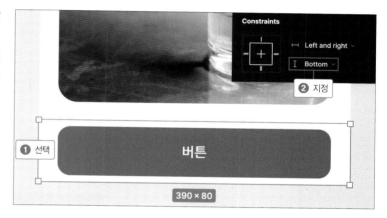

04 'button-wrap' 프레임이 선택된 채 (Prototype) 탭의 Scroll behavior 패널에서 Position을 'Fixed'로 지정합니다. [Preview] 창을 확인하면 아래쪽에 'button-wrap' 영역이 고정된 것을 확인할 수 있습니다. 이렇게 Fixed 옵션과 Constraints를 활용하면 프로토타입 안에서 특정 오브젝트가 고정되는 위치를 지정할 수 있습니다.

❸ Position: Sticky 설정하기 • • •

(01) 이번에는 프로토타입에서 스크롤할 때 오브젝트가 맨 위쪽을 지나가면 고정하는 Sticky를 살펴보겠습니다. ❶ 세 가지 'header' 프레임을 모두 선택한 다음 ❷ (Prototype) 탭에서 Scroll behavior 패널의 Position을 'Sticky (stop at top edge)'로 변경합니다.

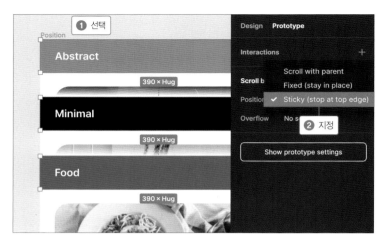

(02) Layer 패널에서 Ctrl+[[ ], [ ]]를 눌러 레이어 순서를 'header 3', 'header 2', 'header 1' 순으로 정렬합니다.

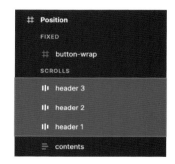

(03) [Preview] 창에서 스크롤하면 디자인 가운데에 있던 header가 맨 위쪽을 지나가면 위쪽으로 고정되는 것을 확인할 수 있습니다.

TIP ⫷

이렇게 Position을 'Sticky'로 지정하면 스크롤에 따라 오브젝트를 위쪽으로 고정할 수 있습니다.

• **완성파일**: 06\스크롤에 따라 헤더가 고정되는 페이지

238

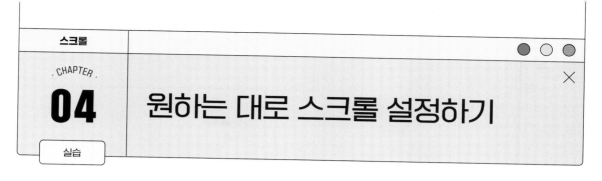

원하는 대로 스크롤 설정하기

피그마에서는 프레임을 벗어나는(Overflow) 경우 해당 프레임을 선택해 스크롤을 정의할 수 있습니다. 스크롤을 정의할 프레임을 선택하고 〔Prototype〕 탭에서 Scroll behavior 패널의 Overflow에서 지정할 수 있습니다.

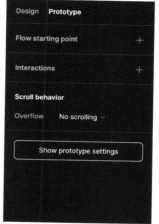
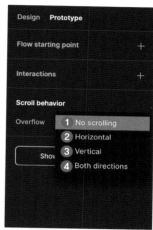

❶ No scrolling: 스크롤하지 않습니다.
❷ Horizontal: 수평 방향으로 스크롤합니다.
❸ Vertical: 수직 방향으로 스크롤합니다.
❹ Both directions: 모든 방향으로 스크롤합니다.

❶ 수평(가로 방향)으로 스크롤하기 ···

01 ❶ 프레임 도구(F)를 선택하고 ❷ 'iPhone 14'를 선택하여 390 ×844 크기의 프레임을 생성합니다. ❸ Ctrl+R을 누르고 프레임 이름을 'Scroll' 로 수정합니다.

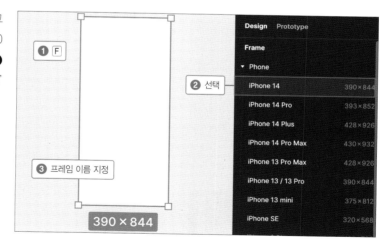

02 ① 텍스트 도구(T)를 선택한 다음 ② 프레임 안쪽에 텍스트를 생성하고 'Gallery'를 입력합니다. ③ 텍스트를 다음과 같이 설정합니다.

폰트: Pretendard
폰트 스타일: Semibold
글자 크기: 20
행간: 24

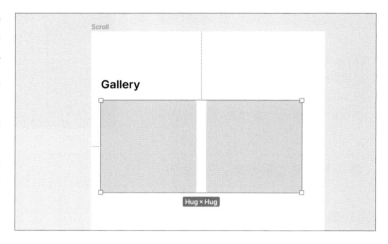

03 사각형 도구(R)를 선택하고 160 ×160 크기의 사각형을 생성한 다음 텍스트로부터 16px 아래쪽에 배열합니다. Corner radius를 '4'로 설정하고 Alt 를 누른 채 드래그하여 복제합니다. 사각형을 모두 선택한 다음 Shift + A 를 눌러 오토 레이아웃을 생성하고, 간격을 '16'으로 설정합니다. 오토 레이아웃 프레임을 선택하고 Ctrl + R 을 누른 다음 이름을 'img-wrap'으로 변경합니다.

04 ① 'img-wrap' 안쪽의 사각형을 선택한 다음 ② Ctrl + D 를 눌러 복제해 총 4개의 사각형을 만들고 ③ 그림과 같이 배치합니다. ④ 모든 사각형을 선택한 상태에서 리소스 도구(Shift + I)를 선택하고 (Plugins) 탭에서 ⑤ 'Unsplash'를 검색해 실행한 다음 사각형에 이미지를 채워 넣습니다.

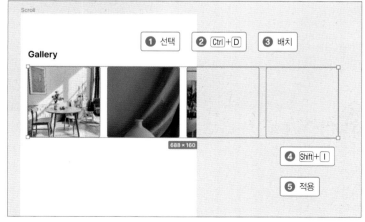

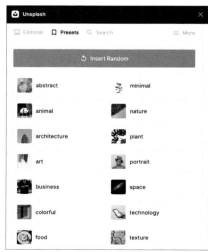

05 가로 스크롤을 설정하기 위해 ❶ 'img-wrap' 프레임을 선택한 다음 너비를 358px만큼 줄여 'img-wrap' 프레임의 크기를 이미지들보다 작게 만듭니다. ❷ (Prototype) 탭의 Scroll behavior 패널에서 Overflow를 'Horizontal'로 지정합니다.

TIP ✄

콘텐츠의 크기가 프레임의 크기보다 클 때만(Overflow) 스크롤을 설정할 수 있습니다. 만약 콘텐츠 크기와 프레임 크기가 같다면 그림과 같이 ! 아이콘이 나타나면서 스크롤할 수 없는 상태를 알려줍니다.

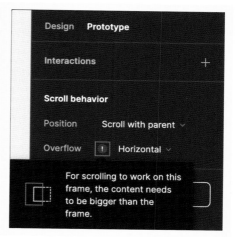

06 'Scroll' 프레임을 선택한 상태에서 미리 보기(Shift + Spacebar)를 실행해 스크롤이 동작하는 것을 확인합니다.

TIP ✄

가로 스크롤은 클릭 후 드래그하거나 Shift를 누른 채로 마우스 휠을 돌려 실행할 수 있습니다.

스크롤되는 콘텐츠는 프레임의 끝부분까지 스크롤됩니다. 만약 'img-wrap' 프레임 크기를 축소할 때 최상위 프레임 끝으로 맞추면 가로 스크롤을 끝까지 했을 때 기기 끝부분과 이미지 끝부분이 겹쳐 보입니다. 그러므로 스크롤을 정의할 프레임 크기를 조절할 때는 양옆 마진을 고려해 프레임 크기를 조절해야 적당한 여백을 남길 수 있습니다.

 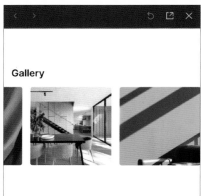

❷ 모든 방향으로 스크롤하기 ● ● ●

01 ❶ 'Gallery' 텍스트를 복제한 다음 'Wallpaper'로 수정합니다. ❷ 'img-wrap' 프레임 아래쪽으로 48px 만큼 떨어진 곳에 텍스트를 배치합니다.

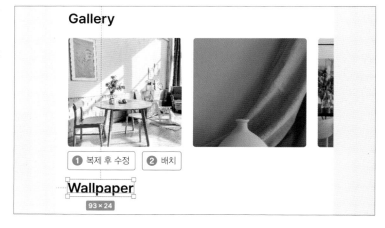

02 프레임 도구(F)를 선택하고 358 ×460 크기의 프레임을 만든 다음 'Wallpaper' 텍스트 아래쪽으로 16px만큼 떨어진 곳에 배치합니다. Ctrl+R을 누르고 프레임 이름을 'wallpaper-wrap' 으로 지정합니다.

03 가로, 세로 모든 방향으로 스크롤 할 수 있도록 프레임 크기보다 큰 이미지를 만들겠습니다.
사각형 도구(Ⓡ)를 이용하여 1,000×1,000 크기의 사각형을 만든 다음 'wallpaper-wrap' 프레임 안으로 이동합니다.

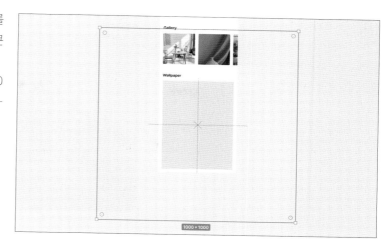

04 사각형을 선택한 채 리소스 도구(Shift+Ⓘ)를 선택하고 〔Plugins〕 탭에서 'Unsplash'를 검색해 실행한 다음 'wallpaper' 카테고리를 선택하여 사각형에 이미지를 채워 넣습니다.

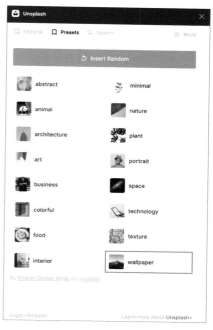

Why? 👈
프레임보다 이미지가 크기 때문에 스크롤을 설정할 수 있습니다.

05 'wallpaper-wrap' 프레임을 선택한 채 (Prototype) 탭의 Scroll behavior 패널에서 Overflow를 'Both directions'로 지정합니다.

06 [Preview] 창을 실행하고 Wallpaper 부분을 드래그해 모든 방향으로 스크롤되는 것을 확인한 후 마무리합니다.

TIP ◁
이렇게 'Both directions'을 지정하면 지도나 확대된 이미지 등을 탐색하는 스크롤을 설정할 수 있습니다.

• **완성파일**: 06\가로, 세로 스크롤이 되는 페이지

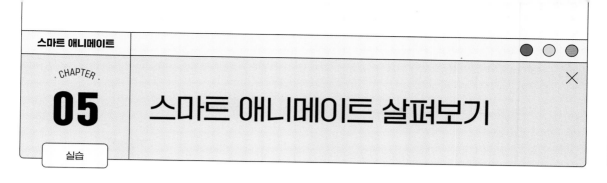

05 스마트 애니메이트 살펴보기

실습

스마트 애니메이트(Smart animate)는 프로토타입을 더 풍부하고 효과적으로 만들 수 있는 애니메이션 옵션 중 하나입니다. 이 기능을 활용하면 동일한 구조와 이름을 가진 레이어를 찾아내어 변화한 부분을 자동으로 인식하고 위치, 크기, 색상, 불투명도, 코너 둥글기 등 선형적으로 표현할 수 있는 옵션에 따라 자동으로 애니메이션을 생성합니다. 이를 통해 프로토타입 제작에 더 다양한 효과를 적용할 수 있습니다.

01 스마트 애니메이트를 사용하는 프로토타입을 만들기 위해 ❶ 프레임 도구(F)를 선택한 다음 ❷ 400×400 크기의 프레임을 2개 생성합니다. ❸ Ctrl+R을 누르고 프레임 이름을 각각 'Frame A', 'Frame B'로 수정합니다.

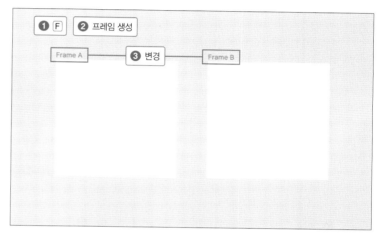

02 별 도구(☆)를 선택하고 'Frame A' 안에 별을 그려넣은 다음 프레임의 가운데 하단에 배치하고 색상을 '노란색'으로 설정합니다. Ctrl+R을 누르고 레이어 이름을 'Star'로 변경합니다.

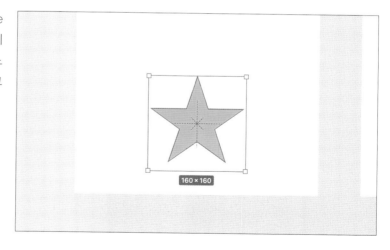

03 'Frame A'의 'Star'를 복사한 다음 'Frame B'에 붙여넣고 가운데 상단에 배치합니다. 복제된 별의 색상을 '보라색'으로 변경합니다.

TIP
이때 양쪽 프레임에 있는 별의 레이어 이름은 같아야 합니다.

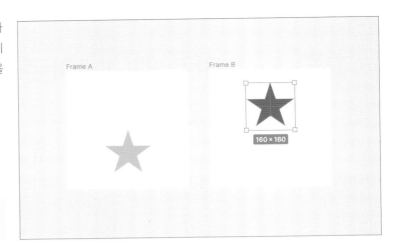

04 'Frame B'의 'Star'가 선택된 상태에서 크기를 200×200으로 수정하고 180° 회전합니다.

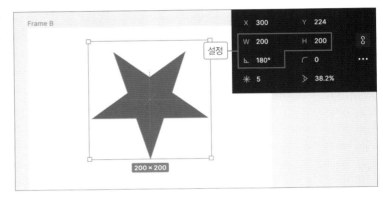

05 ❶ Shift+E를 눌러 프로토타입 모드로 전환한 다음 ❷ 'Frame A'와 Frame B'를 연결합니다. ❸ 트리거를 'On click', ❹ 애니메이션을 'Smart animate', 'Slow – 600ms'로 설정합니다.

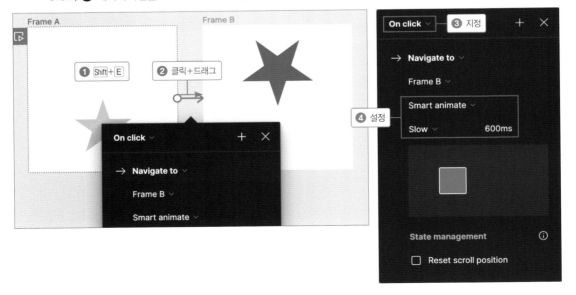

06 반대로 **1** 'Frame B'에서 'Frame A'로 이동하는 인터랙션도 생성합니다. **2** 동일하게 'On click', 'Smart animate', 'Slow – 600ms'로 설정합니다.

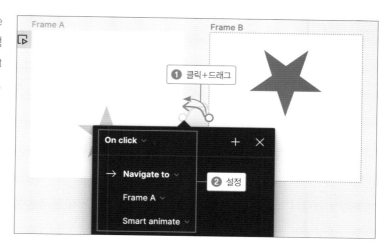

07 다음으로 **1** 'Frame A'에 있는 'Star'를 선택한 다음 **2** Layer 패널의 불투명도를 '0%'로 설정합니다.

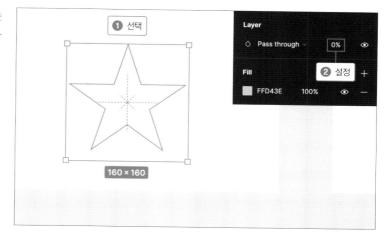

TIP

숫자 키패드 **0**을 빠르게 두 번 눌러 불투명도를 설정할 수도 있습니다.

08 'Frame A'를 선택한 상태에서 Shift + Spacebar 를 눌러 [Preview] 창을 실행합니다. 프레임을 클릭하면 별이 회전하면서 위쪽으로 올라가는 애니메이션이 재생됩니다.

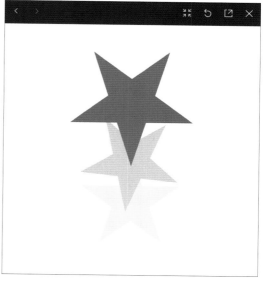

TIP

이처럼 스마트 애니메이트를 사용하면 'Frame A'와 'Frame B'에서 같은 이름을 가지는 오브젝트의 불투명도, 위치, 크기, 색상 변화값을 인지하여 자동으로 애니메이션으로 만들 수 있습니다.

• **완성파일**: 06\회전하면서 움직이는 오브젝트

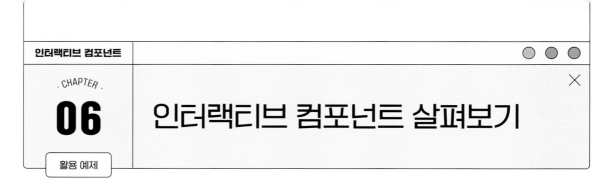

. CHAPTER .

06 인터랙티브 컴포넌트 살펴보기

활용 예제

인터랙티브 컴포넌트는 배리언츠를 구성하는 다양한 컴포넌트들이 서로 연결되어 있으며, 이를 통해 인터랙션을 설정할 수 있습니다. 이러한 컴포넌트를 활용하면 여러 개의 체크박스나 셀렉터를 프로토타입으로 만들 때, 프레임을 개별적으로 생성할 필요가 없어서 프로토타입을 훨씬 효율적으로 구성할 수 있습니다.

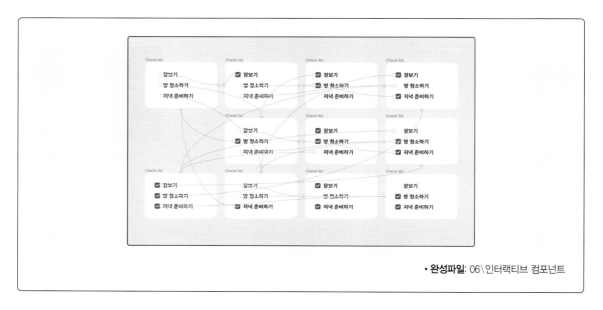

• **완성파일**: 06\인터랙티브 컴포넌트

❶ 체크박스 인터랙션 설정하기 • • •

(01) [Part 5-5 체크리스트 만들기]를 참고하여 그림과 같이 비어있는 체크박스와 체크 표시된 체크박스 2개를 생성합니다. 프레임 이름은 모두 'checkbox'로 지정합니다.

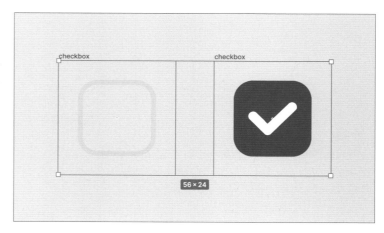

02 두 프레임을 모두 선택하고 툴 바에서 'Create component' 아이콘(◈) 옆 확장 아이콘을 클릭한 다음 'Create component set'를 선택하여 'checkbox' 배리언츠를 생성합니다.

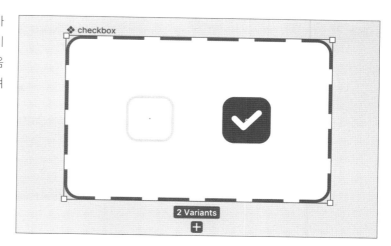

03 기본 프로퍼티를 'Checked'로 변경한 다음 빈 체크박스는 'false', 체크 표시된 체크박스는 'true'로 지정합니다.

TIP ◁
배리언츠 프레임을 선택한 다음 오른쪽 프로퍼티 패널의 기본 프로퍼티(Property 1)를 더블클릭하면 프로퍼티 이름을 변경할 수 있습니다.

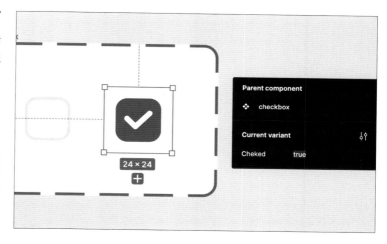

04 ❶ Shift + E 를 눌러 프로토타입 모드로 전환한 다음 ❷ 빈 체크박스에서 체크 표시된 체크박스로 핫스팟을 연결해 인터랙션을 생성합니다. 트리거를 'On click', 애니메이션은 'Instant'로 지정합니다.

TIP ◁
배리언츠 내부의 컴포넌트를 연결하면 인터랙션이 자동으로 'Change to'로 지정됩니다.

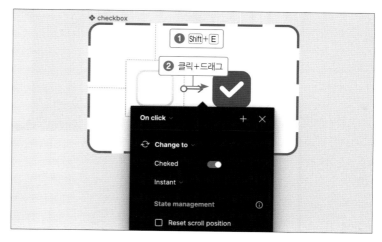

05 ❶ 반대 방향으로도 연결하고 ❷ 동일하게 'On click', 'Change to', 'Instant'로 지정합니다.

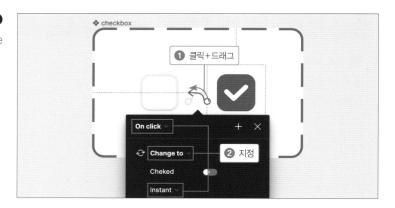

06 프레임 도구(F)를 선택하고 208×136 크기의 프레임을 생성합니다. 체크박스 컴포넌트를 붙여넣고 텍스트를 추가해 체크리스트를 만듭니다. Ctrl+R을 누르고 프레임 이름을 'check-list'로 지정합니다.

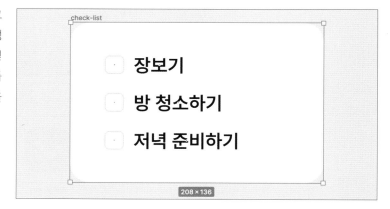

07 'check-list' 프레임을 선택한 채 Shift+Spacebar를 눌러 [Preview] 창을 실행한 다음 체크박스를 클릭해 인터랙티브 컴포넌트가 제대로 동작하는지 확인합니다.

08 기존에는 이미지와 같이 모든 경우의 수를 고려하여 수많은 인터랙션을 구성해야 했지만, 인터랙티브 컴포넌트를 사용하면 2개의 컴포넌트만 사용하기 때문에 프로토타입을 더 효율적으로 구성할 수 있습니다.

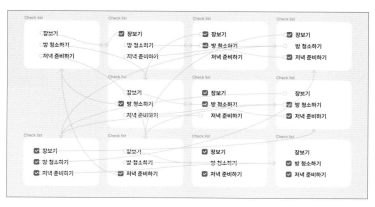

❷ 토글 스위치 인터랙션 설정하기 · · ·

(01) 프레임 도구(F)를 선택한 다음 40×24 크기의 프레임을 생성합니다. Ctrl+R을 누르고 프레임 이름을 'toggle-switch'로 변경합니다.

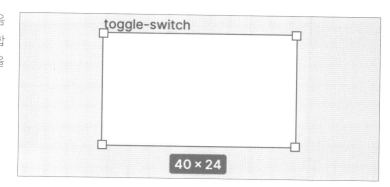

(02) Corner radius를 '12'로 설정한 다음 색상을 'BEBEBE'로 지정해 둥근 사각형을 만듭니다.

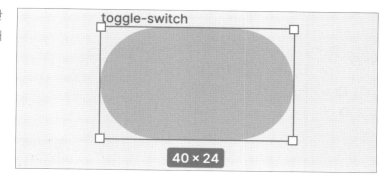

(03) ❶ 원형 도구(O)를 선택한 다음 20×20 크기의 원형을 만듭니다. Ctrl+R을 누르고 이름을 'handle'로 변경합니다. 'handle'을 'toggle-switch' 프레임 안에 넣고 왼쪽 가운데에 배치합니다. ❷ Effects 패널에서 'Drop shadow'를 추가한 다음 ❸ X를 '0', Y를 '1', Blur를 '4', 색상을 '000000 – 15%'로 설정합니다.

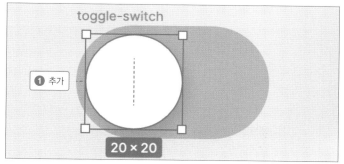

(04) 'toggle-switch' 프레임을 선택한 상태에서 Alt 를 누른 채 드래그해 복제합니다. 프레임 색상을 '2269F3'으로 변경하고 'handle' 위치를 오른쪽 가운데로 이동합니다.

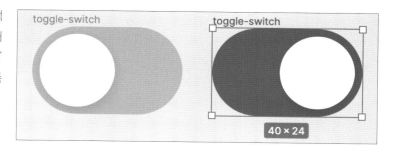

05 'toggle-switch' 프레임을 모두 선택하고 툴 바에서 'Create component' 아이콘(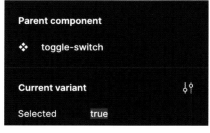) 옆 확장 아이콘을 클릭한 다음 'Create component set'를 선택하여 'toggle-switch' 배리언츠를 생성합니다.
기본 프로퍼티를 'Selected'로 수정하고 컴포넌트 밸류를 각각 'false', 'true'로 지정합니다.

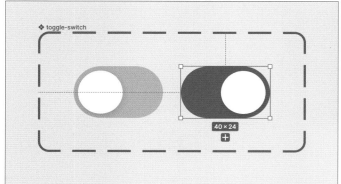

06 ❶ 회색 'toggle-switch'를 파란색 'toggle-switch'와 연결합니다. ❷ 트리거를 'On click'으로 지정하고 ❸ 애니메이션을 'Smart animate', 'Gentle – 200ms'로 설정합니다.

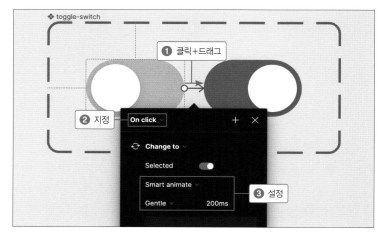

07 ❶ 반대 방향으로도 컴포넌트를 연결한 다음 ❷ 인터랙션 옵션을 동일하게 설정합니다.

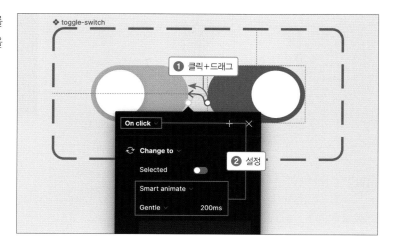

08 　프레임 도구(F)를 선택한 다음 400×400 크기의 테스트용 프레임을 만들고 'toggle-switch' 컴포넌트를 복사한 후 붙여넣습니다.

프레임을 선택한 상태에서 Shift+Spacebar를 눌러 [Preview] 창을 실행한 다음 클릭해 'toggle-switch'가 제대로 동작하는지 확인합니다.

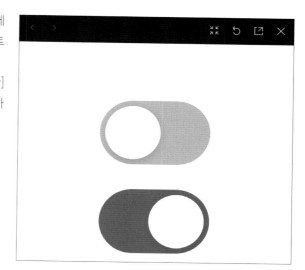

---

❸ 버튼 인터랙션 설정하기 　　　　　　　　　　　　　　　　　　　　　• • •

01 　[Part 5-6 버튼 배리언츠 구성하기]를 참고해 기본형의 버튼 배리언츠를 만듭니다.

기본 프로퍼티를 'State'로 수정한 다음 프로퍼티 밸류를 각각 'default', 'hover', 'active', 'disabled'로 지정합니다.

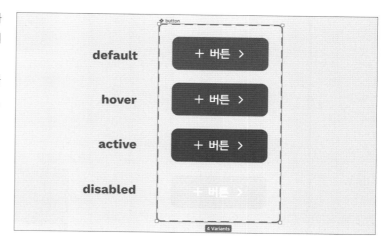

02 　❶ Shift+E 를 눌러 프로토타입 모드로 전환합니다. ❷ 'button' 배리언츠 내부의 'default' 버튼을 'hover' 버튼과 연결하고 ❸ 트리거를 'While hovering'으로 지정합니다. ❹ 애니메이션은 'Smart animate', 'Ease out – 300ms'로 설정합니다.

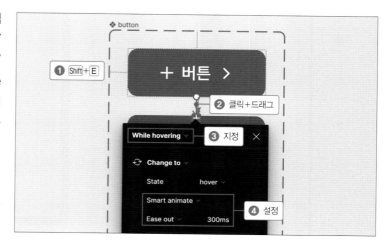

(03) ❶ 'hover' 버튼과 'active' 버튼을 연결한 다음 ❷ 트리거를 'While pressing'으로 지정하고 ❸ 나머지 옵션은 동일하게 설정합니다.

Why? ☞
'disabled' 버튼은 비활성화 상태이기 때문에 별도의 인터랙션은 연결하지 않습니다.

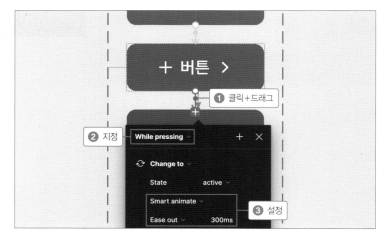

(04) 프레임 도구(F)를 선택한 다음 200×200 크기의 테스트용 프레임을 만듭니다. 'deafult' 버튼 컴포넌트를 복사한 다음 붙여넣습니다.

(05) 프레임을 선택한 상태에서 Shift + Spacebar 를 눌러 [Preview] 창을 실행합니다. 버튼에 마우스 커서를 올리거나 클릭하며 인터랙션이 잘 동작하는지 확인한 다음 마무리합니다.

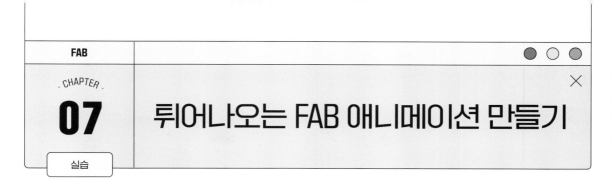

튀어나오는 FAB 애니메이션 만들기

FAB(Floating Action Button)는 앱에서 자주 사용되거나 중요한 동작을 강조하는 버튼으로, 보통 둥근 형태를 가지며 디바이스의 오른쪽 하단에 항상 고정되어 표시됩니다.

(01) 프레임 도구(F)를 선택하고 64×64 크기의 프레임을 생성합니다. Corner radius를 '32'로 설정하여 프레임을 둥글게 만듭니다. Ctrl+R을 누르고 프레임 이름을 'FAB'로 지정합니다.

(02) ❶ 리소스 도구(Shift+I)를 선택하고 ❷ (Plugins) 탭에서 ❸ 'Feather icons'를 검색합니다. ❹ 플러그인을 선택해 실행한 다음 ❺ 'plus' 아이콘을 선택하고 'FAB' 프레임 가운데에 배치합니다.

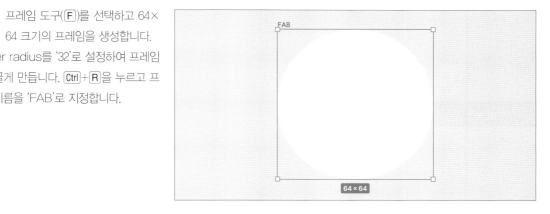

(03) 'FAB' 프레임을 선택하고 색상을 'FFDE68'로 설정합니다. Stroke 패널에서 '+' 아이콘을 클릭하여 선을 추가하고 선 두께를 '2'로 설정해 FAB 기본형을 완성합니다.

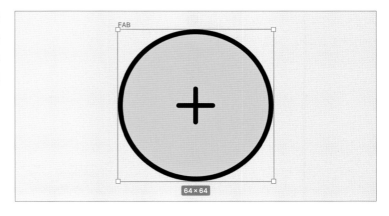

(04) FAB 메뉴를 만들기 위해 프레임 도구(F)를 선택한 다음 48×48 크기의 프레임을 2개 만듭니다. 'FAB'와 마찬가지로 Corner radius를 '24'로 설정해 프레임을 둥글게 만듭니다. 각 프레임의 색상을 'FF624D', '3562FF'로 설정하고 프레임 이름을 'edit', 'share'로 수정합니다.

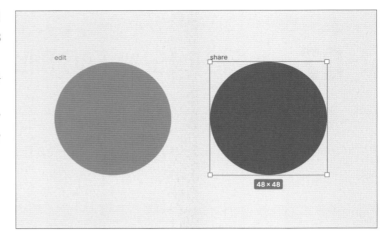

(05) 다시 한 번 'Feather Icons' 플러그인을 실행한 다음 'edit'와 'share' 아이콘을 가져와 'edit' 프레임과 'share' 프레임 가운데에 배치합니다. 아이콘 색상을 'FFFFFF'로 설정합니다.

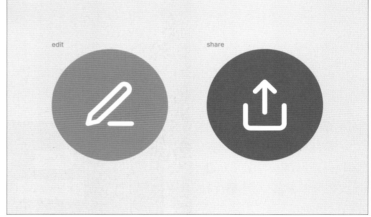

(06) ❶ 프레임 도구(F)를 선택하고 ❷ 'iPhone 14'를 선택하여 390×844 크기의 프레임을 생성합니다. ❸ Ctrl+R을 누르고 프레임 이름을 'FAB –1'로 변경합니다.

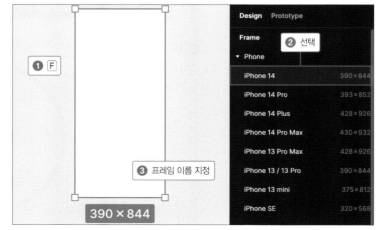

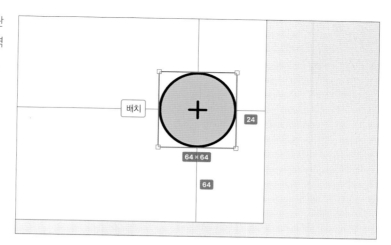

07 'FAB – 1' 프레임의 오른쪽 하단에 'FAB' 프레임을 오른쪽 간격 '24', 아래쪽 간격 '64'에 맞춰 배치합니다.

08 ① 'edit' 프레임과 'share' 프레임도 'FAB – 1' 프레임 안으로 배치한 다음 그림과 같이 FAB 버튼 위쪽으로 16만큼 떨어져 배열합니다.
각 프레임들을 오른쪽 하단에 고정시키기 위해 ② 'FAB', 'edit', 'share' 프레임을 모두 선택하고 ③ Constraints를 'Right', 'Bottom'으로 지정합니다.
④ Shift+E를 눌러 (Prototype) 탭으로 전환한 다음 ⑤ Position을 'Fixed'로 지정합니다.

09 'FAB – 1' 프레임을 선택하고 Alt를 누른 채 오른쪽으로 드래그하여 프레임을 복제합니다.

TIP
레이어 이름의 숫자 앞쪽에 공백이 있을 경우 프레임을 복제하면 프레임 숫자도 함께 증가합니다.

(10) ❶ 복제한 'FAB - 2' 프레임의 'FAB' 안쪽에 있는 'plus' 아이콘을 선택하고 ❷ Rotation을 '-45°'로 설정하여 회전합니다.

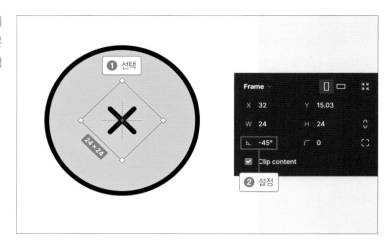

(11) ❶ 다시 'FAB - 1' 프레임으로 돌아온 다음 레이어 순서를 'FAB → share → edit'로 배열합니다.
❷ 'share'와 'edit'를 선택하고 방향키를 눌러 아래쪽으로 이동시켜 'FAB' 뒤쪽으로 share와 edit 메뉴를 숨깁니다.

TIP
레이어의 순서는 Ctrl+[,]를 눌러 변경할 수 있습니다.

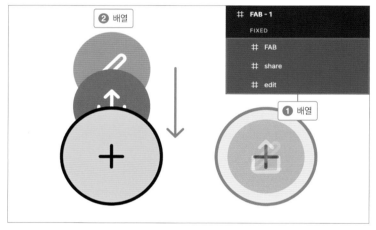

(12) ❶ 'FAB - 1' 프레임의 'FAB'를 선택하고 핫스팟을 'FAB - 2' 프레임과 연결합니다. ❷ 트리거를 'On click/tap'으로 지정한 다음 ❸ 애니메이션은 'Smart animate', 'Gentle - 200ms'로 설정합니다.

'FAB - 1' 프레임에는 'FAB' 뒤쪽으로 나머지 메뉴를 숨긴 형태, 'FAB - 2' 프레임에는 'plus' 아이콘을 회전하고 나머지 메뉴를 노출시킨 형태가 되었습니다.

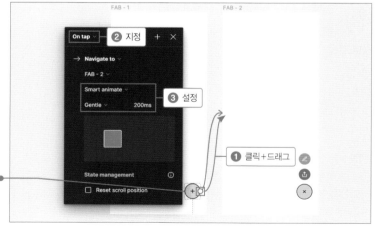

(13) ❶ 반대로 'FAB – 2' 프레임에 있는 'FAB'를 선택한 다음 'FAB – 1'과 연결하고 ❷ 인터랙션을 위와 동일하게 설정합니다.

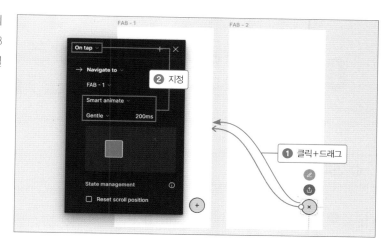

(14) ❶ 빈 캔버스를 선택한 다음 (Prototype) 탭에서 ❷ Device를 'iPhone 14'로 지정합니다.
❸ 다시 'FAB – 1' 프레임을 선택하고 ❹ (Prototype) 탭에서 'Flow starting point'를 추가한 다음 ❺ 플로우 이름을 'FAB'로 지정합니다.

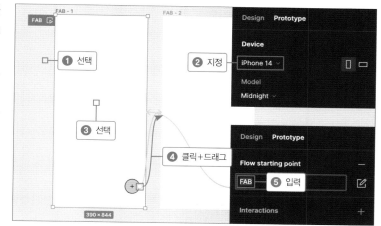

(15) ❶ 'FAB – 1' 프레임을 선택한 상태에서 프레젠테이션 모드 (Ctrl)+(Alt)+(Enter))를 실행합니다.
❷ 'FAB'를 클릭하면 + 버튼이 회전하고 뒤쪽에 숨어있는 메뉴가 위쪽으로 나타납니다. 프로토타입이 제대로 동작하는 것을 확인하고 마무리합니다.

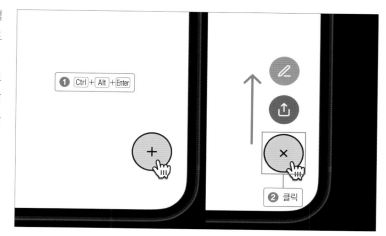

• **완성파일**: 06\FAB(Floating Action Button) 애니메이션

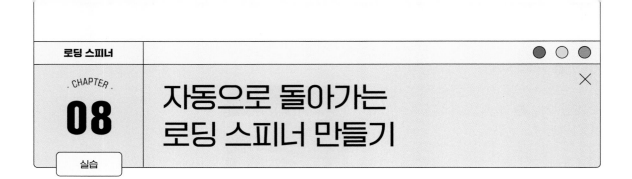

· CHAPTER ·
08
실습

자동으로 돌아가는
로딩 스피너 만들기

❶ 스피너 도형 만들기

01 ❶ 프레임 도구(F)를 선택한 다음 ❷ 80×80 크기의 프레임을 생성합니다. ❸ Ctrl+R을 누르고 프레임 이름을 'spinner'로 변경합니다.

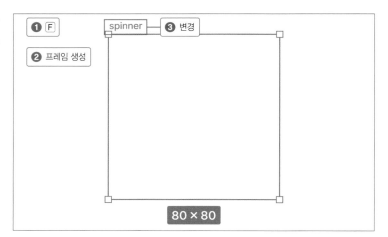

02 ❶ 'spinner' 프레임 안에 72×72 크기의 프레임을 하나 더 생성한 다음 ❷ 프레임 이름을 'axis'로 지정합니다. ❸ Alt+H/V를 눌러 가운데 정렬합니다.

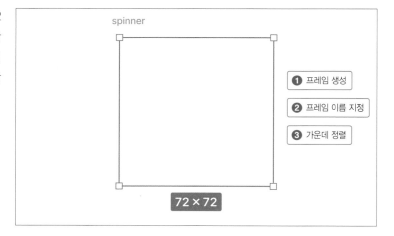

03 ❶ 원형 도구(O)를 선택하고 64 ×64 크기의 원형을 생성합니다. ❷ 'axis' 프레임 안에 넣은 다음 ❸ 색상을 '0019FF'로 설정합니다.

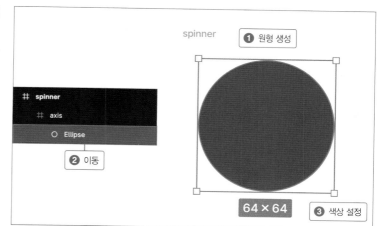

04 원형을 선택한 상태에서 ❶ 내부 조절점을 드래그하여 호(Arc)로 만든 다음 ❷ Sweep을 '–25%'로 설정합니다.

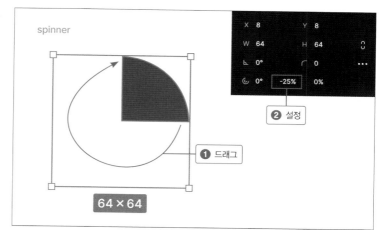

05 계속해서 ❶ Ratio를 '100%'로 설정하고 ❷ Shift+X를 눌러 면과 선을 전환합니다. ❸ Stroke 패널에서 정렬을 'Center', 두께를 '8'로 설정합니다.

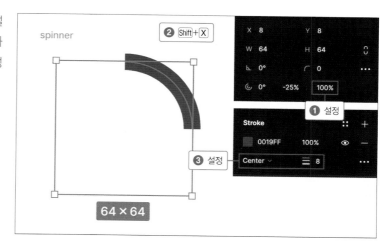

06 Shift + Ctrl + O 를 눌러 선을 면으로 전환합니다.

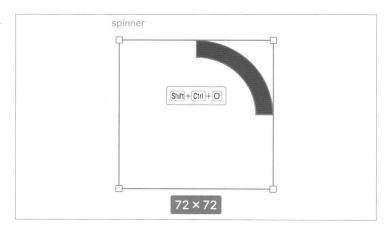

07 'spinner' 프레임을 선택한 다음 Alt 를 누른 채 드래그하여 그림과 같이 총 4개를 만듭니다.

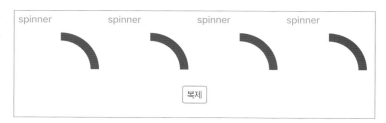

08 두 번째 'spinner' 프레임 안에 있는 'axis' 프레임의 Rotate(각도)를 '-90°'로 설정해 회전합니다.

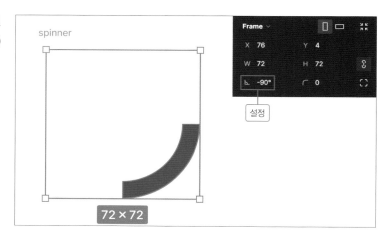

09 이어서 세 번째 프레임의 'axis' 프레임 Rotate를 '180°', 네 번째 프레임의 'axis' 프레임 Rotate를 '90°'로 설정합니다.

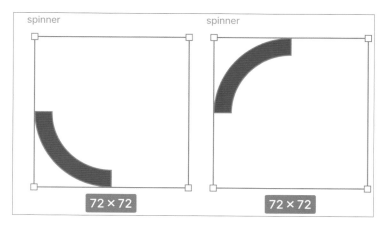

(10) 회전을 마치면 모든 'spinner' 프레임을 선택하고, Fill 패널에서 '–' 아이콘을 클릭하여 프레임의 색상을 제거합니다.

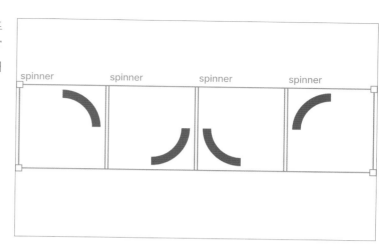

❷ 배리언츠 설정하기 ● ● ●

(01) ❶ 모든 'spinner' 프레임을 선택한 상태에서 툴 바의 'Create component' 아이콘(❖) 옆 확장 아이콘을 클릭한 다음 ❷ 'Create component set'를 선택해 'spinner' 배리언츠를 생성합니다.

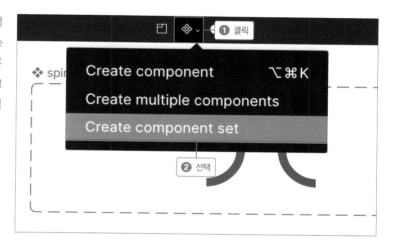

(02) ❶ 'spinner' 배리언츠 프레임을 선택하고 ❷ 기본 프로퍼티를 'Step'으로 지정합니다.

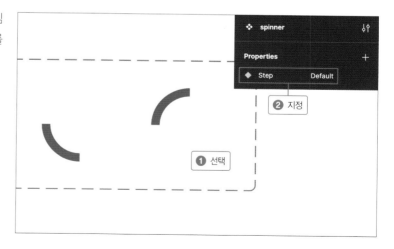

03 ❶ 배리언츠 내 컴포넌트를 선택하고 ❷ 그림과 같이 프로퍼티 밸류를 순서대로 '1', '2', '3', '4'로 지정합니다.

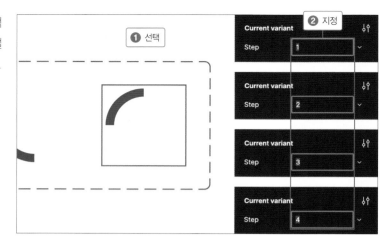

04 Shift+E를 눌러 프로토타입 모드로 전환한 다음 첫 번째 'spinner'를 두 번째 'spinner'와 연결해 인터랙션을 생성합니다. 계속해서 2를 3, 3을 4, 4를 다시 1과 연결하여 모든 'spinner' 프레임을 1 → 2 → 3 → 4 → 1 순서로 연결합니다.

TIP ◁
이때 나타나는 인터랙션 팝업은 무시하고 진행합니다.

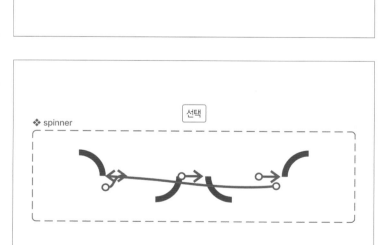

05 Shift를 누른 채 배리언츠 안쪽의 인터랙션 라인을 4개 모두 선택합니다.

TIP
인터랙션을 여러 개 선택하여 모든 인터랙션 속성을 동시에 편집할 수 있습니다.

06 ❶ 인터랙션을 'After delay – 1ms'로 지정하고, ❷ 애니메이션은 'Smart animate', 'Linear – 200ms'로 지정합니다.

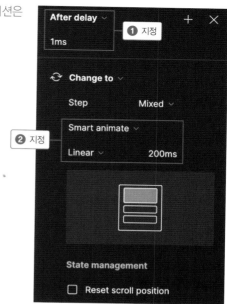

07 테스트를 위해 프레임 도구(F)를 선택하고 200×200 크기의 프레임을 생성한 다음 'spinner' 배리언츠 안에서 첫 번째 컴포넌트를 복제해 새로 생성한 프레임 안에 붙여넣습니다.

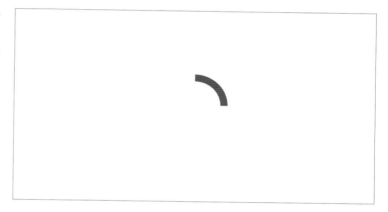

08 프레임을 선택한 채 ❶ 툴 바에서 'Present' 아이콘(▷) 옆 확장 아이콘을 클릭한 다음 ❷ 'Preview'를 선택하거나 Shift + Spacebar를 눌러 미리 보기를 실행하여 스피너가 제대로 돌아가는 것을 확인하고 마무리합니다.

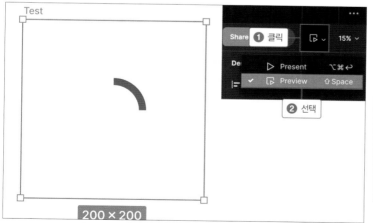

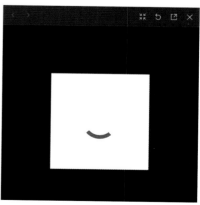

• **완성파일**: 06\로딩 스피너

UI / UX

Designer

PART 7 ——————————

Designer

피그마 활용 팁
익히기

Designer

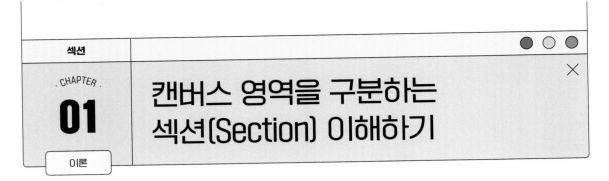

. CHAPTER .

01

이론

캔버스 영역을 구분하는
섹션(Section) 이해하기

프로젝트가 점차 발전함에 따라 캔버스에 그려지는 프레임의 양이 늘어나고, 이러한 프레임들을 효과적으로
관리하기 위해 섹션 도구가 등장했습니다.

섹션은 피그마에서 사용할 수 있는 최상위 그룹 요소로, 프레임을 섹션으로 그룹화하면 프레임 라벨과 프로토
타입 인터랙션이 유지되어 유저 플로우에 따라 캔버스 영역을 편리하게 구분할 수 있습니다.

또한 디자인이 완료된 화면을 개발팀에 전달할 때 'Mark ready for dev' 기능을 사용하면 개발자들이 확인
해야 하는 프레임을 시각적으로 쉽게 구분할 수 있습니다.

❶ 섹션 생성하기 　　　　　　　　　　　　　　　　　　　　　● ● ●

툴 바에서 섹션 도구를 선택하거나 Shift + S 를 누른 다음 원하는 곳에 드래그하면 섹션을 생성할 수 있습니다.
프레임 위에 섹션을 그리면 섹션이 프레임을 자동으로 감쌉니다.

섹션은 또 다른 섹션을 포함한 프레임, 그룹 등 프레임에 존재하는 모든 오브젝트를 그룹화할 수 있습니다.

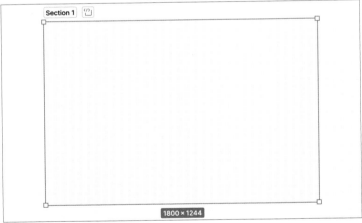

❷ 유저 플로우별로 캔버스 영역 구분하기　　　• • •

섹션을 통해 온보딩이나 회원가입, 결제 프로세스 등 유저 플로우별로 프레임을 묶고 작업 영역을 구분해서 캔버스를 깔끔하게 정리할 수 있습니다.

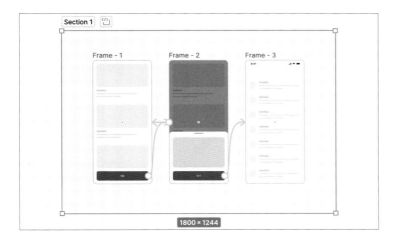

❸ 개발 준비 완료 상태 표시하기　　　• • •

디자인이 완료된 프레임을 섹션 안으로 이동하고, 섹션 라벨 오른쪽에 있는 'Mark as ready for dev' 아이콘을 클릭하거나 툴 바 가운데의 아이콘을 클릭하여 디자인이 완료된 섹션을 개발 준비 완료 상태로 설정할 수 있습니다.

개발 준비 완료 상태는 초록색 라벨로 나타나며, 라벨을 클릭해 Dev Mode에서 해당 섹션을 확인하거나 'Remove ready status'를 선택해 다시 이전 상태로 되돌릴 수 있습니다.

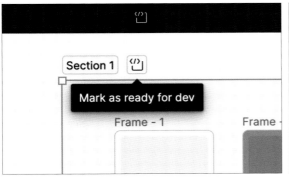

❹ 컴포넌트 에셋 그룹화하기　●●●

섹션 내부에서는 프레임 라벨이 표기되는 것을 활용해 아이콘을 비롯한 메인 컴포넌트들을 그룹화하는 용도로 활용하기도 합니다.

인스턴스 컴포넌트를 스왑하는 경우 섹션 이름을 통해 컴포넌트들이 그룹화됩니다.

 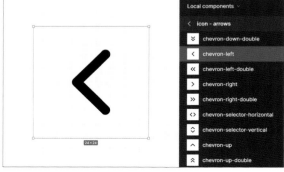

❺ 섹션 삭제하기　●●●

섹션을 선택하고 그룹 해제(Ctrl+Alt+G)하거나 Ctrl+Backspace를 누르면 섹션 내용을 유지한 채 섹션을 삭제할 수 있습니다.

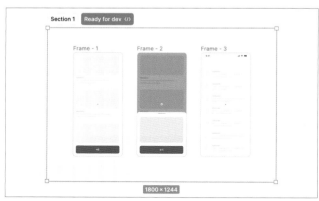

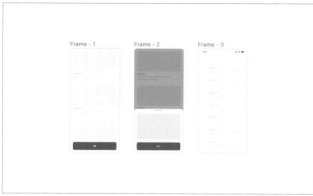

자주 사용하는 속성들을 스타일로 만들어 사용하기

제품 전반에 걸쳐 반복 사용되는 속성들을 스타일로 지정해서 사용할 수 있습니다. 피그마에서 스타일로 만들 수 있는 속성은 Color, Text, Effect, Grid로 총 4종류가 있습니다.

  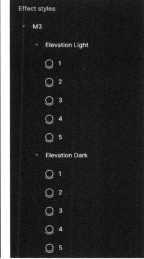 

출처: Google – Material 3 Design Kit

❶ 컬러 스타일 만들기

❶ 컬러 스타일로 만들 오브젝트를 선택하고 Fill 패널에서 'Style' 아이콘을 클릭한 다음 ❷ [Libraries] 탭의 '+' 아이콘을 클릭합니다. ❸ Style 패널의 Name에 색상 이름을 입력하고 ❹ 〈Create style〉 버튼을 클릭하여 컬러 스타일을 생성합니다.

TIP ⟨⊹

단색뿐만 아니라 그레이디언트나 이미지도 컬러
스타일로 설정할 수 있습니다.

TIP ⟨⊹

Description에 해당 컬러 스타일을 사용하는 환경을 입력하여 메모해두면 다른 작업자가 해당
스타일을 이해하는 데 도움을 줄 수 있습니다.

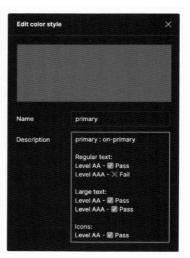

출처: Google – Material 3 Design Kit

❷ 컬러 스타일 적용하기 ● ● ●

(01) 스타일을 적용할 오브젝트를 선택한 상태에서
❶ Fill 패널이나 Stroke 패널의 'Style' 아이
콘(▦)을 클릭합니다. ❷ Libraries에서 원하는 컬러
스타일을 선택해 적용합니다.

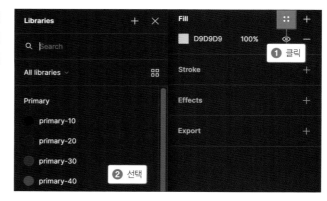

02 '보기 변경' 아이콘(▤)을 클릭해 스타일 목록 표기 방식을 목록 형태와 그리드 형태로 변경할 수 있습니다.

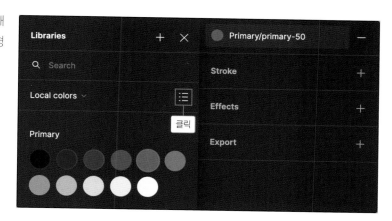

❸ 스타일 관리하기 •••

01 캔버스 여백을 클릭하고 오른쪽 사이드 바의 (Design) 탭에서 저장된 컬러 스타일을 확인할 수 있습니다.
❶ Shift를 누른 채 여러 스타일을 선택한 다음 ❷ 마우스 오른쪽 버튼을 클릭하고 ❸ Add new folder를 실행하여 스타일을 그룹화해서 관리할 수 있습니다.

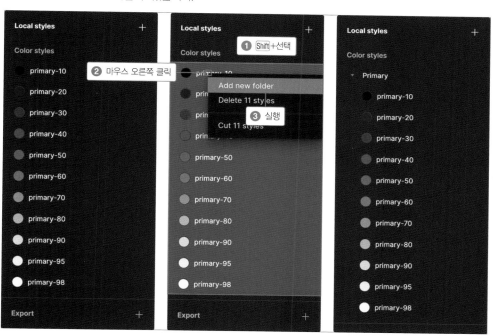

02 스타일 목록에서 ❶ '스타일 편집' 아이콘(⏸)을 클릭하고 ❷ 지정된 스타일 이름 및 속성을 편집할 수 있습니다.

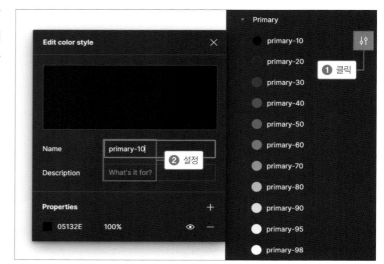

TIP ⇦

스타일 속성을 변경하면 해당 스타일이 적용된 모든 오브젝트 속성이 동시에 변경됩니다.

❹ 텍스트 스타일 만들기 ● ● ●

❶ 스타일로 만들 텍스트를 선택하고 Text 패널에서 'Style' 아이콘을 클릭합니다. ❷ [Text styles] 대화상자가 표시되면 '+' 아이콘을 클릭합니다. ❸ Name에 스타일 이름을 입력한 다음 ❹ 〈Create style〉 버튼을 클릭하여 텍스트 스타일을 생성합니다.

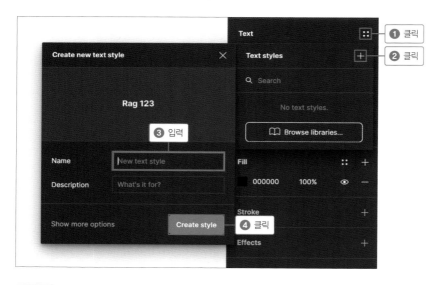

TIP ⇦

텍스트 스타일로 지정되는 속성은 '폰트 종류, 글자 크기, 폰트 스타일, 자간, 행간, 단락 간격, 데코레이션(밑줄, 취소선)'입니다.

❺ 이펙트 스타일 만들기 • • •

❶ 스타일로 만들 이펙트가 적용된 오브젝트를 선택하고 Effects 패널에서 'Style' 아이콘을 클릭합니다. ❷ Effect styles에서 '+' 아이콘을 클릭합니다. ❸ Name에 스타일 이름을 입력한 다음 ❹ 〈Create style〉 버튼을 클릭하여 이펙트 스타일을 생성합니다.

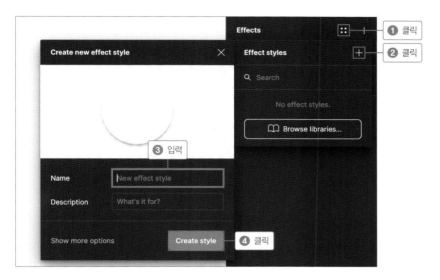

❻ 그리드 스타일 만들기 • • •

❶ 스타일로 만들 그리드가 적용된 프레임을 선택한 다음 Grid 패널에서 'Style' 아이콘을 클릭합니다. ❷ Grid styles에서 '+' 아이콘을 클릭합니다. ❸ Name에 스타일 이름을 입력하고 ❹ 〈Create style〉 버튼을 클릭해 그리드 스타일을 생성합니다.

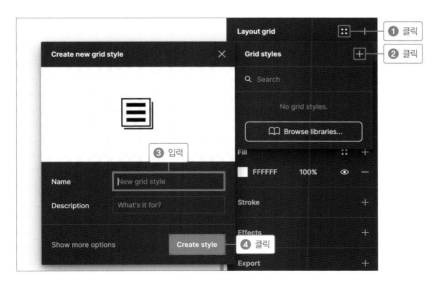

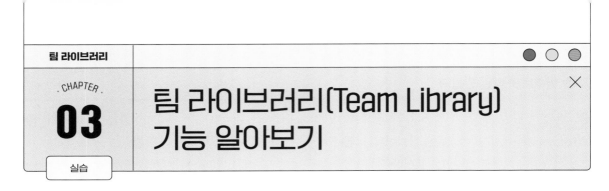

CHAPTER 03
실습

팀 라이브러리(Team Library)
기능 알아보기

프로젝트의 규모가 커지면서 버전 관리와 핸드오프와 같은 문제로 인해 하나의 디자인 파일만으로 프로젝트를 관리하기 어려운 경우가 발생합니다. 이러한 상황에서 팀 내에 여러 개의 디자인 파일이 존재한다면, 팀 라이브러리 기능을 활용해 서로 다른 파일에서도 컴포넌트, 스타일, 그리고 변수들을 공유하며 사용할 수 있습니다. 이때 팀 라이브러리 기능은 Professional Plan 이상의 요금제에서 사용할 수 있습니다.

❶ 팀 라이브러리 배포하기 ● ● ●

(01) 먼저 팀 라이브러리를 배포하기 위해서는 파일 안에 컴포넌트와 스타일이 존재해야 합니다.

❶ 컴포넌트와 스타일이 있는 파일을 열고 왼쪽 사이드 바에서 Assets 패널의 'Libraries' 아이콘(📖)을 클릭합니다. ❷ 라이브러리 모달이 나타나면 Current file 의 〈Publish〉 버튼을 클릭합니다.

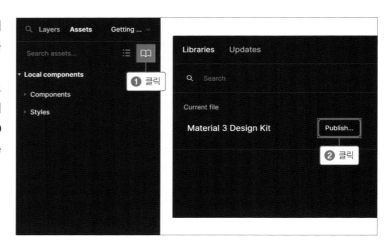

(02) Publish library 모달이 나타나면서 현재 파일에 존재하는 모든 컴포넌트와 스타일 목록을 보여줍니다.

❶ 배포할 항목들을 선택한 상태에서 ❷ 〈Publish〉 버튼을 클릭하면 캔버스 아래쪽에 토스트 메시지가 나타나면서 팀 라이브러리 배포가 완료됩니다.

TIP 👈
체크박스를 이용해 배포할 스타일과 컴포넌트를 개별 선택할 수도 있습니다.

❷ 팀 라이브러리 적용하기 ・・・

배포한 팀 라이브러리를 적용할 파일을 열고, 왼쪽 사이드 바에서 Assets 패널의 'Libraries' 아이콘을 클릭합니다. 라이브러리 모달에서 배포된 팀 라이브러리의 파일명을 확인할 수 있습니다.

파일명 왼쪽의 토글을 클릭하여 활성화하면 해당 파일에서 배포된 팀 라이브러리를 사용할 수 있습니다.

팀 라이브러리를 여러 개 활성화하면 하나의 파일에서 다양한 팀 라이브러리를 사용할 수 있습니다.

예를 들어 컴포넌트, 색상, 텍스트 스타일 등을 여러 개의 파일로 나누어 배포하면 각각의 컴포넌트와 스타일을 개별적으로 관리할 수 있습니다.

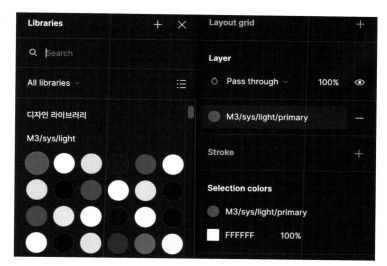

❸ 팀 라이브러리 업데이트하기 ・・・

(01) 디자인 라이브러리에서 컴포넌트나 스타일이 수정될 경우 라이브러리 파일에서 수정된 내용을 디자인 파일에 적용하기 위해서는 몇 가지 과정을 거쳐야 합니다.

TIP ◁

여기서는 팀 라이브러리를 배포한 파일을 '디자인 라이브러리', 배포된 라이브러리를 사용하는 파일을 '디자인 파일'이라고 하겠습니다.

02 먼저 디자인 라이브러리에서 컴포넌트 및 스타일 정보가 수정되면 Assets 패널에서 동그란 아이콘으로 수정 여부를 나타냅니다. 'Libraries' 아이콘(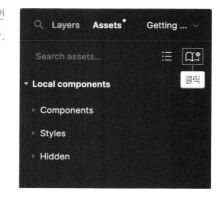)을 클릭하여 라이브러리 모달을 표시합니다.

03 라이브러리 모달에서 〈Publish 1 change〉 버튼을 클릭하면 변경 목록을 상세히 확인할 수 있습니다.

04 오른쪽 하단의 〈Publish〉 버튼을 클릭하면 수정된 라이브러리를 다시 배포합니다.

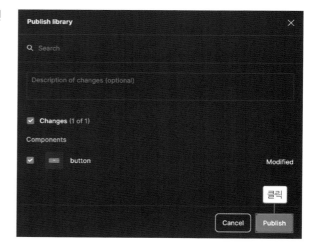

05 재배포된 라이브러리를 업데이트하기 위해 디자인 파일을 엽니다. 디자인 파일에서 사용 중인 라이브러리가 업데이트된 경우 캔버스 오른쪽 하단에 [Component updates available] 창이 표시되면 〈Review〉 버튼을 클릭합니다.

06 라이브러리 모달이 나타나며 업데이트된 내역을 보여
줍니다. 여기에서 〈Update〉 버튼을 클릭하거나, 아래
쪽의 〈Update all〉 버튼을 클릭하면 재배포된 라이브러리로
업데이트가 완료됩니다.

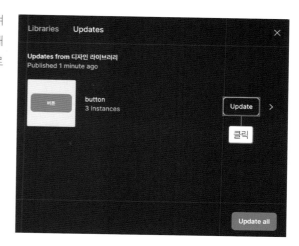

07 업데이트 목록에 있는 〈Update〉 버튼을 클릭하면 변경된 내역을 확인할 수 있습니다. 왼쪽 하단에서 〈Side by
side〉 또는 〈Overlay〉 버튼을 클릭해 리뷰 방식을 변경할 수 있습니다.

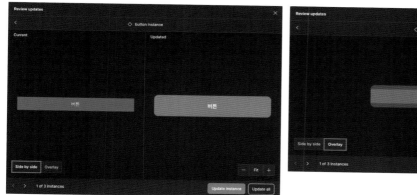
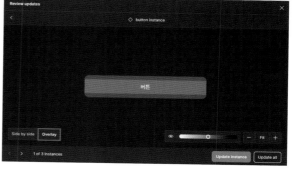

08 업데이트가 완료되면 디자인 파일에서 사용 중인 모든 팀 라이브러리 요소들이 동시에 업데이트됩니다.

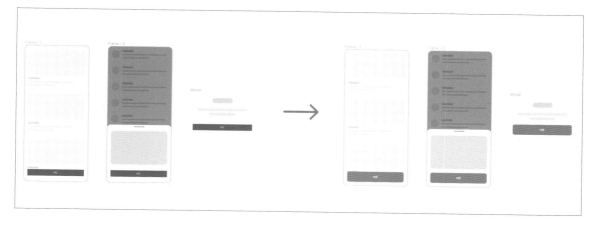

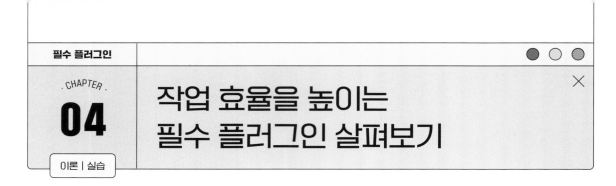

CHAPTER 04

작업 효율을 높이는 필수 플러그인 살펴보기

이론 | 실습

피그마는 자체적으로도 강력하고 다양한 기능들을 제공하지만, 플러그인을 사용하면 디자인 작업을 더 효율적으로 진행할 수 있습니다. 피그마 커뮤니티에는 수많은 플러그인들이 존재하며, 디자이너가 알아두면 유용한 필수 플러그인들을 소개하겠습니다. 일부 플러그인들은 정책에 따라 유료로 변경될 수 있습니다.

❶ 플러그인 실행하기

피그마 플러그인은 다음과 같은 두 가지 방식으로 실행할 수 있습니다.

검색해서 사용하기

01 ❶ 리소스 도구(Shift+I)를 선택하고 ❷ [Plugins] 탭에서 ❸ 원하는 플러그인을 검색해 사용할 수 있습니다.

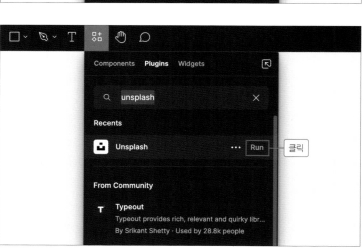

Recents에는 최근에 사용한 10개의 플러그인 목록이 나타나며, 원하는 플러그인을 탐색하고 싶은 경우 From Community의 '커뮤니티' 아이콘을 클릭하면 피그마 커뮤니티로 이동합니다.

02 검색 결과에서 'Run'을 클릭하면 플러그인이 실행됩니다.

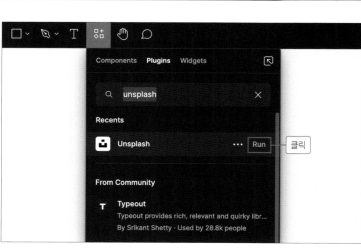

 TIP

플러그인에 따라서 특정 오브젝트를 선택한 상태에서만 실행할 수 있는 플러그인도 존재합니다.

저장해서 사용하기

(01) ❶ 리소스 도구 또는 커뮤니티에서 ❷ 'Save' 아이콘을 클릭하여 원하는 플러그인을 저장할 수 있습니다.

(02) ❶ 저장된 플러그인은 마우스 오른쪽 버튼을 클릭한 다음 ❷ Plugins → Saved plugins를 실행하여 확인할 수 있습니다.

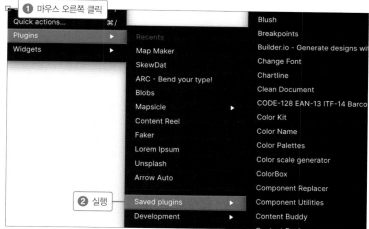

(03) Ctrl+/를 눌러 빠른 실행 메뉴에서 플러그인을 검색하여 사용할 수도 있습니다.

❷ Unsplash – 고품질의 무료 이미지 제공 플러그인 • • •

Unsplash는 상업적으로 이용할 수 있는 고품질의 무료 이미지를 제공하는 플러그인입니다. 이미지를 선택하지 않은 상태에서 클릭하면 캔버스로 해당 이미지를 불러올 수 있으며, 프레임이나 사각형과 같은 오브젝트를 선택한 상태에서 이미지를 선택하면 해당 오브젝트에 이미지를 삽입할 수 있습니다.

그러나 고화질 이미지를 많이 사용하면 파일 리소스가 커질 수 있습니다. 이때 Downsize와 같은 이미지 용량을 낮추는 플러그인을 추가로 사용하면 파일 리소스를 절약할 수 있어 함께 사용하면 프로젝트 파일의 용량 관리에 도움이 됩니다.

❸ Lorem ipsum – 문자열 생성 플러그인(영문) • • •

Lorem ipsum(로렘 입숨)은 의미 없이 나열된 단어나 문장으로 구성된 문자열을 생성하는 플러그인입니다. 이 플러그인은 텍스트 레이어가 선택된 상태에서 활성화되며, 옵션을 변경하면 문자, 단어, 문장, 문단 등으로 텍스트 길이를 조정할 수 있습니다.

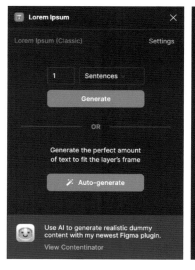

디자이너들은 프로토타입 또는 레이아웃을 만들 때 실제 텍스트를 사용하지 않고, 로렘 입숨을 활용하여 문자열을 빠르게 생성해서 디자인 작업을 진행합니다.

Auto-generate 기능을 사용하면 텍스트 박스 크기에 맞춰 자동으로 문자열을 생성합니다.

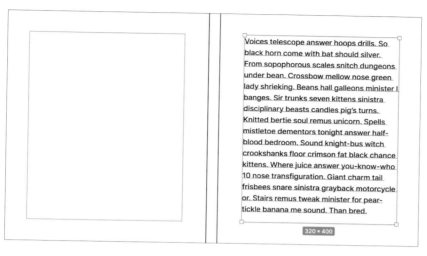

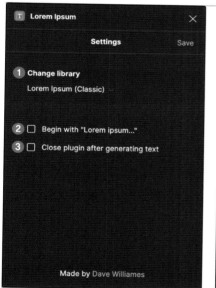
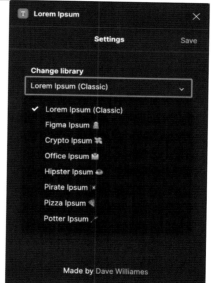

❶ Change library: 문자열의 카테고리를 변경할 수 있습니다.

❷ Begin with "Lorem ipsum…": 문자열 시작을 항상 Lorem ipsum으로 설정합니다.

❸ Close plugin after generating text: 문자열을 생성한 다음 플러그인을 자동으로 종료합니다.

❹ 한글입숨 – 문자열 생성 플러그인(한글)

로렘 입숨의 한글 버전입니다. 로렘 입숨과 같은 기능을 한국어 문자열로 사용할 수 있습니다.

❺ Faker – 특정 카테고리 문자열 생성 플러그인

Faker는 이름, 이메일, 비밀번호, 나라 이름 등과 같은 특정 카테고리에 맞는 문자열을 생성하는 플러그인입니다. 로렘 입숨보다는 더 구체적인 정보가 표현되는 문자열을 원할 때 사용합니다.

텍스트를 선택한 상태에서 Faker 플러그인의 카테고리 메뉴를 클릭하면, 선택된 텍스트가 해당 카테고리에 맞는 랜덤 문자열로 대체됩니다. 또한 'Content Reel'과 '한글더미텍스트'와 같은 유사한 플러그인들도 존재하여 다양한 문자열 생성 옵션을 제공합니다.

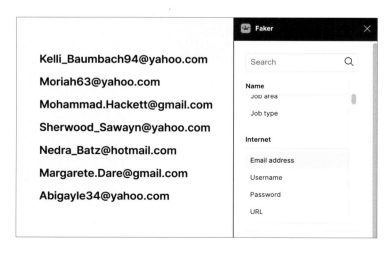

❻ Mapsicle – 지도 생성 플러그인 •••

Mapsicle은 지도 생성 플러그인으로, 지도 위에서 직접 위치를 탐색하고 원하는 설정을 마친 후 〈Create map〉 버튼을 클릭하면 지도를 손쉽게 생성할 수 있습니다. 사용자들은 생성되는 지도의 크기와 스타일 옵션을 변경하여 원하는 형태로 지도를 커스터마이징할 수 있습니다.

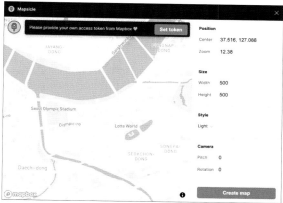

❼ Map Maker – 지도 생성 플러그인 •••

Map Maker는 또 다른 지도 생성 플러그인으로, Mapsicle과는 달리 구글 맵을 기반으로 합니다. 이러한 특징 덕분에 국내 지도를 생성할 때 한글이 표시되어 직관적인 장점을 갖고 있습니다.

하지만, Map Maker에서는 지도 위에서 직접 탐색하는 기능이 제공되지 않기 때문에 원하는 위치를 찾으려면 주소를 검색해야 합니다.

❽ Blobs – 추상적인 도형을 무작위로 생성하는 플러그인 • • •

Blobs는 얼룩무늬 형태의 도형을 무작위로 생성하는 플러그인입니다. 이 플러그인을 사용하면 Complexity 와 Uniqueness 슬라이더를 조정하여 도형의 형태를 다양하게 변형할 수 있습니다.

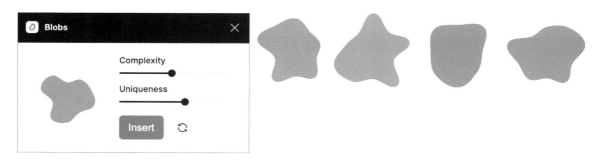

❾ SkewDat – 도형 왜곡 플러그인 • • •

SkewDat은 도형을 비스듬히 왜곡하는 플러그인입니다. 오브젝트를 선택한 상태에서 SkewDat을 실행해야 올바르게 효과를 적용할 수 있습니다.

이 플러그인을 사용하면 수평과 수직 기울기를 원하는 만큼 조정할 수 있으며, 기울기를 적용하고자 하는 도형 을 선택하고 〈Apply〉 버튼을 클릭하면 기울기가 적용됩니다. 또한, 이미 변경된 오브젝트의 기울기 값을 원래 대로 되돌리고 싶을 때는 〈Reset〉 버튼을 클릭해서 간단하게 초기 상태로 복원할 수 있습니다.

SkewDat을 활용하면 도형들을 창의적으로 왜곡시켜 다양한 효과를 적용하여 디자인 작업을 더욱 흥미롭게 만들 수 있습니다.

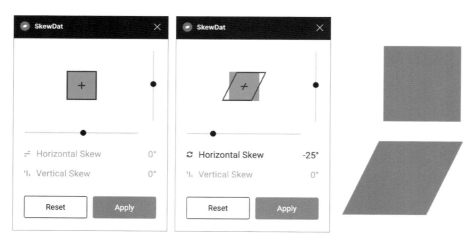

⑩ Arc – 텍스트 문자열을 둥글게 만드는 플러그인　　　• • •

Arc는 텍스트 문자열을 둥글게 만드는 플러그인으로, 텍스트를 선택한 상태에서 실행할 수 있습니다. Bend Strength 슬라이더를 조정하여 글자가 휘는 방향과 강도를 설정할 수 있습니다.

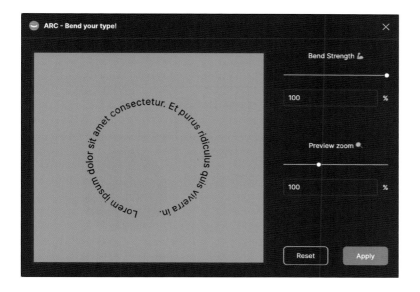

⑪ Arrow Auto – 플로우 생성 플러그인　　　• • •

Arrow Auto는 프레임들을 자동으로 연결하여 플로우를 생성할 수 있는 플러그인입니다. 프레임끼리 연결할 프레임들을 선택하고 〈Link〉 버튼을 클릭하면 화살표가 프레임 사이에 자동으로 생성되어 연결됩니다.

이 플러그인을 활성화한 상태에서 연결된 프레임들을 이동하면 화살표도 함께 따라 이동해 연결 상태를 유지합니다.

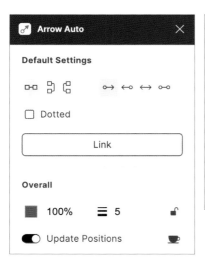

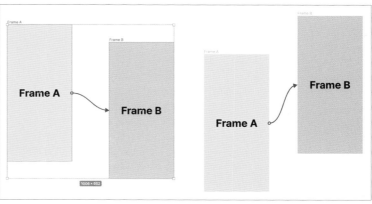

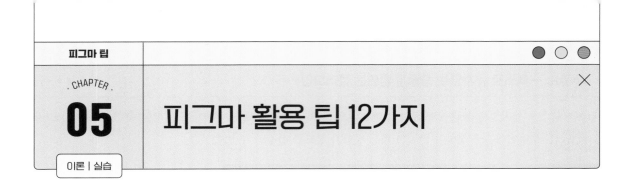

피그마 활용 팁 12가지

❶ 속성 복사, 붙여넣기 ···

색상, 투명도, 이펙트 등 여러 속성을 동시에 복사하여 다른 오브젝트에 붙여넣을 수 있습니다.

(01) ❶ 먼저 속성을 복사할 오브젝트를 선택하고 ❷ Ctrl + Alt + C 를 눌러 속성을 복사합니다. ❸ 속성을 붙여넣을 오브젝트를 선택한 다음 ❹ Ctrl + V 를 누르면 복사한 속성이 적용됩니다.

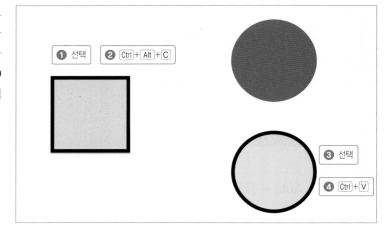

(02) Fill, Stroke, Effects 패널의 경우 해당 패널의 왼쪽 끝부분을 선택하면 해당 속성만 선택할 수 있습니다.
해당 패널이 선택된 상태에서 Ctrl + Alt + C 를 누르면 단일 속성만 복사하여 붙여넣을 수 있습니다. 이때 Stroke는 선 굵기나 고급 설정이 제외된 색상 속성만 복사됩니다.

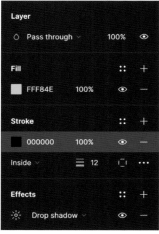

❷ 최하위 오브젝트 손쉽게 선택(Deep select)하기 • • •

여러 개의 레이어가 겹친 경우 Ctrl을 누른 채 클릭하여 최하위 요소를 손쉽게 선택할 수 있습니다.

이때 Ctrl을 누른 채 마우스 오른쪽 버튼을 클릭하면 마우스 커서가 위치한 곳에 있는 모든 레이어가 나타납니다. 잠긴 레이어도 함께 표시되기 때문에 그룹화가 복잡하게 되어 있을 경우 원하는 레이어를 더 손쉽게 찾을 수 있습니다.

❸ 섬네일 설정하기 • • •

❶ 섬네일로 설정할 프레임을 선택한 다음 ❷ 마우스 오른쪽 버튼을 클릭하고 ❸ Set as thumbnail을 실행하여 프로젝트에서 보여지는 파일의 섬네일을 설정할 수 있습니다.

파일에서 보여지는 섬네일은 1.6:1 비율이기 때문에 프레임 크기를 1,200×720로 만들어 섬네일을 설정하면 더 정확한 비율의 섬네일을 만들 수 있습니다.

❹ 오브젝트 간격 확인하기 ・・・・

❶ 간격을 확인할 오브젝트를 선택하고 `Alt`를 누르면, 현재 선택된 오브젝트와 마우스 커서가 위치한 오브젝트 사이의 거리를 확인할 수 있습니다.

❷ `Alt`를 누른 상태로 마우스를 이동하면 간격을 확인할 오브젝트를 변경할 수 있습니다.

❸ `Alt`를 누른 채 `Ctrl`을 함께 누르면 최하위 오브젝트와의 간격을 확인할 수 있습니다.

 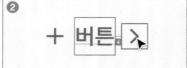 

❺ 부모-자식 레이어 쉽게 전환하기 ・・・・

부모 레이어를 선택한 상태에서 `Enter`를 누르면 자식 레이어를 모두 선택할 수 있습니다. 반대로 자식 레이어를 선택한 상태에서 `Shift`+`Enter` 또는 `\`를 누르면 부모 레이어로 이동할 수 있습니다.

이를 활용하면 오토 레이아웃의 크기를 변경하거나, 프로토타입 인터랙션 등을 설정하는 경우 다수의 오브젝트를 한 번에 선택해야 할 때 매우 편리하게 작업을 진행할 수 있습니다.

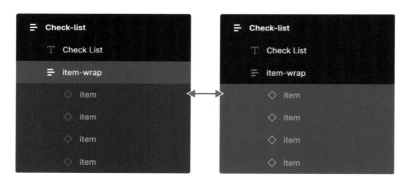

❻ 모든 레이어 닫기 ・・・・

`Alt`+`L`을 눌러 열려있는 모든 레이어를 닫을 수 있습니다.

모든 레이어를 여는 기능은 별도로 없지만, 전체 선택(`Ctrl`+`A`)한 다음 `Enter`를 여러 번 눌러 모든 레이어를 열 수 있습니다.

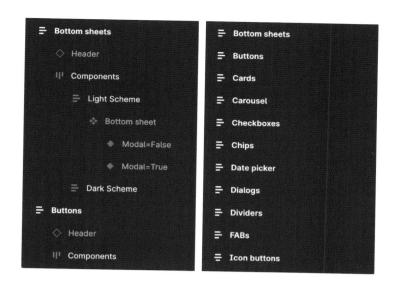

❼ 프레임 URL 공유하기 ⋯

피그마는 웹 기반 툴이기 때문에 모든 파일, 페이지, 프레임은 각각 고유한 URL이 존재합니다.

❶ 특정 프레임을 선택한 다음 ❷ 마우스 오른쪽 버튼을 클릭하고 ❸ Copy/Paste as → Copy link를 실행하거나, Ctrl + L 을 눌러 링크를 복사할 수 있습니다.

이렇게 프레임 URL을 다른 팀원에게 공유하여 링크로 이동하면 복사된 프레임에 포커싱된 상태로 파일을 확인할 수 있어 특정 프레임에 대한 커뮤니케이션을 더욱 쉽게 진행할 수 있습니다.

❽ 숫자 목록 적용 취소하기　•••

피그마의 텍스트 도구에서 '1.'이나 '1)'을 입력하고 `Spacebar`를 누르면 자동으로 숫자 목록이 적용됩니다.

이때 숫자 목록을 사용하고 싶지 않을 경우 실행 취소 단축키 `Ctrl`＋`Z`를 누르면 숫자 목록이 해제되고 기존의 문자열을 그대로 사용할 수 있습니다.

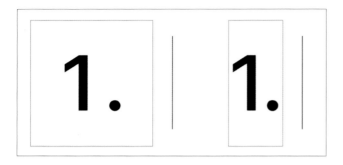

❾ 마지막으로 닫은 탭 열기　•••

`Ctrl`＋`W`를 누르면 작업 중인 파일을 닫을 수 있습니다. 만약 실수로 작업 중인 파일을 닫았을 경우, `Ctrl`＋`Shift`＋`T`를 누르면 마지막으로 닫은 탭을 다시 열 수 있습니다.

❿ 새로 고침하여 파일 최신화하기　•••

폰트를 새로 설치하거나 버전 업데이트, 오류가 발생하는 경우 등 피그마를 껐다 켜야 하는 상황이 있습니다.

이때 ❶ 파일 탭에서 마우스 오른쪽 버튼을 클릭하고 ❷ Reload Tab을 실행해 새로 고침하면 피그마나 파일을 재실행하지 않아도 디자인 파일을 최신화할 수 있습니다.

⑪ 대체하여 붙여넣기　　　　　　　　　　　　　　　　　　　　　　• • •

특정 오브젝트를 새로운 오브젝트로 교체하고 싶은 경우 먼저 ❶ 교체하고 싶은 오브젝트를 복사한 다음 ❷ 교체하려는 오브젝트를 선택합니다. ❸ 그다음 마우스 오른쪽 버튼을 클릭하고 ❹ Paste to replace를 실행해 선택한 오브젝트를 복사한 오브젝트로 교체할 수 있습니다.

이때 새로 교체되는 오브젝트의 위치는 기존 오브젝트의 왼쪽 상단 위치와 동일하게 설정됩니다.

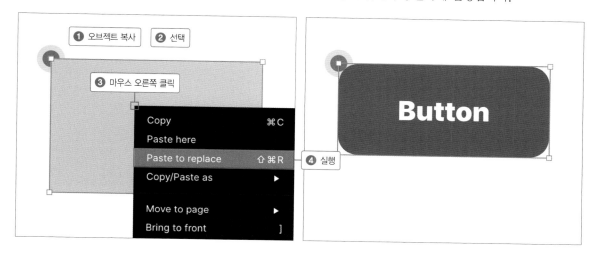

⑫ 스타일을 유지하면서 텍스트 내용만 붙여넣기　　　　　　　　　　• • •

이미 스타일이 정리된 텍스트의 내용만 변경하고 싶은 경우에는 웹 브라우저나 다른 툴에서 텍스트를 복사한 다음 이미 스타일이 정리된 텍스트를 더블클릭하여 블럭으로 지정하고 Ctrl + Shift + V 를 누릅니다. 그러면 이미 지정된 텍스트 스타일을 유지하면서 텍스트 내용만 붙여넣을 수 있습니다.

UI / UX

Designer

PART 8

✦ Designer

Practice

실전 프로젝트 다루기

Figma

Designer

CHAPTER

01

쇼핑몰 메인 화면 디자인하기

실전 예제

다양한 상품과 메뉴를 가진 쇼핑몰의 메인 페이지를 디자인해 봅니다. 가로 스크롤이 가능한 탭 메뉴, 자동으로 순환하는 배너, 각종 상품 정보를 나타내는 상품 카드, 자유로운 탐색을 위한 탭 바 등 피그마의 강력한 기능을 활용해 작업합니다.

• **완성파일**: 08\커머스 앱 메인 화면

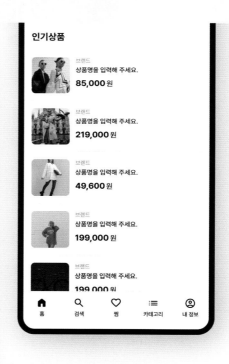

❶ 내비게이션 바 만들기 ● ● ●

내비게이션 바는 화면 위쪽에 위치하며, 사용자의 현재 위치를 보여주고 계층 구조를 탐색하기 쉽게 도와주는 컴포넌트입니다. iOS에서는 해당 컴포넌트를 내비게이션 바(Navigation bars)라고 부르며, 안드로이드는 탑 앱 바(Top app bar)라고 부릅니다.

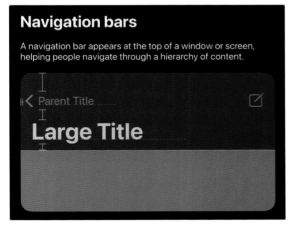

출처: Apple, human-interface-guidelines

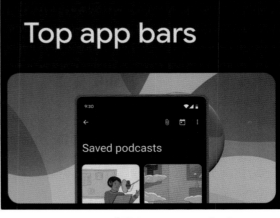

출처: Google, Material 3 – Components

01 ❶ 프레임 도구(F)를 선택하고 ❷ 390×56 크기의 프레임을 생성합니다. ❸ Ctrl+R을 누르고 프레임 이름을 'navigation-bar'로 변경합니다.

02 텍스트 로고를 생성하기 위해 ❶ 텍스트 도구(T)를 선택하고 'navigation-bar' 안쪽을 클릭한 다음 'Figma Shop'을 입력합니다. ❷ 텍스트를 선택하고 Alt+V를 눌러 가운데 정렬한 다음 프레임 왼쪽으로부터 '16'만큼 떨어진 곳에 배치합니다. ❸ 텍스트를 다음과 같이 설정합니다.

폰트: Pretendard
폰트 스타일: ExtraBold
글자 크기: 16
행간: 24

03 아이콘을 불러오기 위해 ❶ 리소스 도구(Shift+I)를 선택하고 ❷ (Plugins) 탭에서 ❸ 'Material symbols'를 검색한 다음 ❹ 플러그인을 선택하여 실행합니다.

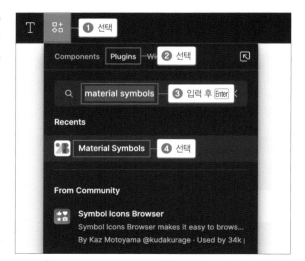

04 검색창에서 'bell'과 'bag'을 검색하여 적절한 아이콘을 불러옵니다.

TIP

'Material symbols'는 구글에서 제공하는 아이콘 플러그인입니다. Weight, Fill과 같은 옵션을 변경하여 다양한 형태의 아이콘을 불러올 수 있습니다.

05 ❶ 불러온 아이콘들을 모두 선택한 다음 ❷ 툴 바 가운데에서 'Create component' 아이콘(❖) 옆 확장 아이콘을 클릭하고 ❸ 'Create multiple components'를 선택해 아이콘을 각각 컴포넌트로 지정합니다.

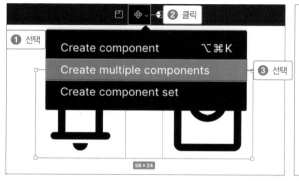
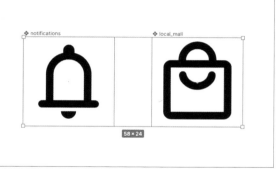

06 아이콘을 효과적으로 사용하기 위해 ❶ 각 아이콘에서 'Bounding box'를 선택해 삭제하고, ❷ 각각 'local_mall', 'notifications'라고 되어 있는 벡터 부분의 레이어 이름을 'Vector'로 통일합니다.

TIP ◁
'Material symbols' 플러그인에서 불러온 아이콘은 그림과 같이 'Bounding box'라는 도형에 마스크가 설정된 채 불러들여집니다.
아이콘 컴포넌트의 레이어 이름을 통일하면 컴포넌트를 스왑해도 아이콘 색상이 그대로 유지됩니다.

07 아이콘을 관리하기 위해 섹션 (Shift + S)이나 프레임(F)을 생성한 다음 레이어 이름을 'Icons'로 변경하고 아이콘의 메인 컴포넌트를 넣습니다.

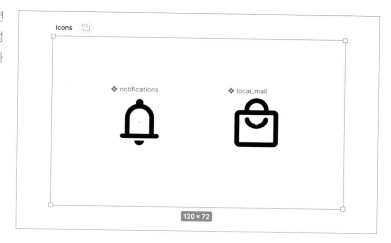

08 'notifications'와 'local_mall' 아이콘을 복사한 다음 'navigation-bar' 프레임에 붙여넣고 그림과 같이 배치합니다.

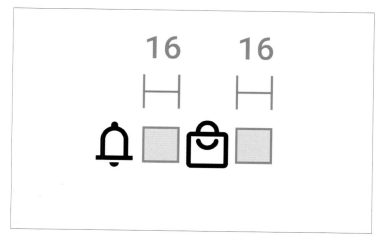

09 ❶ 'Figma Shop'을 선택하고 ❷ Constraints를 'Left', 'Center'로 지정합니다. ❸ 오른쪽 아이콘들을 모두 선택한 다음 ❹ Constraints를 'Right', 'Center'로 지정합니다.

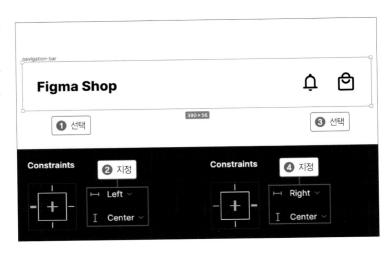

10 메인 디바이스 프레임을 생성하기 위해 F를 누른 다음 'iPhone 14'를 선택해 390×844 크기의 프레임을 생성합니다. Ctrl + R을 누르고 프레임 이름을 'Main page'로 변경한 다음 완성된 내비게이션 바(navigaion-bar)를 가운데 상단에 배치하여 마무리합니다.

❷ 카테고리 탭 메뉴 만들기 ● ● ●

탭 메뉴는 쇼핑몰 상단에서 각종 상품을 구분하는 역할을 합니다. 상품군이 많을수록 메뉴의 숫자도 커지기 때문에 가로 스크롤을 지원합니다.

01 탭 메뉴 기본형을 만들기 위해 ❶ 텍스트 도구(T)를 선택하고 ❷ 캔버스를 클릭한 다음 '메뉴'를 입력합니다. ❸ 텍스트를 다음과 같이 설정합니다.

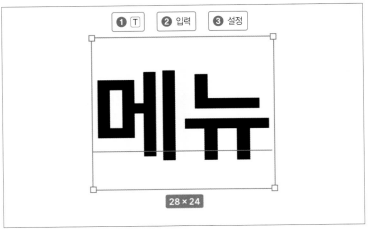

폰트: Pretendard
폰트 스타일: Bold
글자 크기: 16
행간: 24

02 ① Shift+A를 눌러 오토 레이아웃을 생성한 다음 ② Horizontal padding을 '4', Vertical padding을 '12'로 설정합니다. ③ Ctrl+R을 누르고 프레임 이름을 'menu-item'으로 변경합니다. ④ Stroke 패널에서 '+' 아이콘을 클릭하여 외곽선을 생성한 다음 ⑤ 선 두께를 '2'로 설정합니다. ⑥ Strokes per side에서 'Bottom'을 선택해 프레임 아래쪽에만 외곽선을 만듭니다.

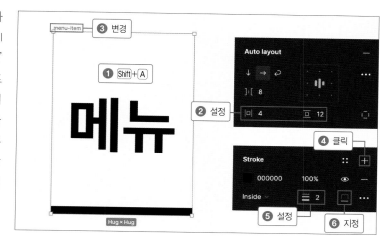

03 ① 'menu-item' 프레임을 선택한 채 Shift+A를 눌러 오토 레이아웃을 한 번 더 생성합니다.
② Horizontal padding을 '12', Vertical padding을 '0'으로 설정합니다. ③ Ctrl+R을 누르고 프레임 이름을 'menu-item-wrap'으로 변경합니다.

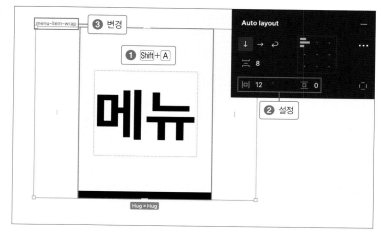

04 'menu-item-wrap' 프레임을 선택하고 Alt를 누른 채 오른쪽으로 드래그해 복제합니다. 'menu-item' 프레임을 선택한 다음 Stroke 패널에서 '–' 아이콘을 클릭하여 외곽선을 제거합니다. 가장 안쪽에 있는 텍스트를 선택하고 폰트 스타일을 'medium'으로 변경합니다.

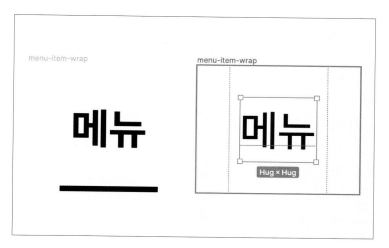

05 2개의 'menu-item-wrap' 프레임을 모두 선택합니다. 툴 바에서 'Create component' 아이콘(◈) 옆 확장 아이콘을 클릭하고 'Create component set'를 선택하여 'menu-item-wrap' 배리언츠를 생성합니다.

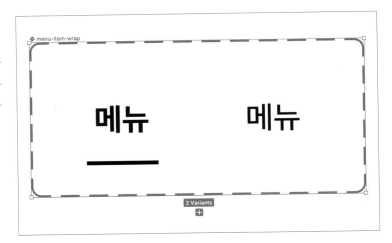

06 ❶ 'menu-item-wrap' 배리언츠 프레임을 선택한 채 오른쪽 Properties 패널에서 생성된 기본 프로퍼티를 더블클릭하고 이름을 'Selected'로 변경합니다. ❷ 밑줄이 있는 첫 번째 'menu-item-wrap' 컴포넌트를 선택한 다음 ❸ Selected 프로퍼티의 밸류를 'true'로 지정합니다.

TIP
밑줄이 있는 컴포넌트는 카테고리 목록에서 선택된 메뉴를 의미합니다.

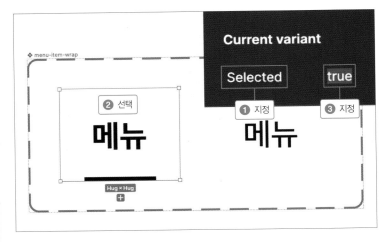

07 ❶ 밑줄이 없는 두 번째 'menu-item-wrap' 컴포넌트를 선택하고 ❷ Selected 프로퍼티의 밸류를 'false'로 지정합니다.

TIP <
밑줄이 없는 컴포넌트는 카테고리 목록에서 선택되지 않은 나머지 메뉴를 의미합니다.

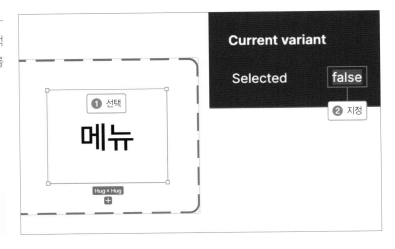

08 ❶ 'menu-item-wrap' 배리언츠에서 선택된 메뉴 1개, 선택되지 않은 메뉴 2개를 복사하고 빈 캔버스에 붙여넣은 다음 ❷ 그림과 같이 한 줄로 나열합니다.

09 모든 'menu-item-wrap' 컴포넌트를 선택한 다음 Shift + A 를 눌러 오토 레이아웃을 생성합니다. Auto layout 패널에서 간격을 '0', Horizontal padding을 '16', Vertical padding을 '0'으로 설정합니다. Ctrl + R 을 누르고 프레임 이름을 'tab-menu'로 변경합니다.

10 선택되지 않은 메뉴 프레임을 선택하고 Ctrl + D 를 눌러 메뉴를 복제합니다. 각 메뉴의 라벨을 다음과 같이 변경하여 쇼핑몰 카테고리를 표현합니다.

홈	베스트	이벤트	디지털/가전	의류	생활/건강	스포츠/레저	가구/인테리어	식품	기타

11 ❶ 프레임 도구(F)를 선택한 다음 ❷ 390×48 크기의 프레임을 생성합니다. ❸ Ctrl + R 을 누르고 프레임의 이름을 'category-list'로 변경합니다.

12 ① Stroke 패널의 '+' 아이콘을 클릭해 외곽선을 추가한 다음 ②
Stroke per side를 'Bottom'으로 지정하고 ③ 선 색상을 'EAEAEA',
선 두께를 '1'로 설정합니다.

13 ① 'tab-menu' 프레임을 선택하
고 'category-list' 프레임 안에
넣습니다. ② Alt + A / V 를 차례로 눌러
가운데, 왼쪽 정렬합니다.

14 ① Shift + E 를 눌러 프로토타입 모드로 전환합니다. ② 'category-
list' 프레임을 선택하고 ③ 오른쪽 사이드 바에서 Scroll behavior를
'Horizontal'로 지정합니다. ④ 스크롤 설정을 마치면 Shift + E 를 눌러 디자인
모드로 전환합니다.

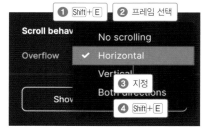

15 완성된 'category-list' 프레임을
'Main page' 프레임 안에 넣고
내비게이션 바(navigation-bar) 아래쪽
에 배치하여 마무리합니다.

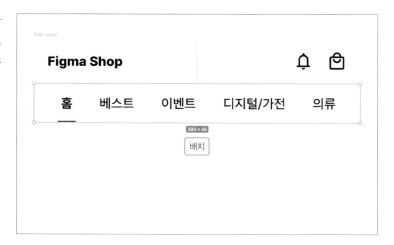

❸ 자동 슬라이드 배너 만들기 • • •

배너 영역은 광고 및 이벤트 안내를 위한 공간입니다. 예제에서는 총 3개의 이미지 영역을 활용하고 있습니다. 일반적인 프로토타입 기능으로는 1 → 2 → 3 → 1로 다시 순환하는 것이 불가능하지만, 약간의 속임수를 활용하여 배너가 1 → 2 → 3 → 1... 순서대로 무한하게 순환되도록 만들어 보겠습니다.

01 가장 먼저 배너 이미지 영역을 생성하기 위해 ❶ 사각형 도구(R)를 선택한 다음 ❷ 390×200 크기의 사각형을 생성합니다. ❸ Ctrl+R을 누르고 레이어 이름을 'img A'로 변경합니다.

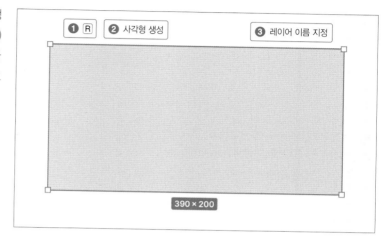

02 ❶ 'img A'를 복제해 총 4개의 이미지 영역을 만듭니다. ❷ 복제한 사각형의 레이어 이름을 각각 'img B', 'img C', 'img D'로 변경합니다. 각 이미지를 시각적으로 구분하기 위해 ❸ 'img A'와 'img D'의 색상을 '빨간색', 'img B'의 색상을 '노란색', 'img C'의 색상을 '파란색'으로 설정합니다.

TIP ⇦

색상 대신 이미지를 바로 사용해도 괜찮지만, 'img A'와 'img D'는 같은 색상 혹은 이미지를 사용해야 합니다.

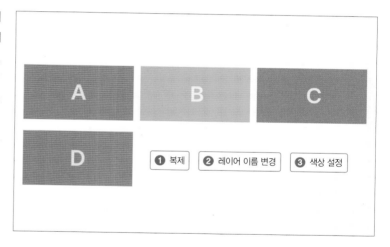

03 배너를 순환시키기 위한 4개의 이미지 슬라이드를 생성하겠습니다. 가장 먼저 'img A'와 'img B'를 선택해서 복제한 다음 Shift+A를 눌러 오토 레이아웃을 생성합니다. 간격을 '0'으로 설정하고 프레임 이름을 'img-slide'로 변경해 첫 번째 슬라이드를 완성합니다.

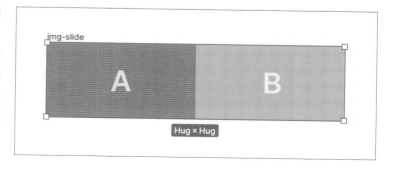

04 두 번째 슬라이드를 만들기 위해 'Img A/B/C'를 선택해서 복제한 다음 Shift+A를 눌러 오토 레이아웃을 생성합니다. 간격을 '0'으로 설정하고 프레임 이름을 'img-slide'로 변경합니다.

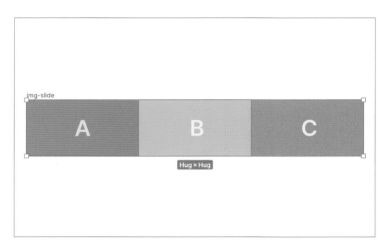

05 세 번째 슬라이드를 만들기 위해 'Img B/C/D'를 선택해서 복제한 다음 Shift+A를 눌러 오토 레이아웃을 생성합니다. 간격을 '0'으로 설정하고 프레임 이름을 'img-slide'로 변경합니다.

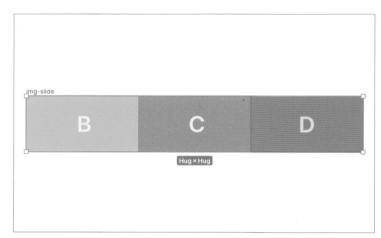

06 마지막 네 번째 슬라이드를 만들기 위해 'Img C/D'를 선택해서 복제한 다음 Shift+A를 눌러 오토 레이아웃을 생성합니다. 간격을 '0'으로 설정하고 프레임 이름을 'img-slide'로 변경합니다.

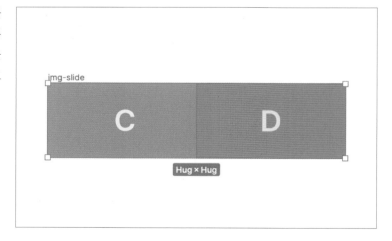

07 이렇게 4개의 'img-slide' 프레임이 완성되었습니다. 각 프레임의 이름은 모두 같아야 하며, 특히 'img A/D'가 순서에 맞게 배열되었는지 확인합니다.

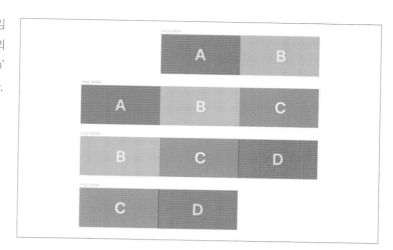

08 이번에는 디자인에 사용되는 배너 영역을 만들기 위해 ❶ 프레임 도구(F)를 선택한 다음 ❷ 390×200 크기의 프레임을 생성합니다. ❸ Ctrl+R을 누르고 프레임 이름을 'banner'로 변경합니다.

09 'banner' 프레임을 복제하여 그림과 같이 총 4개를 만듭니다. 각각 'img-slide' 프레임을 순서대로 붙여넣은 다음 'banner' 프레임 가운데에 'img A~D'가 보이도록 정렬합니다.

TIP ◁┤

프레임 안에서 오브젝트를 이동할 때 Spacebar 를 누르고 드래그하면 오브젝트가 프레임 밖으로 나가지 않습니다.

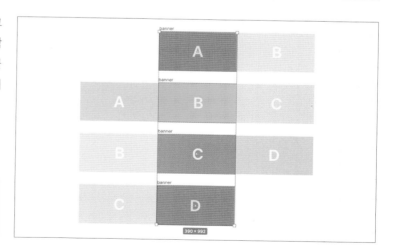

10 모든 'banner' 프레임 안쪽에 'img-slide' 프레임이 제대로 들어 있는지 확인합니다.

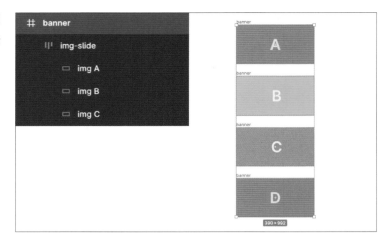

11 배너 순서를 표기하기 위해 인디케이터를 만들어 보겠습니다. ❶ 원형 도구(Ⓞ)를 선택한 다음 ❷ 8×8 크기의 원형을 생성합니다. ❸ Ctrl+Ⓡ을 누르고 레이어 이름을 'dot'으로 수정합니다.

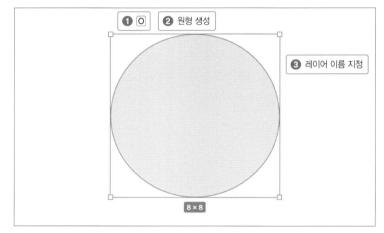

12 ❶ 총 3개의 'dot'을 만들고 색상을 'FFFFFF', 불투명도를 '30%'로 설정합니다. ❷ 모든 'dot'을 선택한 다음 Shift+Ⓐ를 눌러 오토 레이아웃을 생성합니다. ❸ 간격을 '8'로 설정하고 ❹ 프레임 이름을 'indicator'로 변경합니다.

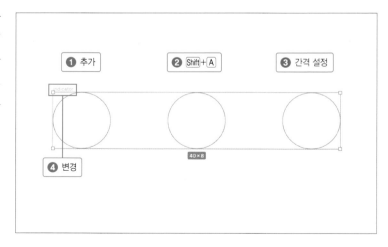

13 'indicator' 프레임을 복제한 다음 첫 번째 'banner' 프레임을 선택해 붙여넣습니다. 'indicator'를 가운데 하단에 정렬하고, 첫 번째 'dot'을 선택한 다음 불투명도를 '100%'로 설정하여 첫 번째 슬라이드를 나타냅니다.

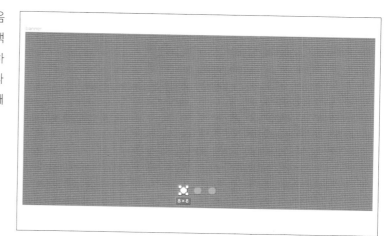

14 두 번째 'banner' 프레임에도 'indicator'를 붙여넣은 다음 첫 번째 배너(banner)와 같은 위치에 정렬합니다. 불투명도를 조절하여 두 번째 슬라이드를 나타냅니다.

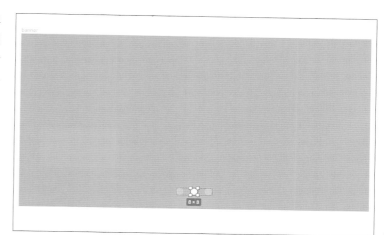

15 같은 방법으로 세 번째 'banner' 프레임에도 'indicator'를 붙여넣고, 불투명도를 조절해 세 번째 슬라이드를 나타냅니다.

TIP ◁
네 번째 슬라이드는 첫 번째 슬라이드의 'indicator'를 복제한 다음 붙여넣습니다.

16 ❶ 'banner' 프레임을 전체 선택한 다음 툴 바 가운데의 'Create component' 아이콘(⬣) 옆 확장 아이콘을 클릭하고 'Create component set'를 선택해 'banner' 배리언츠를 생성합니다. ❷ 오른쪽 Properties 패널에서 생성된 기본 프로퍼티를 더블클릭하고 이름을 'Step'으로 변경합니다.

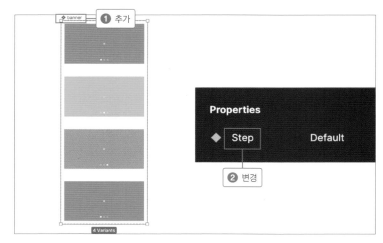

17 ❶ 배리언츠 안쪽 컴포넌트를 선택한 다음 ❷ 각각의 Step 프로퍼티 밸류를 순서대로 '1', '2', '3', '4'로 변경합니다.

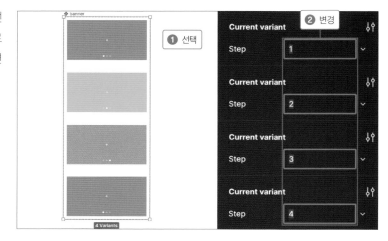

18 배리언츠에 인터랙션을 설정하기 위해 ❶ Shift+E를 눌러 프로토타입 모드로 전환합니다. ❷ 첫 번째 배너(banner)와 두 번째 배너(banner)를 연결합니다. ❸ 트리거를 'After delay', '3000ms', 애니메이션을 'Smart animate', 'Slow - 600ms'로 설정합니다.

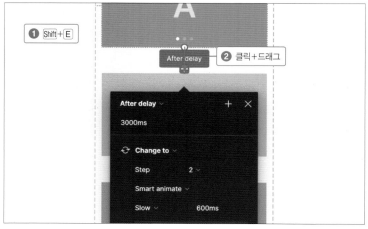

19 ❶ 두 번째 배너(banner)와 세 번째 배너(banner)를 연결합니다. ❷ 트리거를 'After delay', '3000ms', 애니메이션을 'Smart animate', 'Slow – 600ms'로 설정합니다.

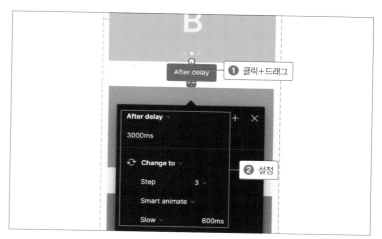

20 ❶ 세 번째 배너(banner)와 네 번째 배너(banner)를 연결합니다. ❷ 트리거를 'After delay', '3000ms', 애니메이션을 'Smart animate', 'Slow – 600ms'로 설정합니다.

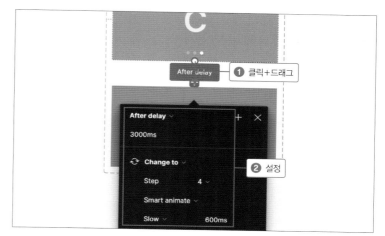

21 ❶ 네 번째 배너(banner)를 첫 번째 배너(banner)로 연결합니다. ❷ 트리거를 'After delay', '1ms', 애니메이션을 'Instant'로 지정합니다.

TIP ◁♦

이렇게 인터랙션을 설정하면 마치 3개의 슬라이드 배너가 3초 간격을 두고 무한하게 순환하는 것처럼 만들 수 있습니다.

(22) 완성된 'banner' 컴포넌트를 'Main page' 프레임 안에 넣고, 'category-list' 아래쪽에 배치해 마무리합니다.

(23) 'Main page' 프레임을 선택하고 Shift+Spacebar를 눌러 [Preview] 창을 실행하여 배너가 제대로 순환되는지 확인합니다.

❹ 세로형 상품 카드 만들기

세로로 긴 형태의 상품 카드를 디자인합니다. 상품 카드는 같은 형태가 계속해서 반복 사용되기 때문에 컴포넌트로 만들어 활용하는 것이 일반적입니다.

(01) 상품 이미지 영역을 만들기 위해 ❶ 사각형 도구(R)를 선택하고 ❷ 160×160 크기의 사각형을 생성한 다음 Corner radius를 '8'로 설정합니다. ❸ Ctrl+R을 누르고 레이어 이름을 'img'로 변경합니다.

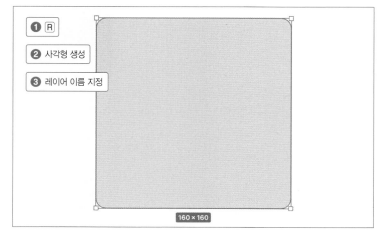

02 텍스트 도구(T)를 선택하고 캔버스를 클릭한 다음 브랜드, 상품명, 가격, 가격 단위에 대한 텍스트 라벨을 입력합니다. 각 라벨의 텍스트는 다음과 같이 설정합니다.

상품명
폰트: Pretendard / 폰트 스타일: Medium
글자 크기: 14 / 자간: 20

89,000
폰트: Pretendard / 폰트 스타일: Bold
글자 크기: 18 / 자간: 24

원
폰트: Pretendard / 폰트 스타일: Medium
글자 크기: 16 / 자간: 24

03 '89,000'과 '원' 텍스트를 선택한 다음 Shift+A를 눌러 오토 레이아웃을 생성합니다. 간격을 '2'로 설정하고 프레임 이름을 'price'로 변경합니다.

04 '상품명' 텍스트와 'price' 프레임을 선택한 다음 Shift+A를 눌러 오토 레이아웃을 생성합니다. 간격을 '4'로 설정하고 프레임 이름을 'product-info'로 변경합니다.

05 'img'와 'product-info' 프레임을
선택한 다음 Shift+A를 눌러 오토
레이아웃을 생성합니다. 간격을 '8'로 설정
하고 프레임 이름을 'product-card-v'
로 변경합니다.

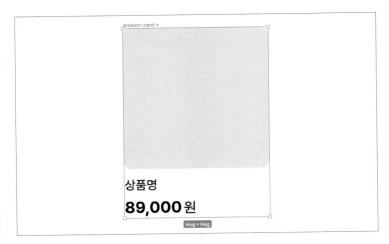

TIP ◁
여기서 v는 Vertical(수직 방향)을 의미합니다.

06 ❶ 'product-info' 프레임을 선택한 다음 ❷ Transform 패널에서 Horizontal resizing 옵션을 클릭하고 ❸ 'Fill
container'로 지정합니다.

07 이어서 'product-info' 프레임
안쪽의 '상품명' 텍스트를 선택
하고 Transform 패널에서 Horizontal
resizing을 'Fill container'로 지정합니다.

08 '상품명' 텍스트를 선택한 상태에서 ❶ 'Type settings' 아이콘(…)을 클릭한 다음 ❷ Truncate text를 활성화하고 ❸ Max lines를 '2'로 설정합니다.

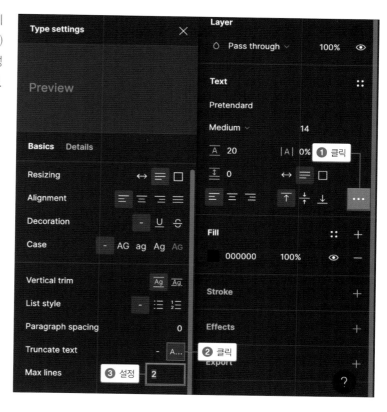

09 Truncate text 옵션을 설정하고 상품명 텍스트를 길게 입력하면 최대 2줄까지만 표시되는 것을 확인할 수 있습니다.

10 'product-card-v' 프레임을 선택한 다음 툴 바에서 'Create component' 아이콘(⬖)을 클릭해 메인 컴포넌트로 만듭니다.

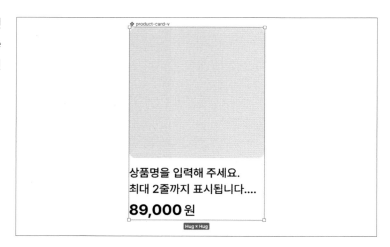

11 'product-card-v'를 복제해 인스턴스 컴포넌트를 3~4개 정도 생성합니다.

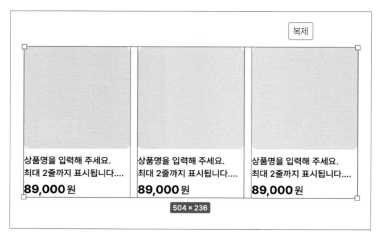

12 복제된 인스턴스 컴포넌트들을 모두 선택한 다음 Shift+A 를 눌러 오토 레이아웃을 생성하고 프레임 이름을 'cards'로 변경합니다. Auto layout 패널에서 간격을 '12'로 설정하고, All padding을 '16'으로 설정합니다.

(13) 상품 카드 섹션의 타이틀 영역을
만들기 위해 ❶ 텍스트 도구(T)
를 선택한 다음 ❷ 'Title'을 입력합니다.
❸ 텍스트를 다음과 같이 설정합니다.

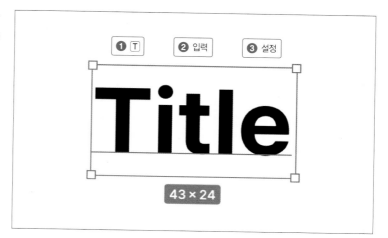

폰트: Pretendard
폰트 스타일: Bold
글자 크기: 20
행간: 24

(14) ❶ 'Title' 텍스트를 선택한 상태에서 Shift+A를 눌러 오토 레이아웃을 생성합니다. ❷ Auto layout 패널에서
'Indivisual padding' 아이콘(□)을 클릭하고 ❸ Top padding과 Horizontal padding을 '16', Bottom padding
을 '0'으로 설정합니다. ❹ 프레임 이름을 'header'로 변경한 다음 ❺ 툴 바에서 'Create component' 아이콘(✦)을 클릭
해 메인 컴포넌트로 만듭니다.

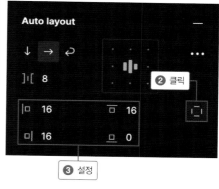

(15) 'header' 컴포넌트를 복제하고
'cards' 프레임 위쪽에 배열합니다.

16 'header'와 'cards'를 모두 선택한 다음 Shift+A를 눌러 오토 레이아웃을 생성합니다. 간격을 '0'으로 설정하고 Ctrl+R을 누른 다음 프레임 이름을 'product–section–1'로 변경합니다.

17 상품 카드가 스크롤되도록 가로 스크롤을 활성화하기 위해 'cards' 프레임을 선택하고 프레임 크기를 '390'으로 줄입니다. Transform 패널에서 'Clip contents'를 체크 표시해 벗어나는 부분을 숨깁니다.

18 'cards' 프레임을 선택한 채 (Prototype) 탭의 Scroll behavior 패널에서 Overflow를 'Horizontal'로 지정하여 가로 스크롤을 활성화합니다.

19 다시 'product-section-1' 프레임을 선택한 다음 Fill 패널에서 '+' 아이콘을 클릭하고 프레임 색상을 'FFFFFF'로 지정합니다.

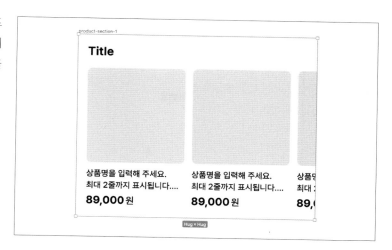

20 완성된 ❶ 'product-section-1' 프레임을 'Main page' 프레임 안에 넣고 'banner' 아래쪽에 배치합니다. ❷ 'header'의 타이틀 라벨을 '추천상품'으로 변경한 다음 마무리합니다.

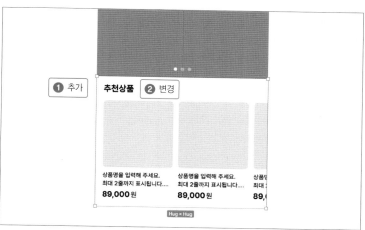

❺ 가로형 상품 카드 만들기 ● ● ●

01 상품 이미지 영역을 만들기 위해 사각형 도구(R)를 선택하고 80×80 크기의 사각형을 생성한 다음 Corner radius를 '8'로 설정합니다. Ctrl+R을 누르고 레이어 이름을 'img'로 변경합니다.

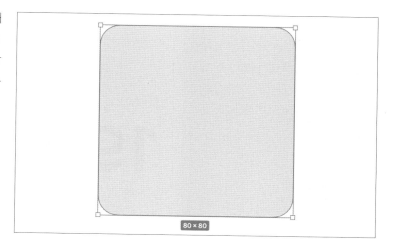

02 텍스트 도구(T)를 선택하고 캔버스를 클릭한 다음 그림과 같이 브랜드, 상품명, 가격, 가격 단위에 대한 텍스트 라벨을 입력합니다. 각 라벨의 텍스트는 다음과 같이 설정합니다.

브랜드
폰트: Pretendard / 폰트 스타일: Semibold / 글자 크기: 12 / 행간: 16

상품명
폰트: Pretendard / 폰트 스타일: Medium / 글자 크기: 14 / 행간: 20

199,000
폰트: Pretendard / 폰트 스타일: Bold / 글자 크기: 18 / 행간: 24

원
폰트: Pretendard / 폰트 스타일: Medium / 글자 크기: 16 / 행간: 24

03 '브랜드'와 '상품명' 텍스트를 선택한 다음 Shift+A를 눌러 오토 레이아웃을 생성합니다. 간격을 '2'로 설정하고 프레임 이름을 'text-wrap'으로 변경합니다.

04 '199,000'과 '원' 텍스트를 선택한 다음 Shift+A를 눌러 오토 레이아웃을 생성합니다. 간격을 '2'로 설정하고 프레임 이름을 'price'로 변경합니다.

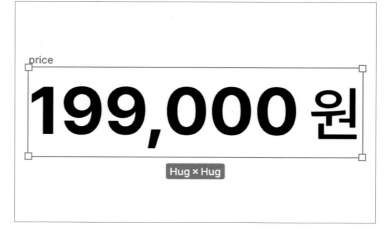

05 'text-wrap' 프레임과 'price' 프레임을 선택한 다음 Shift+A를 눌러 오토 레이아웃을 생성합니다. 간격을 '8'로 설정하고 프레임 이름을 'product-info'로 변경합니다.

06 'img'와 'product-info' 프레임을 선택한 다음 Shift+A를 눌러 오토 레이아웃을 생성합니다. 간격을 '12'로 설정하고 프레임 이름을 'product-card-h'로 변경합니다.

TIP ◁

여기서 h는 Horizontal(수평 방향)을 의미합니다.

07 'product-card-h' 프레임의 All padding을 '16'으로 설정합니다. Fill 패널에서 '+' 아이콘을 클릭하고 배경색을 'FFFFFF'로 설정합니다. Stroke 패널의 '+' 아이콘을 클릭하고 선 색상을 'EAEAEA'로 설정합니다. Strokes per side에서 'Bottom'을 지정해 프레임 아래쪽에만 외곽선을 만듭니다.

08 'product-info' 프레임을 선택한 다음 Horizontal resizing을 'Fill container'로 지정합니다.

09 'text-wrap' 프레임을 선택한 다음 Horizontal resizing을 'Fill container'로 지정합니다.

10 '상품명' 텍스트를 선택한 다음 Horizontal resizing을 'Fill container'로 지정합니다.

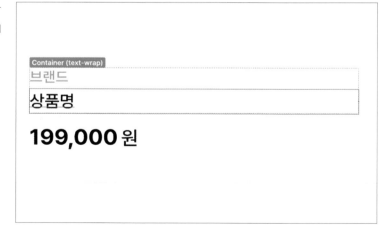

11 ❶ '상품명' 텍스트를 선택한 채 'Type settings' 아이콘(…)을 클릭하고 ❷ 'Truncate text'을 클릭하여 활성화한 다음 ❸ Max lines를 '1'로 설정합니다.

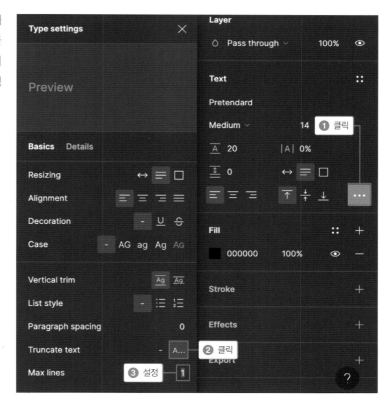

12 리사이징 설정이 완료되면 'product-card-h' 프레임을 선택한 다음 툴 바의 'Create component' 아이콘(◈)을 클릭하여 메인 컴포넌트로 만듭니다.

13 'product-card-h'를 복제하여 인스턴스 컴포넌트를 3~4개 정도 생성합니다.

14 복제된 인스턴스 컴포넌트들을 모두 선택한 다음 Shift+A를 눌러 오토 레이아웃을 생성하고 프레임 이름을 'cards'로 변경합니다. Auto layout 패널에서 간격을 '0'으로 설정합니다.

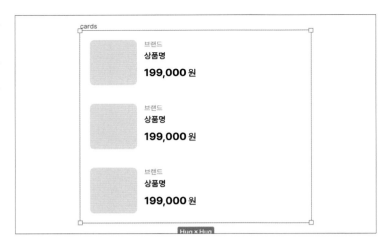

15 미리 만들어 둔 ❶ 'header' 컴포넌트를 복제한 다음 'cards' 프레임 위쪽에 배열합니다. ❷ 타이틀 라벨을 '인기상품'으로 변경합니다.

16 'header'와 'cards'를 모두 선택한 다음 Shift+A를 눌러 오토 레이아웃을 생성합니다. 간격을 '0'으로 설정하고 Ctrl+R을 누른 다음 프레임 이름을 'product-section-2'로 변경합니다. Fill 패널에 배경색을 추가한 다음 'FFFFFF'로 설정합니다.

17 완성된 'product-section-2' 프레임을 'Main page' 프레임 안에 넣고 'product-section-1' 아래쪽에 배치합니다.

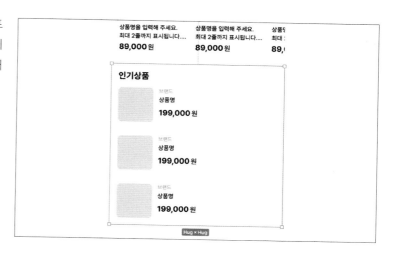

18 'product-section-1' 프레임과 'product-section-2' 프레임을 선택하고 Shift+A를 눌러 오토 레이아웃을 생성합니다. 간격을 '8'로 설정한 다음 Fill 패널에서 색상을 추가하고 'F4F4F4'로 설정합니다. Ctrl+R을 누른 다음 프레임 이름을 'contents'로 변경합니다.

（19）'product–section–2' 프레임까지 작업된 메인 페이지(Main page)의 모습을 확인합니다.

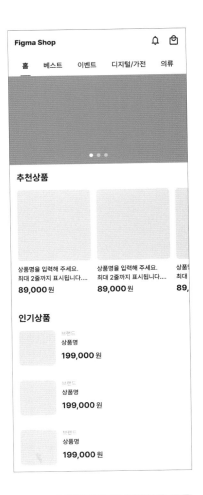

⑥ 탭 바 만들기 　　　　　　　　　　　　　　　　　　　　　　　•••

탭 바는 화면 최하단에 위치하면서 사용자가 서비스를 전체적으로 탐색하기 쉽게 돕는 컴포넌트입니다. 같은 컴포넌트를 iOS에서는 탭 바(Tab bars), 안드로이드에서는 내비게이션 바(Navigation bar)라고 부릅니다.

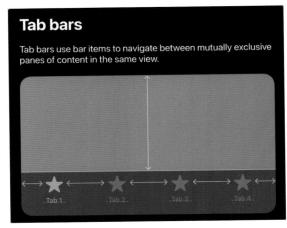

출처: Apple, human–interface–guidelines

출처: Google, Material 3 – Components

01 먼저 탭 바를 구성하는 아이콘을 불러오기 위해 ❶ 리소스 도구(Shift+I)를 선택하고 ❷ (Plugins) 탭 에서 ❸ 'Material symbols'를 검색한 다음 ❹ 선택하여 플러그인을 실행합니다.

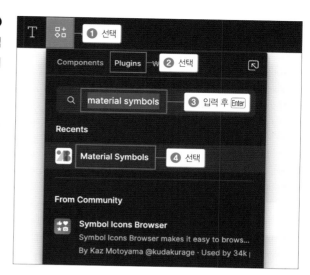

02 가장 먼저 홈 아이콘을 추가하기 위해 ❶ 플러그인 검색창에서 'home' 을 검색합니다. ❷ 검색 결과에서 Fill을 'On'으로 지정해 아이콘 스타일 을 면으로 변경하고 ❸ 'home' 아이콘을 선택하여 불러옵니다.

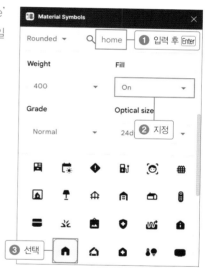

03 다시 ❶ Fill을 'Off'로 변경한 다음 ❷, ❹, ❻, ❽ 'search', 'heart', 'menu', 'user'를 검색하고 ❸, ❺, ❼, ❾ 해당 아이콘을 선택해 불러옵니다.

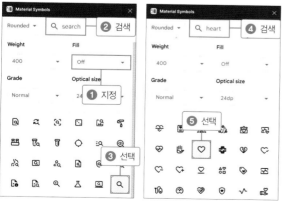

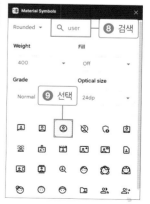

04 불러온 아이콘들을 모두 선택하고 툴 바에서 'Create component' 아이콘(◈) 옆 확장 아이콘을 클릭한 다음 'Create multiple components'를 선택해 각각 컴포넌트로 지정합니다.

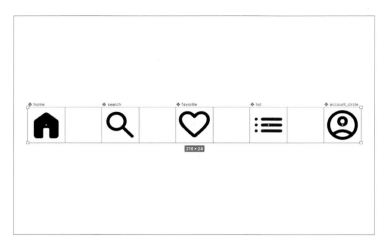

05 모든 아이콘 레이어에서 'Bounding box'를 선택한 다음 삭제하고, 벡터 부분의 레이어 이름을 'Vector'로 통일합니다.

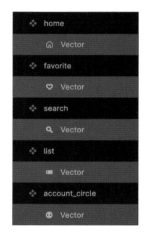

06 미리 만들어 둔 'Icons' 섹션에 아이콘 컴포넌트들을 추가합니다.

07 탭 바의 기본 단위가 되는 세그 먼트를 만들기 위해 64×80 크 기의 프레임을 생성하고, 프레임 이름을 'segment'로 변경합니다.

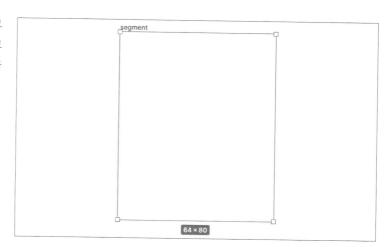

08 ❶ 'home' 아이콘을 복제합니다. ❷ 'segment' 프레임에 넣은 다 음 가운데 정렬하고 위에서부터 '12'만큼 떨어진 곳에 배치합니다.

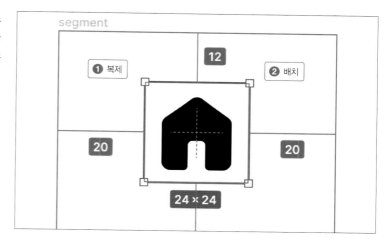

09 텍스트 도구(T)를 선택한 다음 'segment' 프레임 안에 '메뉴'를 입력합니다. 텍스트를 다음과 같이 설정합 니다.

폰트: Pretendard
폰트 스타일: Medium
글자 크기: 12
행간: 16

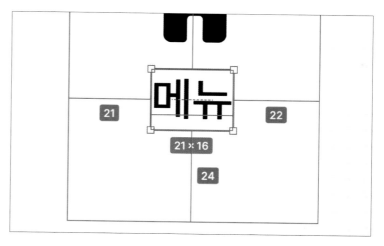

10 'segment' 프레임을 선택한 다음 툴 바에서 'Create component' 아이콘(❖)을 클릭하여 메인 컴포넌트로 만듭니다.

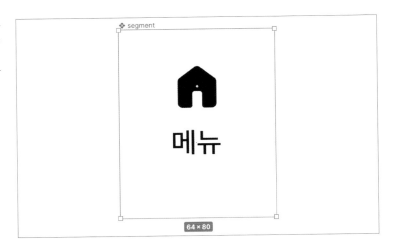

11 ❶ 'Segment' 메인 컴포넌트 안쪽의 'home' 아이콘을 선택한 다음 ❷ 오른쪽 사이드 바의 Component 패널에서 'Instace swap' 프로퍼티를 추가합니다.

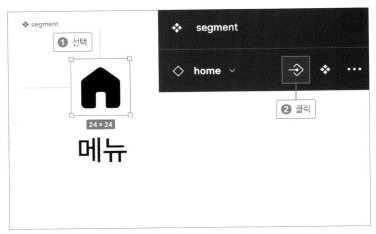

12 ❶ [Create component property] 창이 표시되면 Name에 'Icon'을 입력합니다. ❷ Preferred values의 '+' 아이콘을 클릭한 다음 ❸ 'search', 'favorite', 'list', 'accout_circle' 아이콘을 체크 표시하고 ❹ 〈Create property〉 버튼을 클릭하여 인스턴스 스왑 프로퍼티를 생성합니다.

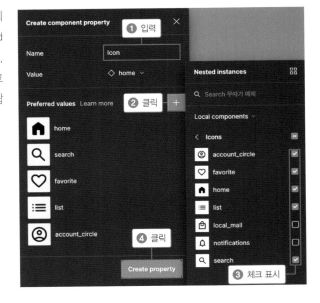

13 계속해서 ❶ '메뉴' 텍스트를 선택
하고 ❷ Text 패널에서 'Create
property' 아이콘(⤇)을 클릭합니다.

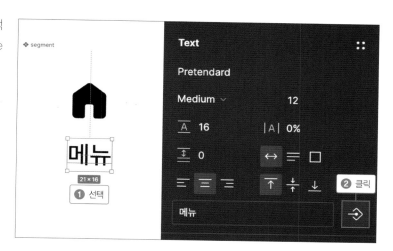

14 [Create component property] 대화상자가 표시되면 ❶ 'Name
에 'Label'을 입력한 다음 ❷ 〈Create property〉 버튼을 클릭해
텍스트 프로퍼티를 생성합니다.

15 'segment' 컴포넌트를 복사하여
총 5개의 인스턴스 컴포넌트를 만
듭니다.

16 인스턴스 스왑 프로퍼티와 텍스트 프로퍼티를 활용해 각 세그먼트의 아이콘과 라벨을 다음과 같이 변경합니다.

17 모든 세그먼트 컴포넌트를 선택한 다음 Shift+A를 눌러 오토 레이아웃을 생성합니다. Ctrl+R을 누르고 레이어 이름을 'tab-bar'로 변경합니다.

18 Stroke 패널의 ❶ '+' 아이콘을 클릭해 외곽선을 추가하고 ❷ 색상을 'EAEAEA'로 변경합니다. ❸ Strokes per side에서 'Top'을 선택해 프레임 위쪽에만 외곽선을 만듭니다.

19 'tab-bar' 프레임을 선택한 상태에서 Enter를 눌러 모든 세그먼트를 한 번에 선택합니다. Horizontal resizing을 'Fill container'로 변경하여 세그먼트의 너비가 균등하게 늘어나도록 만듭니다.

20 다시 ❶ 'tab-bar' 컴포넌트를 선택한 다음 ❷ 너비를 '390'으로 변경합니다.

TIP
이때 모든 세그먼트가 균등하게 늘어나야 합니다.

(21) ❶ 'tab-bar' 프레임을 복사하여
'Main page' 프레임에 넣은 다음
❷ Alt+H/S를 순서대로 눌러 가운데
하단에 정렬합니다.

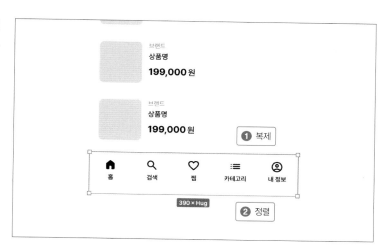

(22) 프레임 안에서 단축키를 눌러 정렬하면 Constraints 패널이 자동으로
변경됩니다. 'tab-bar'의 Constraints가 'Bottom'으로 지정되었는지
확인합니다.

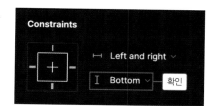

❼ 포지션 설정하고 마무리하기 • • •

(01) 프로토타입에서 스크롤할 때 특정 영역을 고정하겠습니다.
❶ 'navigation-bar', 'category-list', 'tab-bar'를 선택한 다음 ❷ (Prototype) 탭의 Scroll behavior에서
Position을 'Fixed'로 지정합니다.

02 Main page를 선택한 상태에서 Shift + Spacebar 를 눌러 [Preview] 창을 실행한 다음 아래의 사항이 정상적으로 동작하는지 확인합니다.

□ 카테고리 탭 메뉴가 가로로 스크롤된다.
□ 배너가 자동으로 슬라이드된다.
□ 추천 상품 영역이 가로로 스크롤된다.
□ 화면을 세로로 스크롤했을 때 '내비게이션 바', '카테고리 목록'은 미리 보기 화면 위쪽에, '탭 바'는 미리 보기 화면 아래쪽에 고정되어 있다.

03 모든 인터랙션이 정상적으로 동작하면 Unsplash 플러그인을 활용하여 이미지를 채워 넣어 쇼핑몰 메인 페이지를 완성합니다.

CHAPTER

02

음악 앱 화면 디자인하기

실전 예제

×

어두운 그레이디언트 배경 위에 화이트 텍스트를 베이스로 하고, 레이어 불투명도를 활용한 음악 앱을 디자인해 봅니다. 이때 각종 플러그인을 활용하면 더욱 사실적인 화면을 연출할 수 있습니다.

• **완성파일**: 08\인터랙션이 포함된 음악 앱 화면   • • •

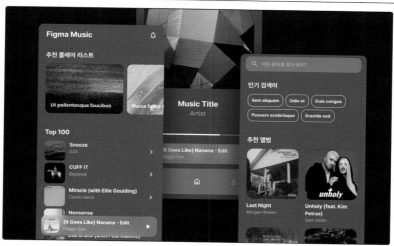

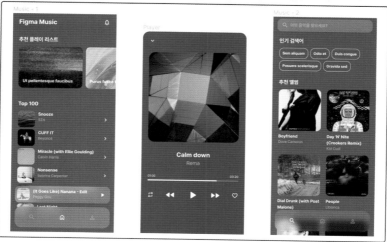

01 Material Symbols 플러그인을 이용해 디자인에 사용할 아이콘들을 준비합니다.

❶ 리소스 도구(Shift+I)를 선택하고 ❷ (Plugins) 탭에서 ❸ 'Material symbols'를 검색한 다음 ❹ 선택해서 플러그인을 실행합니다.

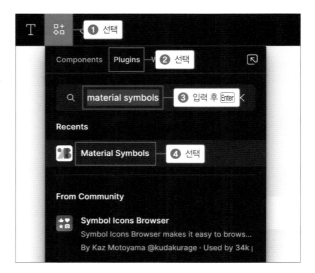

02 왼쪽 상단의 ❶ 아이콘 타입을 'Rounded'로 변경한 다음 ❷ 검색창에서 'search', 'home', 'person', 'notifications', 'favorite', 'chevron_right', 'expand_more'의 총 7개 아이콘을 검색하고 ❸ 각각 선택해 불러옵니다.

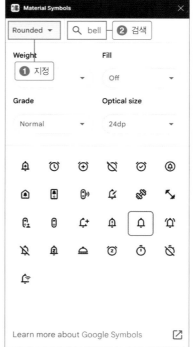

03 이번에는 채워진 형태의 아이콘을 사용하기 위해 ❶ Fill을 'On'으로 변경합니다. ❷ 'music'을 검색하고 ❸ 다음과 같이 'play_arrow', 'fast_rewind', 'fast_forward', 'repeat' 아이콘을 불러옵니다.

04 섹션 도구(Shift+S)를 선택한 다음 섹션을 생성합니다. Ctrl+R을 누르고 섹션 이름을 'Icon'으로 변경합니다. 불러온 아이콘들을 'Icon' 섹션에 넣고 전체 선택합니다. 툴 바의 'Create component' 아이콘(◈) 옆 확장 아이콘을 클릭하고 'Create multiple components'를 선택하여 아이콘을 각각 컴포넌트로 지정합니다.

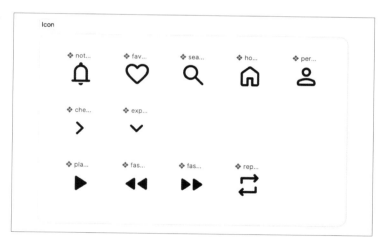

05 ❶ 'Icon' 섹션을 선택한 다음 ❷ Selection colors 패널에서 색상을 '1C1B1F'로 지정해 어둡게 변경합니다. ❸ 안쪽의 모든 아이콘을 선택하고 ❹ Selection colors 패널에서 아이콘의 기본 색상을 'FFFFFF'로 변경하여 모든 아이콘의 색상을 한 번에 흰색으로 변경합니다.

06 아이콘을 효과적으로 사용하기 위해 각 아이콘에서 'Bounding box'를 선택해 삭제하고, 벡터 부분의 레이어 이름을 'Vector'로 통일합니다.

TIP ⭠
아이콘 벡터 부분의 레이어 이름을 통일시키면, 아이콘을 스왑할 때 색상 정보를 유지한 채로 스왑하여 사용할 수 있습니다.

07 컴포넌트를 분류하여 관리하기 위해 ❶ 왼쪽 사이드 바의 Pages 패널에서 '+' 아이콘을 클릭하여 새로운 페이지를 생성합니다. ❷ 기본 페이지 이름을 'Design', 새로운 페이지 이름을 'Masters'로 변경합니다.

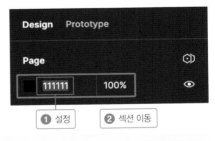

08 ❶ 'Masters' 페이지로 이동한 다음 오른쪽 사이드 바의 Page 패널에서 캔버스 색상을 '111111'로 변경합니다. ❷ 'Design' 페이지의 'Icon' 섹션을 잘라내기(Ctrl+X)한 다음 'Masters' 페이지에 붙여넣기(Ctrl+V)하여 섹션 위치를 'Design' 페이지에서 'Masters' 페이지로 이동합니다.

TIP ⭠
메인 컴포넌트를 디자인에 직접 사용할 경우, 메인 컴포넌트와 인스턴스 컴포넌트가 잘 구분되지 않습니다. 그러므로 메인 컴포넌트를 수정하여 인스턴스 컴포넌트 전체가 의도치 않게 수정되는 실수를 방지하고, 메인 컴포넌트를 쉽게 찾을 수 있도록 별도의 페이지에서 관리하는 것이 좋습니다.

❶ 기준 프레임을 생성하기 위해 ❶ 프레임 도구(F)를 선택한 다음 iPhone 14 (390×844) 크기의 프레임을 생성합니다. ❷ Ctrl+R을 누르고 프레임 이름을 'Music – 1'로 변경합니다.
배경색을 설정하기 위해 ❸ Fill 패널에서 색상 상자를 클릭해 팔레트를 표시한 다음 ❹ 페인트 유형에서 'Gradient'를 클릭합니다.

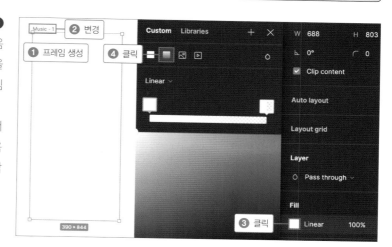

02 그레이디언트 패널에서 ❶ 시작 색상을 선택하고 ❷ '1B3D96'로 설정합니다. 이어서 ❸ 끝 색상을 선택한 다음 ❹ 색상을 '592A94', 불투명도를 '100%'로 설정합니다.

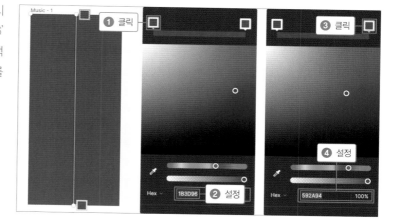

03 로고 텍스트를 생성하기 위해 ❶ 텍스트 도구(T)를 선택한 다음 ❷ 'Music – 1' 프레임 안쪽에 'Figma Music'을 입력합니다. ❸ 텍스트를 다음과 같이 설정합니다.

폰트: Pretendard
폰트 스타일: Bold
글자 크기: 24
행간: 32

04 'Masters' 페이지에 있는 'Icon' 섹션에서 'notifications' 아이콘을 복사한 다음 'Music – 1' 프레임에 붙여넣습니다.

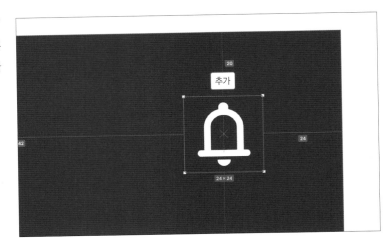

05 ❶ 'Figma music'과 'notifications' 아이콘을 선택하고 ❷ Shift+A를 눌러 오토 레이아웃을 생성합니다. ❸ 간격을 'Auto', Horizontal/Vertical padding을 '16'으로 설정합니다. ❹ Ctrl+R을 누르고 프레임 이름을 'navigation-bar'로 변경한 다음 너비를 '390'으로 설정합니다.

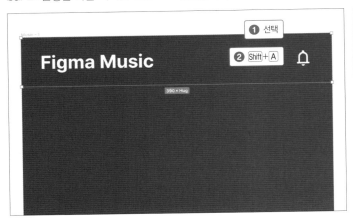

③ 설정

④ 프레임 이름과 너비 설정

---

❸ 추천 플레이 리스트 영역 만들기　　　　　　　　　　　　● ● ●

01 ❶ 텍스트 도구(T)를 선택한 다음 ❷ 'Music – 1' 프레임을 클릭하고 '추천 플레이 리스트'를 입력합니다. ❸ 텍스트를 다음과 같이 설정합니다.

폰트: Pretendard
폰트 스타일: Bold
글자 크기: 20
행간: 24

02 프레임 도구(F)를 선택한 다음 추천 플레이 리스트 아래쪽에 240 ×160 크기의 프레임을 생성하고 프레임 이름을 'img'로 변경합니다. 색상을 '000000'으로 변경하고 Corner radius 를 '16'으로 설정합니다.

03 'img' 프레임 안쪽에 새로운 텍스트를 생성하여 플레이 리스트의 제목 영역을 만듭니다. 텍스트를 왼쪽 하단에서 '16'만큼 떨어진 곳에 배열하고, Constraints를 'Left, Bottom'으로 지정합니다.

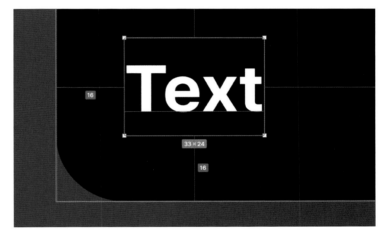

04 Alt를 누른 채 드래그하여 'img' 프레임을 오른쪽으로 복제합니다.

05 복제한 'img' 프레임들을 모두 선택한 다음 Shift+A를 눌러 오토 레이아웃을 생성하고 간격을 '12'로 설정합니다. 새로운 프레임 이름을 'img-wrap'으로 변경한 다음 스크롤 영역을 생성하기 위해 프레임을 드래그하여 너비를 '342'로 변경합니다.

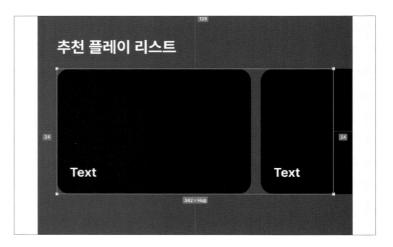

06 '추천 플레이 리스트'와 'Img-wrap'을 선택한 다음 Shift+A를 눌러 오토 레이아웃을 생성하고 간격을 '16'으로 설정합니다.

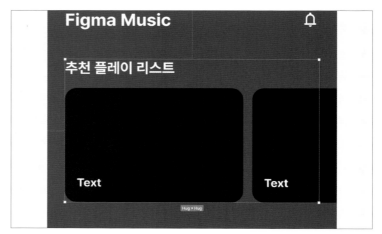

07 ❶ Auto layout 패널에서 Horizontal/Vertical padding을 '24'로 설정하고 ❷ 프레임 이름을 'recommended-section'으로 변경한 다음 ❸ 'navigation-bar' 아래쪽에 배치하여 마무리합니다.

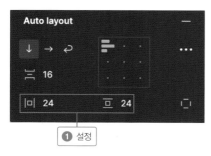

❶ 설정

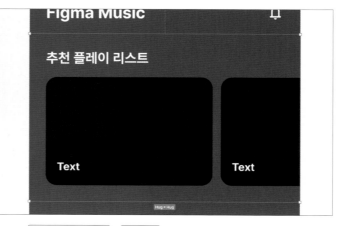

❷ 프레임 이름 지정   ❸ 배치

❹ Top 100 영역 만들기 ・・・

01 텍스트 도구(**T**)를 선택한 다음 'Music – 1' 프레임에 'Top 100' 을 입력합니다. 텍스트를 다음과 같이 설정합니다.

폰트: Pretendard
폰트 스타일: Bold
글자 크기: 20
자간: 24

02 사각형 도구(**R**)를 선택한 다음 'Top 100' 텍스트 아래쪽에 64 ×64 크기의 사각형을 생성하고 Corner radius를 '12'로 설정합니다. 사각형 이름 을 'Art'로 변경합니다.

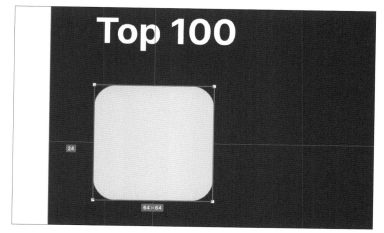

03 텍스트 도구(**T**)를 선택한 다음 사각형 오른쪽에 'Title'과 'Artist' 를 입력합니다. 텍스트를 다음과 같이 설정합니다. 'Artist'를 선택한 다음 숫자 키 패드 **6**을 누르거나 Layer 패널에서 불투명도를 '60%'로 설정합니다.

Title
폰트: Pretendard / 폰트 스타일: Bold / 글자 크기: 16 / 자간: 24

Artist
폰트: Pretendard / 폰트 스타일: Regular / 글자 크기: 14 / 자간: 20

04 'Icon' 섹션의 'chevron_right' 아이콘을 복제한 다음 프레임 오른쪽에 배치합니다.

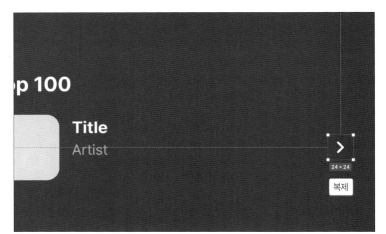

05 'Title'과 'Artist'를 선택한 다음 Shift+A를 눌러 오토 레이아웃을 생성합니다. 간격을 '0'으로 설정하고 Ctrl+R을 누른 다음 프레임 이름을 'text'로 변경합니다.

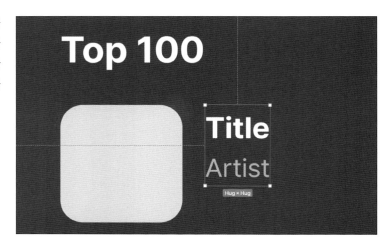

06 'text'와 'Art'를 선택한 다음 오토 레이아웃을 생성하고, 간격을 '12'로 설정합니다. 프레임 이름을 'music-info'로 변경합니다.

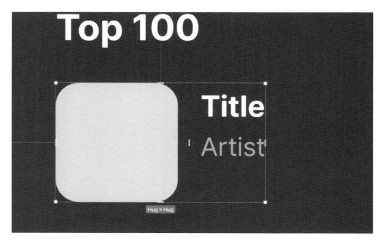

07 'music-info'와 'chevron_right' 아이콘을 선택한 다음 [Shift]+[A]를 눌러 오토 레이아웃을 생성합니다. 프레임 이름을 'music-list-item'으로 변경합니다.

08 ❶ 'music-list-item' 프레임의 Horizontal resizing을 'Fixed'로 변경한 다음 W(너비)를 '342'로 고정합니다.
❷ Auto layout 패널에서 'music-info'와 'chevron_right' 아이콘 사이의 간격을 '16'으로 설정합니다.

❺ 리사이징 설정하기 • • •

01 음악 제목이 길어지면 타이틀을 한 줄만 보여주기 위해 'music-list-item' 프레임의 리사이징을 설정하겠습니다.

이미지와 텍스트들이 포함된 'music-info' 프레임을 선택한 다음 Horizontal resizing을 'Fill container'로 변경합니다.

02 그다음 타이틀과 아티스트 텍스트가 있는 'text' 프레임을 선택하고 Horizontal resizing을 'Fill container'로 변경합니다.

03 마지막으로 ❶ 'Title' 텍스트를 선택하고 Horizontal resizing을 'Fill container'로 변경합니다.
제목의 표시 범위를 최대 한 줄로 제한하기 위해 ❷ Text 패널의 'Type settings' 아이콘(⋯)을 클릭하고 'Truncate text'를 활성화한 다음 ❸ Max lines를 '1'로 설정합니다.

04 'music-list-item' 프레임 전체를 선택하고 툴 바 가운데의 'Create component' 아이콘(◈)을 클릭하여 'music-list-item'을 메인 컴포넌트로 지정합니다.

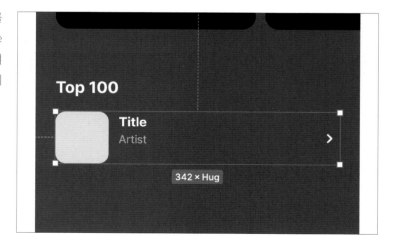

05 생성된 'music–list–item' 메인
컴포넌트를 선택하고 Ctrl + X 를
눌러 잘라낸 다음 'Masters' 페이지로 이
동해 붙여넣습니다.

06 ❶ Design 페이지로 돌아가서 리소스 도구(Shift + I)
를 선택하고 ❷ (Components) 탭에서 'music–
list–item'을 검색하면 ❸ 컴포넌트를 선택해 사용할 수 있습
니다.

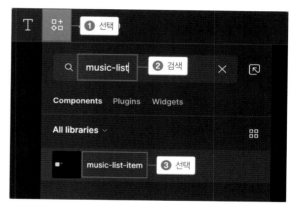

07 'Music – 1' 프레임 안의 Top
100 아래쪽에 'music–list–item'
컴포넌트를 붙여넣은 다음 Alt 를 누르고
아래쪽으로 드래그하여 컴포넌트를 여러
개 복사합니다.
붙여넣은 컴포넌트들을 모두 선택한 다음
Shift + A 를 눌러 오토 레이아웃을 생성합
니다. 수직 간격을 '8'로 설정하고 프레임
이름을 'music–list'로 변경합니다.

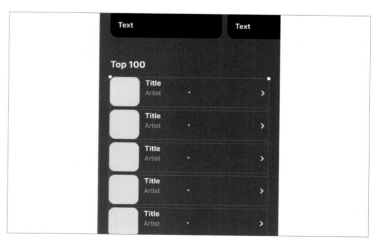

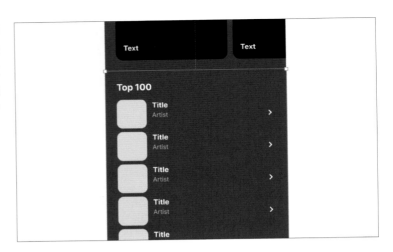

08 'Top 100'과 'music-list' 프레임을 선택한 다음 오토 레이아웃을 생성합니다. 간격을 '16'으로 설정하고 Horizontal/Vertical padding을 '24'로 설정한 다음 'recommended-section' 아래쪽에 배치합니다.

---

❻ 데이터 추가하기   • • •

01 먼저 추천 플레이 리스트인 'recommended-section'에서 'img' 프레임들을 모두 선택한 다음 Unsplash 플러그인을 실행하여 원하는 이미지를 삽입합니다.

TIP ⬅
[Part 7 – Unsplash 플러그인 사용하기]를 참고하세요.

02 'img' 프레임 안쪽에 있는 텍스트들을 모두 선택한 다음 Lorem ipsum 플러그인을 실행합니다. 문장 생성 옵션을 '3 Words'로 설정하고 〈Generate〉 버튼을 클릭해 적절한 더미 텍스트를 생성합니다.

TIP ⬅
[Part 7 – Lorem ipsum 플러그인 사용하기]를 참고하세요.

03 이번에는 음악의 커버 아트, 타이틀, 가수, 재생 시간 등 데이터들을 불러올 수 있는 플러그인을 활용해 'music-list-item'을 채워보겠습니다.

먼저 ❶ 리소스 도구(Shift+I)를 선택하고 ❷ [Plugins] 탭에서 ❸ 'Music Data'를 검색한 다음 ❹ 플러그인을 선택하여 실행합니다.

04 'music-list-item'을 선택한 상태에서 플러그인의 음악 데이터를 클릭하면 데이터가 삽입됩니다.

TIP ⬷

Music Data 플러그인이 실행되면 원하는 음악을 검색하거나 플러그인의 메인 화면에서 음악 데이터를 불러올 수 있습니다.

TIP ⬷

음악 데이터를 정상적으로 불러오기 위해서는 프레임 이름이 'Album', 'Art', 'Artist', 'Title', 'Duration'로 지정되어 있어야 합니다. 예제에서는 'music-list-item' 컴포넌트를 만들 때 미리 설정했기 때문에 데이터를 바로 불러올 수 있지만, 다른 곳에서 활용할 경우 프레임 이름을 변경해 사용하시기 바랍니다.

05 모든 'music-list-item'를 원하는 데이터로 채운 뒤 마무리합니다.

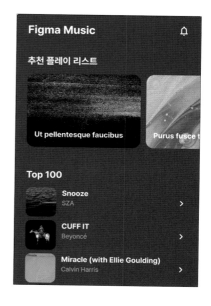

01 탭 바 컴포넌트를 생성하기 위해 'Masters' 페이지로 이동하여 작업을 진행하겠습니다. 'Icon' 섹션에서 'search' 아이콘을 복사하고 빈 캔버스에 붙여넣기 합니다.

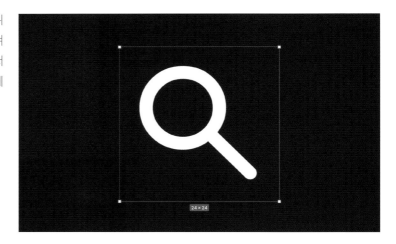

02 ❶ 'search' 아이콘을 선택한 채 Shift+A를 눌러 오토 레이아웃을 생성한 다음 ❷ 정렬을 '가운데'로 지정하고 ❸ H(높이)를 '80'으로 설정합니다. ❹ Ctrl+R을 누르고 프레임 이름을 'segment'로 변경합니다.

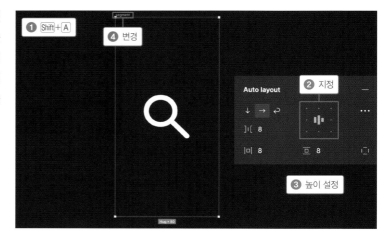

03 ❶ 'segment'를 복제해 총 3개를 만들고 ❷ 안쪽의 아이콘을 각각 'home'과 'person'으로 변경합니다.

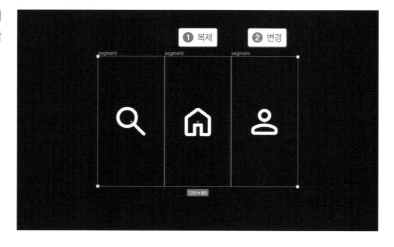

04 3개의 세그먼트를 모두 선택한 다음 Shift+A를 눌러 오토 레이아웃을 생성하고 프레임 이름을 'tab-bar'로 변경합니다. Horizontal padding을 '8'로 설정합니다.

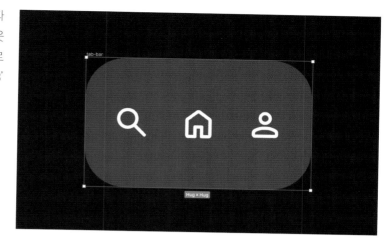

05 ❶ 'tab-bar' 프레임을 선택한 상태에서 Fill 패널의 색상을 'FFFFFF – 20%'로 설정합니다. ❷ Effects 패널에서 'Background blur' 이펙트를 추가한 다음 ❸ 'Effect settings' 아이콘을 클릭하고 ❹ Blur를 '40'으로 설정합니다.

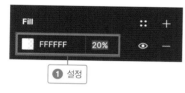

06 'tab-bar'의 모서리 조절점을 드래그하여 W(너비)를 '358'로 설정합니다.

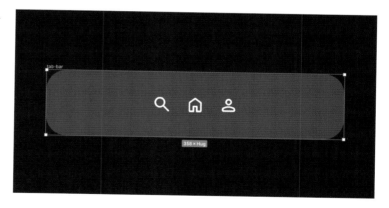

07 'tab-bar' 프레임이 선택된 상태에서 Enter를 눌러 하위 'segment' 프레임 3개를 동시에 선택하고 Horizontal resizing을 'Fill container'로 변경합니다.

08 다시 'tab-bar'를 선택한 다음 [Alt]를 누른 상태로 드래그해 2개 더 복제합니다.

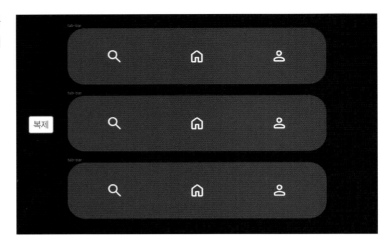

09 첫 번째 'tab-bar'에서는 'home' 과 'person', 두 번째 'tab-bar' 에서는 'search'와 'person', 세 번째 'tab-bar'에서는 'search'와 'home' 아 이콘이 있는 'segment' 프레임을 선택합 니다. 숫자 키패드 3을 누르거나, Layer 패널에서 직접 불투명도를 '30%'로 설정 합니다.

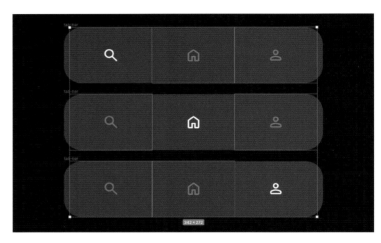

10 모든 'tab-bar'를 선택하고 툴 바 의 'Create component' 아이콘 (◈) 옆 확장 아이콘을 클릭한 다음 'Create component set'을 선택하여 'banner' 배리언츠를 생성합니다.

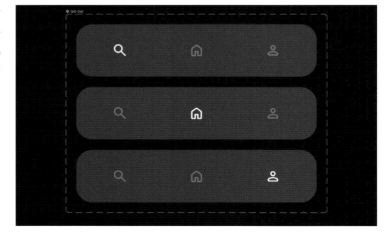

(11) ① 기본 프로퍼티를 'Menu'로 변경한 다음 ②
'Property settings' 아이콘(♦♦)을 클릭하고 프로퍼
티 밸류를 위쪽에서부터 순서대로 'account', 'search',
'home'으로 설정합니다.

❽ 재생 중인 음악 상태 바 만들기

(01) 재생 중인 음악을 나타내는 상태 바를 디자인하기
위해 먼저 ① 프레임 도구(F)를 선택한 다음 358
×64 크기의 프레임을 생성합니다. ② Fill 패널에서 색상
을 'FFFFFF – 20%'로 설정하고 ③ 프레임 이름을 'now-
playing'으로 변경합니다.

(02) ① Effects 패널에 'Background blur'를 추가하고
② 'Effect settings' 아이콘을 클릭한 다음 ③ Blur
를 '40'으로 설정합니다.

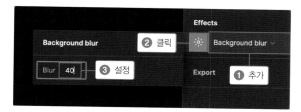

(03) 사각형 도구(R)를 선택하고
'now-playing' 프레임 안쪽
에 48×48 크기의 사각형을 생성한 다
음 Corner radius를 '12'로 설정합니다.
Music Data 플러그인을 적용하기 위해
레이어 이름을 'Art'로 변경합니다.

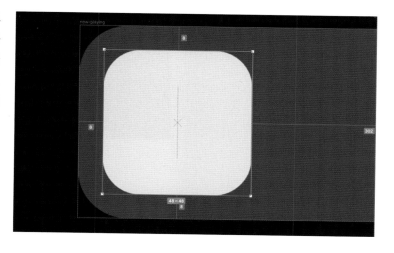

04 ❶ 텍스트 도구(T)를 선택한 다음 ❷ Art 오른쪽에 'Title'과 'Artist'를 입력합니다. ❸ 텍스트를 다음과 같이 설정합니다. ❹ 'Artist' 텍스트를 선택하고 ❺ Layer 패널에서 불투명도를 '60%'로 설정합니다.

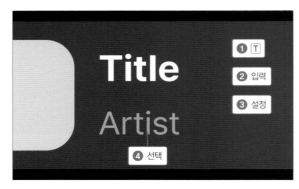

Title
폰트: Pretendard / 폰트 스타일: Bold / 글자 크기: 16 / 행간: 24

Artist
폰트: Pretendard / 폰트 스타일: Regular / 글자 크기: 14 / 행간: 20

05 'Icon' 섹션에서 'play_arrow' 아이콘을 가져온 다음 'now-playing' 프레임의 오른쪽 가운데에 배치합니다.

06 'music-list-item' 프레임을 참고하여 오토 레이아웃을 생성하고 리사이징을 설정한 다음 'now-palying'을 메인 컴포넌트로 지정합니다.

TIP ◁┤
'now-playing' 프레임은 'Top 100' 섹션의 'music-list-item' 프레임과 같은 구조입니다.

07 Design 페이지로 전환하고 'tab
-bar' 배리언츠에서 'home'이
선택된 'tab-bar' 컴포넌트를 복사한 다
음 'Music – 1' 프레임에 붙여넣습니다.
Alt + S / H 를 눌러 'tab-bar'를 가운데
하단에 정렬하고 아래쪽으로부터 '16'만큼
떨어진 곳에 배치합니다.

08 'now-playing' 컴포넌트도 복사
한 다음 'tab-bar' 컴포넌트 위쪽
으로 '16'만큼 떨어진 곳에 배치해 마무리
합니다.

TIP

Spacebar 를 누른 채 드래그하면 오토 레이아
웃에 영향을 받지 않고 오브젝트를 이동할 수
있습니다.

09 Music Data 플러그인을 활용해서 'now-playing' 컴포넌트에도 음악
데이터를 삽입하여 홈 화면 디자인을 마무리합니다.

01 재생 중인 음악 정보를 나타내는 화면을 만들기 위해 프레임 도구 (F)를 선택하고 390×780 크기의 프레임을 생성합니다. Ctrl+R을 누르고 프레임 이름을 'Player'로 변경합니다.

02 'Icon' 섹션에서 'expand_more' 아이콘을 복사하고 'Player' 프레임 안에 붙여넣습니다.

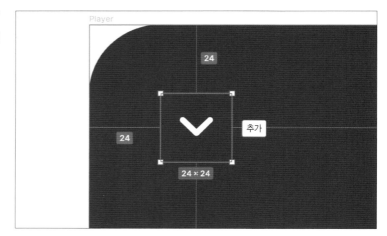

03 'expand_more' 아이콘을 선택한 상태에서 Shift+A를 눌러 오토 레이아웃을 생성합니다. Auto layout 패널에서 Horizontal/Vertical padding을 '24'로 설정합니다. 프레임 이름을 'header'로 변경합니다.

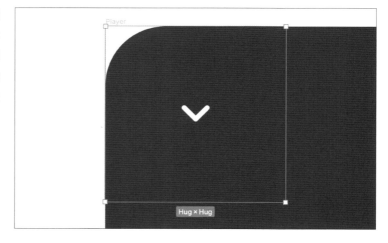

04 'header'의 W(너비)를 '390'으로 늘려 'Player' 프레임과 같게 설정합니다.

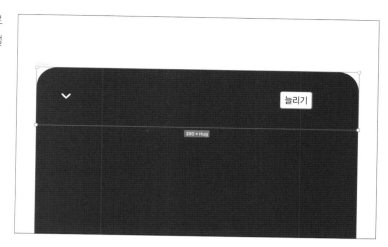

05 앨범 아트 영역을 생성하기 위해 사각형 도구(**R**)를 선택하고 342×342 크기의 사각형을 생성한 다음 Corner radius를 '24'로 설정합니다. Music Data 플러그인을 활용하기 위해 레이어 이름을 'Art'로 변경합니다.

06 텍스트 도구(**T**)를 이용해 'Title'과 'Artist'를 입력하고 텍스트를 다음과 같이 설정합니다. 'Artist'를 선택한 다음 Layer 패널에서 불투명도를 '60%'로 설정합니다.

Title
폰트: Pretendard / 폰트 스타일: Bold / 글자 크기: 24 / 행간: 32

Artist
폰트: Pretendard / 폰트 스타일: Regular / 글자 크기: 20 / 행간: 24

07 ① 'Title'과 'Artist' 텍스트를 모두 선택한 다음 ② Shift+A를 눌러 오토 레이아웃을 생성합니다. ③ 간격을 '4', 정렬을 '가운데'로 지정하고 ④ 프레임 이름을 'music-info'로 변경합니다. ⑤ 드래그하여 'music-info' 프레임 너비를 '342'만큼 늘립니다.

08 Title의 텍스트가 길어지면 자동으로 줄바꿈하기 위해 ① 'music-info'를 선택한 상태에서 Enter를 눌러 'Title'과 'Artist' 텍스트를 동시에 선택한 다음 ② Horizontal resizing을 'Fill container'로 변경합니다.

09 음악 재생 시간을 보여주는 상태 바를 만들기 위해 ① 프레임 도구(F)를 선택하고 342×4 크기의 프레임을 생성합니다. ② 프레임 이름을 'track'으로 변경한 다음 ③ Fill 패널에서 색상을 'FFFFFF – 20%'로 설정합니다. ④ 양 끝을 둥글게 만들기 위해 Corner radius를 '2'로 설정합니다.

10 이번에는 사각형 도구(R)를 이용해 'track' 안에 적당한 길이의 흰색 사각형을 생성하고, 레이어 이름을 'bar-indicator'로 변경합니다. Corner radius를 '2'로 설정합니다.

11 텍스트 도구(T)를 이용해 'track' 프레임의 왼쪽 상단에 현재 재생 시간을 나타내는 텍스트를 생성하고 다음과 같이 설정합니다.

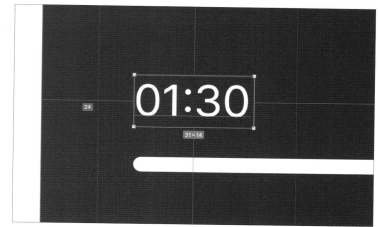

폰트: Pretendard
폰트 스타일: Regular
글자 크기: 12
행간: 14

12 같은 방법으로 'track' 프레임의 오른쪽 상단에도 전체 재생 시간을 나타내는 텍스트를 생성합니다.

(13) ❶ 생성한 시간 텍스트를 모두 선택한 다음 ❷ Shift+A를 눌러 오토 레이아웃을 생성하고 ❸ 프레임 이름을 'time'
으로 변경합니다. ❹ Auto layout 패널에서 간격을 'Auto'로 지정합니다.

(14) 'time' 프레임과 'track' 프레임을 선택한 다음 Shift+A를 눌러 오토 레이아웃을 생성하고 간격을 '8'로 설정합니다. 프레임 이름을 'play-info'로 변경합니다.

(15) 음악을 제어하는 영역을 생성하기 위해 'Icon' 섹션에서 'repeat', 'fast_rewind', 'play_arrow', 'fast_forward', 'favorite' 아이콘을 복제하여 가져옵니다.

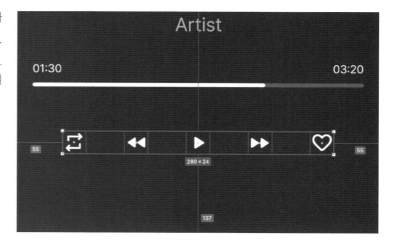

(16) 먼저 'play_arrow' 아이콘을 선택하고 크기를 48×48로 변경합니다.

TIP ◁
아이콘 Vector가 'Scale'로 지정되어 비율을 유지하며 함께 확대됩니다.

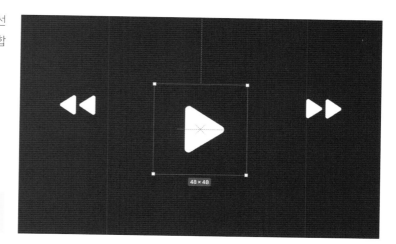

(17) 이번에는 'fast_rewind', 'fast_forward' 아이콘을 선택한 다음 크기를 40×40으로 변경합니다.

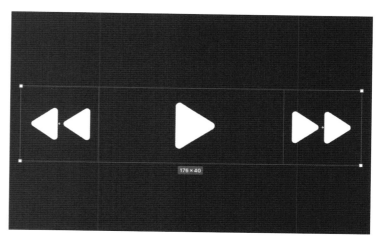

(18) 5가지 아이콘을 모두 선택하고 Shift+A를 눌러 오토 레이아웃을 생성합니다. 프레임 이름을 'control'로 변경합니다.

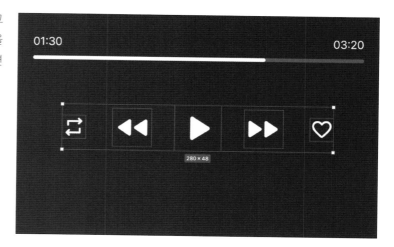

(19) 'control' 프레임의 너비를 '342'로 변경합니다. Auto layout 패널에서 간격을 'Auto'로 지정해 아이콘들의 간격을 조정합니다.

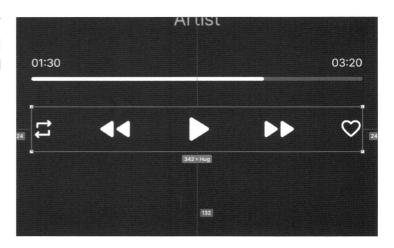

(20) ❶ 앞서 만든 'Art', 'music-info', 'play-info', 'control'의 4가지 오브젝트를 선택하고 ❷ Shift+A를 눌러 오토 레이아웃을 생성합니다. ❸ Auto layout 패널에서 간격을 '32', Horizontal padding을 '24', Vertical padding을 '8'로 설정합니다. ❹ 프레임 이름을 'contents'로 변경합니다.

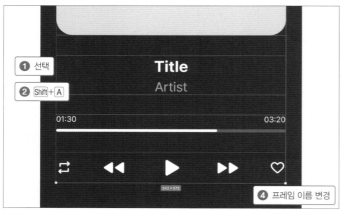

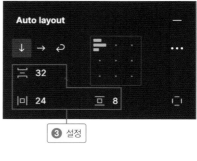

(21) 'header' 프레임 아래에 'contents' 프레임을 배치합니다.

22 Music Data 혹은 다른 플러그인을 활용해 이미지와 음악 데이터를 삽입
하여 마무리합니다.

⑩ 검색창 디자인　　　　　　　　　　　　　　　　　　　　　● ● ●

01 음악 검색 화면을 만들기 위해서
프레임 도구(F)를 이용해 390×
844 크기의 새로운 프레임을 생성합니다.
Ctrl+R을 누르고 프레임 이름을 'Music
– 2'로 변경합니다.

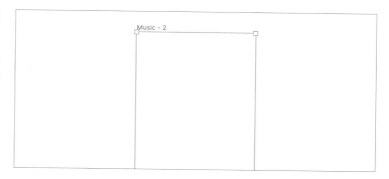

02 그레이디언트 배경을 사용하기 위
해 먼저 ❶ 'Music – 1' 프레임을
선택한 다음 ❷ Ctrl+Alt+C를 눌러 속
성을 복사합니다. ❸ 'Music – 2' 프레임
을 선택하고 ❹ Ctrl+V를 눌러 속성을
붙여넣습니다.

03 ❶ 리소스 도구(Shift+I)를 선택하고 ❷ 'search'를 검색한 다음 ❸ 선택해 아이콘을 가져옵니다. ❹ 텍스트 도구(T)를 이용해 'search' 아이콘 오른쪽에 '어떤 음악을 찾으세요?'를 입력하고 ❺ 텍스트를 다음과 같이 설정합니다.

폰트: Pretendard / 폰트 스타일: Medium / 글자 크기: 16 / 행간: 24

04 ❶ 'search' 아이콘과 텍스트를 선택한 다음 ❷ Shift+A를 눌러 오토 레이아웃을 생성합니다. ❸ Auto layout 패널에서 간격을 '8', Horizontal padding을 '16', Vertical padding을 '12'로 설정합니다. ❹ 프레임 이름을 'Search-bar'로 변경합니다.

05 ❶ 'search-bar'를 선택한 상태에서 Fill 패널의 색상을 'FFFFFF - 20%'로 설정합니다. ❷ Effects 패널에서 'Background blur'를 추가한 다음 ❸ 'Effect settings' 아이콘을 클릭하고 ❹ Blur를 '40'으로 설정합니다.

06 플레이스 홀더를 표현하기 위해 ❶ 'search' 아이콘과 텍스트를 함께 선택합니다. ❷ 숫자 키패드 5를 누르거나 Layer 패널의 불투명도를 '50%'로 설정하여 흐리게 만들고 마무리합니다.

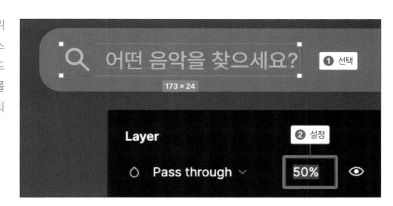

⑪ 인기 검색어 섹션 만들기 ・・・

01 텍스트 도구(T)를 이용하여 'search-bar' 아래쪽에 '인기 검색어'를 입력하고 텍스트를 다음과 같이 설정합니다.

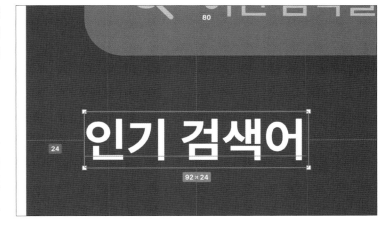

폰트: Pretendard
폰트 스타일: Bold
글자 크기: 20
행간: 24

02 검색어들을 표현하기 위해 'Chip' 컴포넌트를 생성하겠습니다.
먼저 텍스트 도구(T)를 이용해 'Chip' 텍스트를 입력하고 다음과 같이 설정합니다. Shift + A를 눌러 오토 레이아웃을 생성하고 다음과 같이 설정합니다. Stroke 패널에서 '+' 아이콘을 클릭해 외곽선을 추가한 다음 프레임 이름을 'chip'으로 변경합니다.

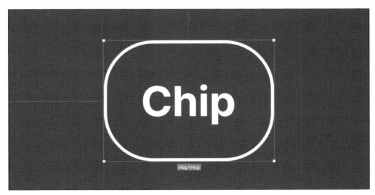

폰트: Pretendard
폰트 스타일: Bold
글자 크기: 14
행간: 24

Auto layout
Horizontal padding: 12
Vertical padding: 8

03 ❶ 'chip' 프레임을 여러 개 복제합니다. ❷ 모든 'chip' 프레임을 선택하고 다시 한 번 오토 레이아웃을 생성한 다음 프레임 이름을 'search-words'로 지정합니다. ❸ Auto layout 패널에서 방향을 'Wrap'으로 지정하고, ❹ 간격을 '8'로 설정합니다.

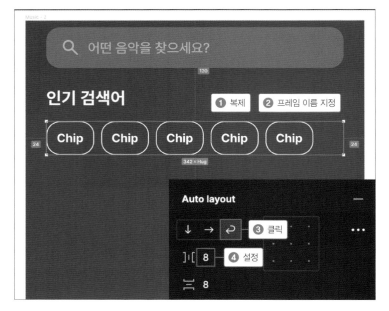

04 ❶ 'search-words' 프레임을 선택한 채 [Enter]를 눌러 안쪽의 모든 텍스트를 선택합니다. ❷ 리소스 도구([Shift]+[I])에서 Lorem ipusm 플러그인을 실행하고 생성 옵션을 '2 Words'로 설정한 다음 ❸ 〈Generate〉 버튼을 클릭합니다.

05 'chip' 프레임들이 2줄까지만 넘치게 텍스트 길이를 설정합니다.

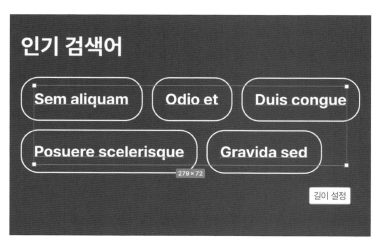

06 ❶ '인기 검색어' 타이틀과 'search-words' 프레임을 함께 선택하고 ❷ 오토 레이아웃을 생성합니다. ❸ Auto layout 패널에서 간격을 '16', Horizontal padding을 '24', Vertical padding을 '16'으로 설정합니다. ❹ 프레임 이름을 'popular-section'으로 변경하여 마무리합니다.

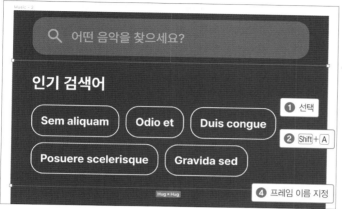

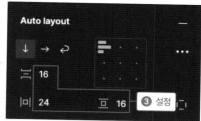

⓬ 추천 앨범 섹션 만들기 ● ● ●

01 앨범 컴포넌트를 생성하기 위해 'Masters' 페이지로 이동합니다. 사각형 도구(R)를 이용해 160×160 크기의 사각형을 생성하고 이름을 'Art'로 지정합니다.

02 텍스트 도구(T)를 이용해 'Title' 과 'Artist'를 입력하고 텍스트를 다음과 같이 설정합니다. 'Artist'를 선택한 채 Layer 패널에서 불투명도를 '60%'로 설정합니다.

Title
폰트: Pretendard
폰트 스타일: Bold
글자 크기: 16
행간: 24

Artist
폰트: Pretendard
폰트 스타일: Regular
글자 크기: 14
행간: 20

03 Music data 플러그인에서 앨범 정보를 받아오기 위해 ❶ 'Title' 텍스트를 선택한 다음 ❷ Ctrl+R을 누르고 ❸ 레이어 이름을 'Album'으로 변경합니다.

TIP ⟵

텍스트의 레이어 이름은 기본으로 텍스트 내용을 따라가지만, 이렇게 플러그인이나 프로토타입에서 활용하기 위한 목적으로 변경하여 사용할 수 있습니다.
텍스트 레이어 이름을 모두 지워 공백으로 설정하면 레이어 이름이 텍스트 내용과 동일하게 보이도록 초기화할 수 있습니다.

04 앞서 진행한 것처럼 'Art', 'Title(Album)', 'Artist'를 이용해 오토 레이아웃을 생성한 다음 컴포넌트를 생성합니다. 'Title(Album)'과 'Artist'를 오토 레이아웃으로 생성하고 프레임 이름을 'music-info'로 지정합니다. 'Art'와 'music-info'를 오토 레이아웃으로 생성한 다음 프레임 이름을 'album-card'로 지정합니다. 'music-info'와 'Title(Album)'의 리사이징 옵션을 'Fill container'로 지정합니다.

05 앨범 타이틀을 최대 2줄까지 설정하기 위해 먼저 ❶ 'Title' 텍스트를 선택합니다. Text 패널의 'Type settings' 아이콘(…)을 클릭하고 ❷ 'Truncate text'를 활성화한 다음 ❸ Max lines를 '2'로 설정합니다.

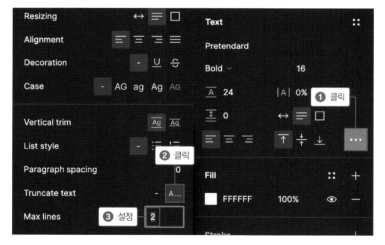

06 ❶ 위쪽의 '인기 검색어' 타이틀 텍스트를 복제한 다음 ❷ 텍스트 내용을 '추천 앨범'으로 변경합니다.

07 리소스 도구(Shift+I)에서 컴포넌트를 검색하여 'album-card' 컴포넌트를 2개 가져온 다음 '추천 앨범' 텍스트 아래쪽에 배열합니다.
'album-card' 컴포넌트를 모두 선택한 다음 오토 레이아웃을 생성하고, 간격을 '22'로 설정합니다. 프레임 이름을 'album-row'로 변경합니다.

08 'album-row' 프레임을 아래쪽에 여러 개 복제한 다음 전체 선택해 오토 레이아웃을 생성하고 간격을 '16'으로 설정합니다. 프레임 이름을 'album-list'로 지정합니다.

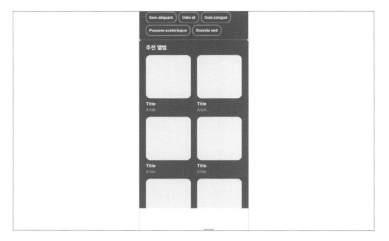

09 '추천 앨범' 텍스트와 'album–list'를 선택한 다음 오토 레이아웃을 생성합니다. 간격을 '16', Horizontal padding을 '24', Vertical padding을 '16'으로 설정합니다. 프레임 이름을 'album–section'으로 변경합니다.

10 리소스 도구(Shift+I)를 선택하고 (Plugins) 탭에서 Music Data 플러그인을 검색한 다음 실행하여 앨범 정보를 채워 넣습니다.

11 'Muisc – 2' 프레임에도 아래
쪽에 탭 바를 삽입하기 위해 ❶
'Music – 1' 프레임에 있는 'tab-bar' 컴
포넌트를 복사합니다. 'Music – 2' 프레임
을 선택하고 붙여넣은 다음 ❷ 프로퍼티
를 'search'로 변경합니다.

12 검색 페이지 디자인을 마무리합니다.

완성한 화면을 토대로 스크롤 및 화면 이동에 대한 프로토타입을 설정합니다.

01 먼저 'Music – 1' 프레임에서 플레이 리스트의 가로 스크롤이 가능하도록 'img-wrap' 안에 있는 'img' 프레임을 복제해 콘텐츠 길이를 늘립니다.

02 'img-wrap' 프레임을 선택하고 너비를 '342'로 줄여 스크롤 영역을 설정합니다.

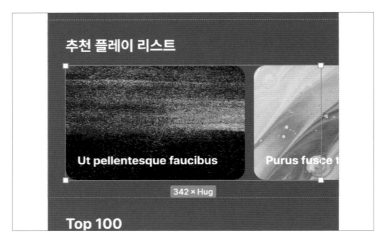

03 'img-wrap' 프레임을 선택한 상태에서 (Prototype) 탭의 Scroll behavior의 Overflow에서 'Horizontal'을 선택하여 가로 스크롤을 설정합니다.

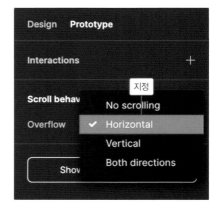

04 스크롤 포지션을 고정하기 위해 'now-playing'과 'tab-bar'를 선택합니다.

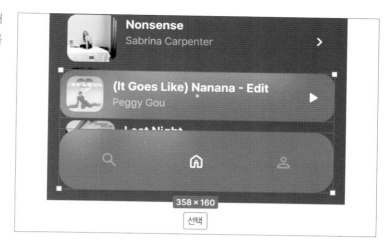

05 (Prototype) 탭에서 Scroll behavior의 Positon을 'Fixed (stay in place)'로 지정합니다.

TIP

하나의 프레임 안에서 Position이 'Fixed'로 지정된 오브젝트가 있으면 Layer 패널이 FIXED 영역과 SCROLLS 영역으로 구분됩니다.

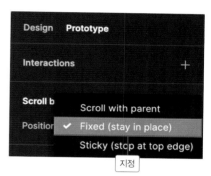

---

⑭ 재생 화면 등장 인터랙션 설정하기 ●●●

01 음악 목록을 탭하면 'Player' 프레임이 등장하는 모션을 설정하기 위해 ❶ 'Player' 프레임을 선택한 다음 ❷ Ctrl+X를 눌러 잘라냅니다.

02 'Music – 1' 프레임을 선택하고 Ctrl+V를 눌러 'Player' 프레임을 붙여넣습니다. 〔Prototype〕 탭에서 Scroll behavior의 Position을 'Fixed'로 지정합니다.

03 레이어의 FIXED 영역에서 'Player' 프레임 순서가 가장 아래쪽에 오도록 설정합니다.

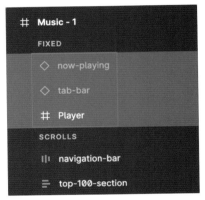

04 'Music – 1' 프레임을 선택하고 Alt를 누른 채 드래그해 프레임을 복제합니다.

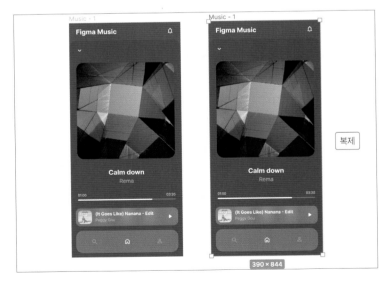

05 첫 번째 'Music – 1' 프레임 안쪽의 'Player' 프레임을 선택하고 'Music – 1' 프레임 아래쪽으로 숨깁니다.

TIP

이때 Spacebar를 누르고 드래그하면 오토 레이아웃의 영향을 받지 않고 프레임 안에 가둔 채 'Player' 프레임을 이동할 수 있습니다.

06 'Music – 1' 프레임 아래쪽으로 'Player' 프레임을 완전히 숨겼습니다.

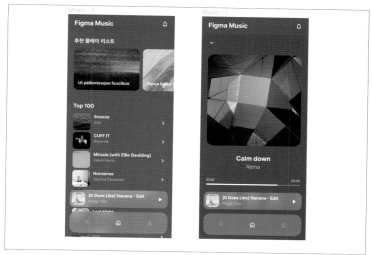

07 화면 전환 인터랙션을 설정하기 위해 ❶ Shift+E를 눌러 프로토타입 모드로 전환한 다음 ❷ 첫 번째 'Music – 1' 프레임에서 원하는 'music-list-item' 혹은 프레임 전체를 핫스팟으로 설정하여 두 번째 'Music – 1' 프레임과 연결합니다.

08 트리거를 'On click', 애니메이션을 'Smart animate', 'Slow −
400ms'로 설정합니다.

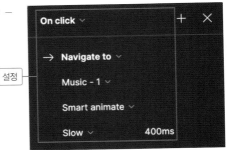

설정

09 뒤로 가기 인터랙션을 설정하
기 위해 오른쪽에 있는 두 번째
'Music − 1' 프레임에서 'Player' 프레임
안에 있는 'expand_more' 아이콘을 클
릭합니다. 아이콘의 핫스팟을 드래그해 기
본으로 생성되는 Back 인터랙션과 연결
하여 뒤로 가기를 설정합니다.

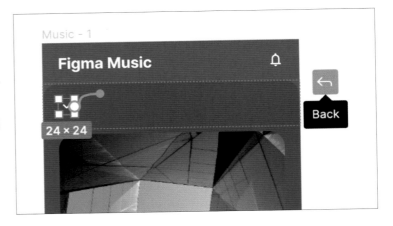

10 첫 번째 'Music − 1' 프레임을 선택한 다음 Shift+Spacebar를 눌러
[Preview] 창을 실행합니다. 음악 리스트를 클릭하면 Player 화면이
올라오고, 'expand_more' 아이콘을 클릭하면 Player 화면이 닫히는 인터
랙션을 확인합니다.

⑮ 화면 전환 인터랙션 설정하기 • • •

01 화면을 전환할 때에도 'now-playing' 컴포넌트가 보이도록 'Music – 1' 프레임의 'now-playing' 컴포넌트를 복사하여 'Music – 2' 프레임에 붙여넣습니다. 'Music – 2' 프레임에서 'tab-bar'의 Position도 'Fixed'로 지정합니다.

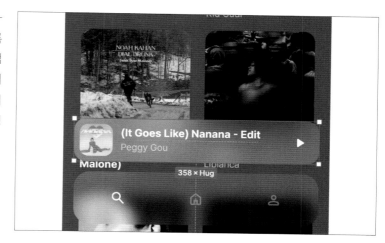

02 'Search' 아이콘을 클릭하면 검색 화면으로 이동하는 인터랙션을 설정하겠습니다.

Shift + E 를 눌러 프로토타입 모드로 전환한 다음 2개의 'Music – 1' 프레임에서 Shift 를 누른 채 클릭해 검색 아이콘이 있는 세그먼트를 모두 선택합니다.

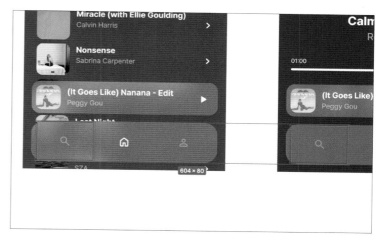

03 2개의 검색 세그먼트가 선택된 상태에서 핫스팟을 'Music – 2' 프레임으로 연결하면 같은 인터랙션을 동시에 설정할 수 있습니다.

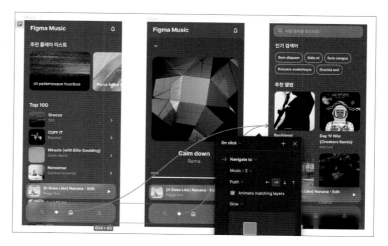

04 ❶ 인터랙션 옵션의 트리거를 'On click', 애니메이션을 'Push'로 지정하고, 방향을 '오른쪽', 'Slow – 300ms'로 설정합니다. ❷ 'Animate matching layers'에 체크 표시하여 'tab-bar'와 'now-playing' 컴포넌트가 움직이지 않도록 설정합니다.

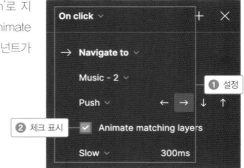

05 이번에는 반대로 메인 화면으로 이동하는 인터랙션을 설정하기 위해 'Music – 2' 프레임의 'home' 아이콘이 있는 'segment'를 선택하여 첫 번째 'Music – 1' 프레임에 연결합니다.

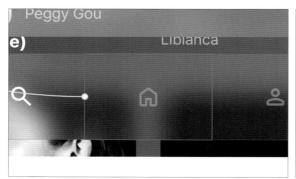

06 인터랙션 옵션을 ④번 과정과 동일하게 설정하고, Push의 방향만 오른쪽에서 '왼쪽'으로 변경하여 마무리합니다.

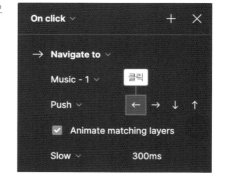

07 모든 인터랙션이 연결되면 'Music – 1' 프레임을 선택하고 Shift+Spacebar를 눌러 [Preview] 창을 실행합니다.
음악 리스트를 클릭해 플레이어 화면을 불러오거나, 하단 탭 바를 클릭해 메인 화면과 검색 화면을 이동하는 인터랙션이 제대로 실행되는지 확인합니다.

찾아보기

피그마 필수 단축키 모음 - 맥 버전 🍎

피그마의 다양한 기능을 빠르게 실행할 수 있는 필수 단축키 모음입니다. 단축키를 외워 두면 작업을 더욱 빠르고 효율적으로 할 수 있습니다. ※ 2023년 기준으로 작성되어 버전에 따라 차이가 있을 수 있습니다.

도구 관련 단축키

빠른 실행	`Cmd`+`/`
이동 도구	`V`
프레임 도구	`F`, `A`
펜 도구	`P`
연필 도구	`Shift`+`P`
텍스트 도구	`T`
사각형 도구	`R`
원형 도구	`O`
코멘트 도구	`C`
스포이트 도구	`Control`+`C` 또는 `I`
리소스 도구	`Shift`+`I`

화면 관련 단축키

UI 숨기기/보기	`Cmd`+`\`
왼쪽 사이드 바 숨기기/보기	`Cmd`+`Shift`+`\`
자 도구 숨기기/보기	`Shift`+`R`
줌 인/아웃	`Cmd`+휠 스크롤
화면 비율 100%로 만들기	`Cmd`+`0`
선택한 오브젝트로 화면 맞추기	`Shift`+`2`
다음 프레임으로 이동	`N`
이전 프레임으로 이동	`Shift`+`N`

편집 관련 단축키

오토 레이아웃 설정하기	Shift + A
오토 레이아웃 해제하기	Shift + Option + A
프레임으로 묶기	Cmd + Option + G
그룹으로 묶기	Cmd + G
그룹 해제하기	Cmd + Shift + G
픽셀 그리드에 맞춰 편집하기	Cmd + Shift + '
폰트 크기 조정하기	Cmd + Shift + < , >
폰트 굵기 조정하기	Cmd + Option + < , >
자간 조정하기	Option + < , >
행간 조정하기	Shift + Option + < , >
면, 선 색상 전환하기	Shift + X
플래튼 실행하기	Cmd + E
오브젝트 바로 선택하기	Cmd + 클릭
하위 레이어 선택하기	Enter
상위 레이어 선택하기	\
대체하여 붙여넣기	Cmd + Shift + R
오브젝트 복제하기	Cmd + D
이름 바꾸기	Cmd + R
검색하기	Cmd + F
PNG로 복사하기	Cmd + Shift + C
속성 복사하기	Cmd + Option + C
위쪽, 아래쪽, 왼쪽, 오른쪽으로 정렬하기	Option + W , A , S , D
수평, 수직 가운데 정렬하기	Option + H , V
수평, 수직 방향으로 뒤집기	Shift + H , V
레이어 한 칸 아래/위로 이동하기	Cmd + [,]
레이어 맨 아래/위로 이동하기	[,]
모든 레이어 닫기	Option + L

피그마 필수 단축키 모음 - 윈도우 버전 ⊞

피그마의 다양한 기능을 빠르게 실행할 수 있는 필수 단축키 모음입니다. 단축키를 외워 두면 작업을 더욱 빠르고 효율적으로 할 수 있습니다. ※ 2023년 기준으로 작성되어 버전에 따라 차이가 있을 수 있습니다.

PRACTICE FIGMA

도구 관련 단축키

빠른 실행	Ctrl + /
이동 도구	V
프레임 도구	F , A
펜 도구	P
연필 도구	Shift + P
텍스트 도구	T
사각형 도구	R
원형 도구	O
코멘트 도구	C
스포이트 도구	I
리소스 도구	Shift + I

화면 관련 단축키

UI 숨기기/보기	Ctrl + \
왼쪽 사이드 바 숨기기/보기	Ctrl + Shift + \
자 도구 숨기기/보기	Shift + R
줌 인/아웃	Ctrl + 휠 스크롤
화면 비율 100%로 만들기	Ctrl + 0
선택한 오브젝트로 화면 맞추기	Shift + 2
다음 프레임으로 이동	N
이전 프레임으로 이동	Shift + N

편집 관련 단축키

오토 레이아웃 설정하기	Shift + A
오토 레이아웃 해제하기	Shift + Alt + A
프레임으로 묶기	Ctrl + Alt + G
그룹으로 묶기	Ctrl + G
그룹 해제하기	Ctrl + Shift + G
픽셀 그리드에 맞춰 편집하기	Ctrl + Shift + '
폰트 크기 조정하기	Ctrl + Shift + <, >
폰트 굵기 조정하기	Ctrl + Alt + <, >
자간 조정하기	Alt + <, >
행간 조정하기	Shift + Alt + <, >
면, 선 색상 전환하기	Shift + X
플래튼 실행하기	Ctrl + E
오브젝트 바로 선택하기	Ctrl + 클릭
하위 레이어 선택하기	Enter
상위 레이어 선택하기	\
대체하여 붙여넣기	Ctrl + Shift + R
객체 복제하기	Ctrl + D
이름 바꾸기	Ctrl + R
검색하기	Ctrl + F
PNG로 복사하기	Ctrl + Shift + C
속성 복사하기	Ctrl + Alt + C
위쪽, 아래쪽, 왼쪽, 오른쪽으로 정렬하기	Alt + W, A, S, D
수평, 수직 가운데 정렬하기	Alt + H, V
수평, 수직 방향으로 뒤집기	Shift + H, V
레이어 한 칸 아래/위로 이동하기	Ctrl + [,]
레이어 맨 아래/위로 이동하기	[,]
모든 레이어 닫기	Alt + L